Margaret Rogers

Reise in unbekannte Welten

W0197802

Margaret Rogers

Reise in unbekannte Welten

Mediale Fähigkeiten
entwickeln und anwenden

Verlag Hermann Bauer
Freiburg im Breisgau

Die Deutsche Bibliothek – CIP-Einheitsaufnahme

Rogers, Margaret:
Reise in unbekannte Welten : mediale Fähigkeiten
entwickeln und anwenden / Margaret Rogers.
[Dt. von Jörg Wichmann]. – 3. Aufl., unveränd. Nachdr. –
Freiburg im Breisgau : Bauer, 1999
ISBN 3-7626-0737-0

Deutsch von Jörg Wichmann

Die 3. Auflage von *Reise in unbekannte Welten* ist ein unveränderter Nachdruck
der 2. Auflage, die 1991 im Verlag Hermann Bauer erschien.

3. Auflage 1999
ISBN 3-7626-0737-0
Einband: Ralph Höllrigl, Freiburg i. Br.
Druck und Bindung: Wiener Verlag, Himberg
Printed in Austria

Inhalt

Auf dem Weg zur Einheit

Die karmischen Gesetze

1. Kein Fragment der Seele* darf seinen Willen einem anderen aufzwingen, zu keiner Zeit und auf keiner Ebene.
2. Jedes Fragment ist verantwortlich für alles, was es durch positive oder negative Handlungen erzeugt.
3. Jedes Fragment soll in bedingungsloser Liebe die Gemeinschaft mit allen anderen Fragmenten suchen.
4. Jedes Fragment wird spiegelbildlich anziehen, was ihm entspricht, entweder als Widerstand oder als Unterstützung für sein Wachstum und ohne es zu beurteilen.
5. Jedes Fragment soll sich in bedingungsloser Liebe dem Schöpfer unterwerfen.

---

* Mit »Fragment« meint Maragret Rogers das, was in der Theosophie als Geistfunken oder Lichtfunken bezeichnet wird: Abspaltungen der kosmischen Urseele. Nähere Erläuterungen dazu auf den Seiten 10 und 11.

Der Verlust der Einheit
als Beginn der Schöpfung

Im Anfang war das Wort, und das Wort wurde manifest. Das Wort war Klang, und Klang ist eine Schwingung. Schwingung erzeugt Reibung, und Reibung erzeugt Hitze. Hitze ist Wärme, und Wärme wird zur offenbaren Liebe. Deshalb sind alle Dinge ihrem Wesen nach – Liebe. Liebe ist die Schöpferin aller Dinge. Darum war im Anfang die Liebe. Und die Liebe erschuf Worte, um alle vorstellbaren Dinge auszudrücken. Daraus entstand die göttliche Weisheit. Die göttliche Weisheit erschuf Adam in vollkommener Gestalt. Adam war vollständig, doch ohne Liebe. Und so trat die Liebe hinzu, und Eva wurde als das Bild von Adams Sehnsucht geschaffen.

Mann und Frau sind die Schöpfung der göttlichen Weisheit und Liebe – die Männlichkeit ist Weisheit und die Weiblichkeit ist Liebe. Jede Gestalt ist individuell vollständig, doch fehlt ihr die harmonische Einheit. Die Frau trachtet danach, der Weisheit im Manne Liebe zu geben; und der Mann trachtet danach, der Liebe in der Frau Weisheit zu geben. Beide ringen um Gemeinschaft; jeder sucht dabei in sich nach einem Verständnis der Harmonie; jeder schaut dabei nach außen, um sie im anderen zu finden.

Mann und Frau, getrennt und ganz, vollständig und doch geteilt, suchen nach einem Weg, Liebe und Weisheit zu verschmelzen. Hier wird es deutlich, daß dieser Weg durch Auseinandersetzungen führt. Aus diesen entstehen Urteile, welche das Wort unterstützen und trennen.

Im Mann überwindet die Weisheit die Liebe; die Liebe schreit in ihrer Einsamkeit, denn in ihrer Isolation erkennt die Liebe ihre Trennung von ihrer Schöpfung, der Weisheit, und lernt die tiefste Verwirrung kennen. Die Weisheit beginnt nun, die Liebe zu beobachten und sieht ihren Schöpfer. Der Mann beginnt, seine Erfahrungen zu verstehen und lernt seine Umgebung schätzen. Im Verständnis der Liebe beginnt er, weise zu werden, bis er schließlich weise liebt.

Die Frau drückt ihre Liebe aus, indem sie Leben erschafft. Indem sie Leben gibt und mitteilt, drückt sie ihr Vertrauen in die

Liebe auf endgültige Weise aus. Im Wettstreit mit dem Mann sieht sie seine Weisheit als Herausforderung und zweifelt an ihrer Liebe, fühlt sich verloren und verwirrt. An diesem Punkt beginnt die Frau, ihre Erfahrungen als Weisheit zu verstehen. Sie entwikkelt eine liebevolle Weisheit. Zum ersten Mal in der manifestierten Form bilden Mann und Frau ein polares Gleichgewicht: Er zeigt weise Liebe; sie zeigt liebevolle Weisheit. Zusammen finden sie die Harmonie und können sich in der Einheit, als Gott, im Verständnis des »Ich bin« finden.

Abgesehen von den offensichtlichen Unterschieden bei der biologischen Fortpflanzung sind Mann und Frau gleich. Beide Gestalten sind innerlich männlich und weiblich. Die rechte Seite des Körpers ist männlich, die Weisheit, und die linke Seite ist weiblich, die Liebe. Jedes Individuum sucht nach innerer Einheit, indem es sein männliches und sein weibliches Selbst in Harmonie zu bringen versucht. Dieser Prozeß wird dadurch angeregt, daß man die Einheit außerhalb von sich einmal erfahren hat.

Wenden wir unsere Aufmerksamkeit nun dem Schöpfer als reiner, göttlicher Liebe zu. Diese Liebe, die vom Menschen als Gott bezeichnet wird, hatte das Verlangen, alle Dinge in ihrem Bilde zu erschaffen. Als reine Energie war sie alles, was sie zu sein verlangte.

Da sie als Gott das Bedürfnis hatte, sich auszudrücken, erschuf sie aus sich selbst die Trennung. In dieser Trennung wurde es einem Teil von ihr möglich, aktiv und schöpferisch zu sein. Der übrige Anteil wurde passiv, indem er sich selbst in Weisheit befreite, um in seiner männlichen Form zu funktionieren. Da er es der weiblichen Form überließ, göttliche Liebe und Trost zu geben, konnte er sich zu dem Experiment aufmachen, um seiner selbst willen zu wachsen.

Seine erste Aufgabe war es, so viele Formen nach dem Bilde seiner Einheit zu schaffen wie möglich. Jedes erschaffene Ding sollte vom Ganzen, das Gott war, geliebt und verstanden werden. Alle erschaffenen Dinge mußten das Wesen Gottes in sich tragen. So erschuf Gott Segmente seiner Großartigkeit. Seelen wurden geboren, von denen jede einen Teil des Ganzen repräsentierte. Jede Seele wurde ein großartiges Lichtwesen, welche als sieben Erzengel bekannt sind. Diesen gab Gott die Macht der Schöpfung. Aus sich heraus schufen die Erzengel sieben Lichtsegmente, die als die *absteigenden Seelen* bezeichnet werden. Diesen Seelen wurde die Fähigkeit verliehen, alle Formen im Ebenbilde Gottes zu erschaffen. Durch das Erschaffen einer Vielfalt von Formen wurden die Seelen immer weiter unterteilt, bis schließlich alles außer einer schwachen Flamme verloren war. Diese absteigenden Seelen suchen nun nach jenem verlorenen Licht. Sie sind stets aktiv in ihrer Suche, sich wieder anzuschließen und zu dem Gott-Schöpfer zurückzukehren. Durch Trennung und Unterteilung ist also jede Seele in Fragmente zerfallen. Jedes Fragment hat seine eigene Emanation des ursprünglichen Wesens, welche als Geist bezeichnet wird. Jeder solche Geist ist die Verkörperung des Ebenbildes des weise liebenden Urwesens – des Schöpfers.

Jeder Geist muß viele Male in eine fleischliche Verkörperung eintreten, um das Verlangen des Schöpfers nach Ausdruck zu erfüllen. Dieses besteht darin, in der manifesten Form mehr von seiner eigenen Kraft kennenzulernen und zu fühlen. Die Fragmente der absteigenden Seelen sind unter die vielen Dinge zerstreut: von den Felsen bis zur Vegetation, von Insekten bis zu Vögeln, von Tieren bis zu Menschen.

Jedes dieser Fragmente hat die Fähigkeit, sich mit seiner Quelle, dem Erzengel, zu verbinden und kann sich der Einheit mit allen Dingen bewußt werden. Diese Fragmente sind nicht nur in der Form zerstreut, sondern auch durch verschiedene Bewußtseinszustände getrennt. Indem jedes Fragment danach strebt, sein Bewußtsein zu erhöhen und sich mit anderen Fragmenten zu vereinen, wird die Seelenschwingung stärker, weil das Wesen eines jeden Fragmentes angeregt wird und sich in größerem Licht manifestiert.

Wenn sich viele Fragmente zu einer Einheit verbinden, wird die Seele stärker. Die absteigende Seele wird nun zur *aufsteigenden Seele*. Im Augenblick dieses Übergangs wird die Emanation des Schöpfers spürbar. Liebe fließt in alle Fragmente; und das Verlangen, zum Schöpfer zurückzukehren, offenbart sich. Indem sich jedes Fragment mit anderen verbindet, können größere Weisheit und Liebe ihren Ausdruck finden. Der letzte Test für die Vollendung der Seele besteht darin, daß alle Fragmente sich innerhalb der Seele in Harmonie befinden und sich in einem Körper als ein vollendeter Mensch manifestieren. Diese Manifestation haben die Menschen als den *Messias* bezeichnet.

Es gibt viele Millionen solcher Fragmente. Jedes Fragment, eine Manifestation des Geistes, sucht nach der Einheit seiner Seele. Der Mensch ist ein völliges Ebenbild des Schöpfergottes. Dieses Privileg kann er zu einem sehr negativen oder sehr positiven Experiment gebrauchen. Beides dient dazu, den Geist zu prüfen und die Kraft des inneren Schöpfers zu stärken.

Alle Geschöpfe sind sich ihres Geistes bewußt und fühlen die Trennung. In der Tierwelt bilden die Tiere mit ihresgleichen Herden und spiegeln darin des Schöpfers Kraft und Liebe. Einige Tiere werden Jäger, leben allein und zeigen das Spiegelbild des Schöpfers in Unabhängigkeit und Stärke. Das letzte Gleichgewicht besteht darin, alle Dinge zu akzeptieren, wie sie sind, und alles zu lieben und zu nähren. Das Tierreich erinnert den Menschen ständig an diese Tatsache.

Da dem Menschen die Fähigkeit verliehen ist, das Ebenbild des Schöpfers darzustellen, sehnt sich sein Geist ständig nach Einheit. Er fühlt deshalb den Drang in sich, alle Dinge in ihrer Beziehung zu ihm selbst zu entdecken und zu verstehen.

Aus dem Bedürfnis nach Weisheit und Liebe heraus ruft sein Geist nach einem Verständnis, das über diese Welt hinausgeht. Dieses Verständnis ist häufig fehlgedeutet und mißbraucht worden, doch dadurch lernt der Mensch auf dem schwierigen Wege, universell und weise zu lieben.

Alle Dinge brauchen ihre Zeit, um sich in der Form zu manifestieren. Umgekehrt brauchen auch die Fragmente ihre Zeit, um sich zurück zur vollkommenen Seele zu entwickeln, wo sie dem Schöpfer wieder gleich sein können. Kein Entwicklungsstadium kann übersprungen werden. Da das Ziel der Evolution für den Schöpfer die Vollendung in der Form ist, müssen alle Fragmente viele Leben in der Verkörperung durchlaufen und dadurch in Vorbereitung auf die Einheit ein emotionales, mentales und spirituelles Gleichgewicht miteinander aufbauen. Manipulation, Betrug oder Feilschen dienen dem Wachstum des Geistes auf keine Weise. Kein Fragment kann seinen Willen oder seine Liebe einem anderen aufdrängen. Jedem muß vielmehr gestattet sein, auf seine eigene Weise und zu seiner eigenen Zeit frei zu wachsen. Die letzte Einheit kommt zustande, wenn alle Fragmente zu individueller Ganzheit gefunden haben und in völligem Einklang miteinander stehen.

Einige Fragmente der Seele befinden sich in Tieren, Pflanzen oder Steinen. Nicht alle Fragmente sind miteinander in Einklang, obwohl sie Spiegelbilder des Schöpfers sind, in dem Gefühle sich als Liebe äußern. Viele dienen als Verbindung, um das Leben in der Form aufrechtzuerhalten, und werden vom Menschen oft nicht verstanden und geschätzt.

Aufgrund seines Wissens und seiner vielen Fähigkeiten erhebt sich der Mensch über die anderen Gestalten. Nur wenn sein Leben bedroht ist, spürt er seine Schwäche gegenüber den anderen Fragmenten. Ein Fluß ist für ihn zum Beispiel so lange bloß ein Fluß, bis er über die Ufer tritt, die Häuser der Menschen überschwemmt und ihr Hab und Gut zerstört. Dann erkennt er die Gestalt und Kraft des Flusses an. Nur dann achtet der Mensch seine Brüder, die Fragmente seiner Seele, die ihn daran erinnern, nichts einfach nur hinzunehmen, sondern alles als vergänglich und in freiem Fluß befindlich anzuerkennen.

Sind einmal alle Fragmente – Menschen, Tiere, Vögel, Insekten, Fische – in Harmonie, so werden diese Geschöpfe nicht mehr auf der Erde leben. Die Erde wird dann überflüssig sein. Die Seele wird ihr Wesen aufsuchen, das sich noch immer getrennt in irdischen Formen befindet, und wird es absorbieren. Die Erde wird sich auflösen und nicht mehr sein, wenn ihre Essenz mit der aufsteigenden Seele verschmilzt, um sie zu vollenden.

Wenn die aufsteigenden Seelen sich mit den Erzengeln rückverbinden, werden diese wiederum als eins zum Schöpfer zurückkehren. Der Schöpfer wird wieder vollendet sein. Gott, der Schöpfer, in seiner Allmacht, kann wieder beginnen zu erschaffen.

Der Mensch als Krone der Schöpfung

Im Namen Gottes, seines Schöpfers, von dessen Existenz er intuitiv wußte, hat der Mensch auf der Erde seit Anbeginn der Geschichte nach Wahrheit, Frieden und Liebe gesucht. In der frühen Zeit wandte er sich um spirituelle Inspiration an die Sterne, die Erde und die Elemente, vielfach auch aus Furcht. Der Mensch erfuhr diese Kräfte als außerhalb seiner Kontrolle und hielt sie deshalb für Boten Gottes. Man glaubte, daß Gott Boten sende, um die Menschheit zu züchtigen, etwa einen Sturm, um zur Strafe das Getreide zu vernichten. Der Mensch betete die Elemente an, achtete sie und schuf aus seiner Einsicht in sie Gesetze. Oft gerieten die Menschen über ihren Glauben in Streit und vernichteten sich gegenseitig. In der frühen Geschichte inkarnierten die Fragmente oft auf der Erde, um aus Erfahrung ein Grundverständnis der Erde und des Überlebens zu erwerben.

Es kam sehr auf das Individuum an; der Mensch begann sich selbst sehr wichtig zu nehmen. Daraus erwuchs das Verlangen des Menschen, unter seinesgleichen zum Gott zu werden. Die Fragmente spürten nämlich den Ruf des Schöpfers, ihr Dasein zu *verstehen*, statt es nur anzunehmen. Als die Menschen Gesetze erließen, um ihren Eigendünkel zu heiligen, führten sie mit ihren Nachbarn in Gottes Namen Krieg, denn sie hielten sich selbst für Gesandte Gottes und deshalb für Götter. In diesem Zeitalter jedoch vernahm der Mensch den Ruf seines Schöpfers, veraltete Methoden in Frage zu stellen, nach besseren Verständigungsmitteln zu suchen und dem Frieden und der Liebe in gegenseitigem Verständnis eine Tür zu öffnen. Ein solches Beispiel zeigt sich mit der Ankunft von Moses unter den Ägyptern.

Im Laufe der sogenannten »Reinigung der Erde« lernte der Mensch, nur einen Gott, einen Schöpfer, zu akzeptieren, und baute diesem einen Gott Kirchen und Tempel. Die Menschen sahen sich in größerer Entfernung von dieser Gottheit und ernannten sich selbst zu Hütern der göttlichen Gesetze. Während dieser Zeit lernte der Mensch Demut. Aus ihrem Bewußtsein lernten die Fragmente, sich dem Ruf nach der Einheit zu unterwerfen und nach der Schwingung der Seele zu streben. Viele Geister lebten und litten unter den sogenannten Gesetzeshütern, die als Priester bekannt wurden. Diese Phase der Geschichte war für die Seele wichtig, denn die absteigende Seele war nun, mit der Ankunft des »Christus«, zur aufsteigenden Seele geworden.

In der gegenwärtigen Geschichtsepoche hat der Mensch damit begonnen, Wahrheit und Führung mehr in seinem Inneren zu suchen. Er verbringt viele seiner wachen Stunden damit, nach neuen Möglichkeiten zu suchen, seine Mitmenschen zu erleuchten, indem er zu einem lebendigen, unter ihnen wandelnden Beispiel des Friedens und der Gelassenheit wird. Der Mensch ist sich der Ganzheit der Seele bewußt geworden, und alle Fragmente sehnen sich nach dem Gefühl der Einheit, das die geeinte Seele verspricht. Aufgrund dieses Verständnisses im Menschen ist es nun viel leichter möglich als je zuvor, den Schöpfer mit Hilfe der medialen Sinne zu fühlen und zu verstehen. Das führt dazu, daß sich viele Fragmente zur Einheit zusammenschließen und Gott näherkommen.

Immer schon hat der Mensch die Emanationen des Schöpfers in sich selbst empfunden, wenn er sein eigenes spirituelles Bewußtsein berührt hat. Viele Individuen, die die Fähigkeit zur Innenschau, zur Prophetie und zur Lehre hatten und die sogenannten Untoten in der geistigen Welt erreichen konnten, sind als »Erwählte« bezeichnet worden. Ihre Wahrnehmungen sind entweder sehr bewundert oder sehr verdammt worden, je nach der wechselnden Anschauung der Menschheit; doch hat der Mensch intuitiv stets gewußt, daß das scheinbar Unbekannte durch die Innenschau enthüllt werden kann. Oft hält die Angst ihn davon ab; doch hat der Mensch in unserem Zeitalter schließlich erkannt, daß Angst das geistige Wachstum behindert. Er hat begonnen, ohne Angst nach innen zu schauen, vom Verlangen getrieben, die Emanationen der Einheit zu spüren. Dieses Verlangen ermöglicht es Individuen, mit ihrem eigenen Geist und ihrer Seele in Berührung zu kommen und durch die Entwicklung medialer Fähigkeiten diese neue Verständigungsweise zu manifestieren.

Alles Leben auf der Erde verläuft in Zyklen. Wir haben es nun mit einem neuen Zyklus des menschlichen Wachstums in der Verwendung seiner medialen Fähigkeiten zu tun, jedoch mit einem Unterschied: In der Vergangenheit wurden die medialen Fähigkeiten verwendet, um in die Zukunft zu sehen oder andere zu schützen oder zu kontrollieren. In unserer Zeit werden sie als

Werkzeuge des emotionalen, mentalen, physischen und spirituellen Wachstums verwendet.

Aufgrund der gewaltigen Fortschritte auf dem Gebiet der Technik ist der Mensch heute mehr als je zuvor um seine Umwelt, um seinen Lebensstil und um die friedliche Einheit überall auf der Erde besorgt. Deshalb spricht man vom »Beginn des Goldenen Zeitalters«.

Leider wissen wir aus der Vergangenheit, daß sich das menschliche Wesen nicht leicht verändert. Viele stellen sich aus Angst oder Unwissenheit immer noch gegen die Entwicklung medialer Fähigkeiten. Es wird noch viele Störungen geben, bis der Mensch ein Gleichgewicht findet und sich und den Weg seines Geistes in der medialen Entwicklung akzeptieren kann. In der Religion nämlich hat er Gott als allwissend, alliebend und allumfassend definiert, sich selbst aber als unwissend und ängstlich. Gott wird allgemein für eine höhere Wesenheit mit einem auch irdischen Verständnis und irdischer Urteilskraft gehalten. In Wahrheit ist Gott irdischen Situationen gegenüber jedoch indifferent und unterstützt nur die Liebesenergie, die sich in der Einheit ausdrückt.

Gott wird heute allgemein für männlich gehalten, außer von ein paar kleinen Stämmen, die matriarchalen Religionen folgen, und von einigen emanzipierten Frauen. In der uns bekannten Geschichte sind bis heute die Männer die Anführer gewesen, und die Frauen haben sie unterstützt. Dies schien Rechtfertigung genug, um Gott männlich zu machen. Wer die ganze Welt erschaffen hat und alles, was darauf lebt, sei sicherlich ein Führer und deshalb männlich. Dieses Konzept ändert sich heute, und ein neues Verständnis der Geschlechter taucht auf. Genau diese Denkweise war es nämlich, die den Menschen in seinem Wachstum eingeschränkt hat, weil das Rollenverhalten zu negativen Reaktionen führte.

Es fällt dem Menschen leichter, Gott zu verstehen, indem er ihn parallel zu sich selbst sieht. Gott wird als ein Genius angesehen, der in allen irdischen Dingen erfahren und deshalb verantwortlich für alle Handlungen des Menschen ist, auch wenn diese falsch sind. Weil der Mensch nicht akzeptieren kann, daß Gott ihn vom Wege abgeführt hat und in seinem Handeln irren könnte, braucht er einen Sündenbock. Deshalb erklärte der Mensch den Erzengel Luzifer (Zaphiel) zum Übeltäter. Luzifer war es jedoch, der aufgrund des göttlichen Verlangens nach Ausdruck die Form erschuf, wobei ihn die anderen Erzengel unterstützten. Raphael gab der Form Festigkeit und Selbstheilungskraft für die Wiedergeburt.

Michael gab ihr Nahrung und Kraft im Gleichgewicht zwischen Licht und Dunkel. Gabriel verlieh der Form die Essenz der göttlichen Liebe, damit sie angesichts der Dunkelheit stark und weise sei, um Formen im Ebenbilde des Schöpfers zu erschaffen. Barakiel gab der Form Energie, damit sie sich selbst auf dem Wege ihres Wachstums herausfordern könne. Haniel gab der Form das Verlangen nach Vollendung und eine Sehnsucht nach Weisheit. Phaniel gab der Form Bewußtheit, damit sie gut von böse und richtig von falsch unterscheiden könne.

Es fiel dem Menschen in der Form leicht, die Geschichte seiner Schöpfung zu vergessen und seine Fehler Zaphiel, dem Lichtträger, in die Schuhe zu schieben, der seine Gestalt nach Gottes Wunsch geschaffen hatte. Wenn, mit anderen Worten, die menschliche Gestalt sich nicht recht entwickelte oder lernte, war es Zaphiels Fehler bei der anfänglichen Erschaffung der Form. Ohne verläßliche Kommunikation mit den Erzengeln entwickelte der Mensch leicht Vorurteile und war sich bis vor kurzem nicht darüber bewußt, daß die Emanationen dieser sieben Erzengel tief im menschlichen Wesen liegen und sich nun von innen her zu manifestieren beginnen.

Nach unserem Verständnis ist Gott so weit von unseren Vorstellungen der Wahrheit entfernt wie die Arbeit eines Großcomputers von der Intelligenz einer Maus. Die Maus kann die Struktur eines Computers erkunden, darin leben, herumlaufen und sich sicher fühlen; sie wird überzeugt sein, ihr Heim vollständig zu kennen, doch wird sie den eigentlichen Zweck des Computers nie verstehen können. Nach unserem Verständnis ist Gott höchste Energie, die in der Lage ist, jede für das Wachstum notwendige Struktur zu bilden. In ihrer unendlichen Weisheit erschuf sie Tests für sich selbst, um zwischen gut und schlecht, positiv und negativ zu unterscheiden.

Versuchen wir, die Geschichte Gottes zu verstehen. Gott setzte einen Teil von sich aus sich heraus – einen Teil, der fähig sein sollte, selbst etwas zu schaffen. Hieraus entstand die biblische Geschichte von Luzifer, der aus der Gnade fiel. Der Wettstreit, den seine andere Hälfte forderte, mißfiel Gott keineswegs. Er nahm die innere Herausforderung an und ernannte das inaktive, passive Selbst zum höheren und das aktive, schöpferische zum niederen Selbst. Als die Herausforderung einmal angenommen war, konnte die Schöpfung jede Form annehmen: Energie, Gedanke, Geist, Feuer, Erde, Luft, Wasser, Tiere oder Menschen

Je mehr das niedere Selbst die Schöpfung versuchte, um so weiser wurde der höhere Teil.

Schließlich hatte Gott, das Ganze, sich in zwei geteilt. Weil die beiden getrennten Wesenheiten unabhängig voneinander funktionierten und sich weiter voneinander entfernten, wußte das Ganze (beide Teile), daß es niemals wieder eins werden würde, wenn es nicht in vollendeter Harmonie verschmelzen könnte. Der höhere Teil Gottes blieb in Ruhe, assimilierte die Kreuzzüge des niederen Selbstes, filterte nutzlose Informationen aus und nahm nur die Wahrheit auf. Die niedere Hälfte funktionierte in fehlgeleiteten Formen, Gedanken und Gefühlen, ohne bewußtes Wissen zu erlangen, mit eher blindem Glauben in das höhere Selbst und von dem inneren Wissen begleitet, daß es wieder zum vollendeten Verständnis in göttlicher Weisheit und Liebe zurückkehren würde, nachdem alles geprüft und gelernt wäre.

Da der Mensch bis heute von Eigendünkel erfüllt ist, kann er nur sehr schwer akzeptieren, daß er im gewaltigen Plan des göttlichen Wachstums nur ein Fünkchen ist. Sein Bewußtsein deutet auf immer größere Trennung von Gott hin. Hat der Mensch einmal gelernt, seine Überheblichkeit auszulöschen, wird sich das Tor öffnen, und anstelle der Überheblichkeit werden sich deutliche Emanationen der Einheit manifestieren. Ein solches Wachstum kann viele wunderbare und erstaunliche Dinge mit sich bringen, wie etwa Wunderheilungen. Das bedeutet nicht, daß der Mensch das völlige Wissen über alle möglichen physischen, emotionalen oder mentalen Situationen erhält. Es garantiert aber Mitgefühl, Sympathie, Liebe und Achtung vor den Mitmenschen. Damit wird man ein Stück empfänglicher für die Emanationen der Einheit und bringt das individuelle Fragment (Mensch) näher an sein Ziel, der Einheit und Empfänglichkeit für all seine eigenen geistigen Emanationen, die die Motivation für einen liebevolleren Umgang mit der Umwelt bilden.

Indem das Verlangen des Menschen nach einem liebevollen, harmonischen Leben wächst, können auch seine Bedürfnisse nach Veränderung befriedigt werden. Veränderungen bringen eine größere Bewußtheit für die Emanationen des Geistes mit sich. Zum ersten Mal bewegt sich der Mensch auf dem Wege des Geistes und akzeptiert Gottes Willen als seinen eigenen. Diese Akzeptanz manifestiert sich anfangs als Instinkt und wird später zu kontrollierter medialer Entwicklung.

Instinkt und Medialität

Durch die Zeitalter hindurch ist der Mensch von seinen fünf Sinnen geleitet worden, die er zur Manipulation im guten oder schlechten Sinne verwandt hat. Sein Führer in der Benutzung dieser Sinne war der Verstand. Oft treibt ihn jedoch ein plötzlicher Drang zur Handlung, der nichts Rationales an sich hat und den er sich nicht erklären kann. Diesen Drang bezeichnet der Mensch als *Instinkt*. Der Instinkt hat Leben gerettet, Krankheiten geheilt, Vermögen gewonnen. Für den Verstand stellt der Instinkt nichts als eine Glückssträhne dar, nicht mehr als ein erfolgreiches Spiel, während er für weniger klare Geister Gottes Wille ist, eine Belohnung für gute Dienste. Welche Sichtweise man auch einnahm, der Instinkt ist als ein zusätzlicher Sinn außerhalb der normalen fünf akzeptiert worden und sollte als solcher nicht mißachtet werden. In primitiveren Zeiten wurde der Instinkt als göttliche Inspiration betrachtet. Das menschliche Leben hing davon ab, weil er zu Nahrung und Schutz führte. Der Instinkt wurde für heilig gehalten und stets beachtet. Heute fühlt sich der Mensch sicherer, was sein Überleben angeht, und neigt eher dazu, den Instinkt beiseite zu schieben.

Der Instinkt ist eine kindliche Form des *medialen* oder *sechsten Sinnes*. Die mediale Fähigkeit ist eine physische Manifestation des menschlichen Geistes. Ihr Zweck ist es, die fünf Sinne zu steigern und eine größere körperliche, mentale, emotionale und spirituelle Bewußtheit zu ermöglichen. Der Mensch kann diesen sechsten Sinn zum Guten oder Schlechten verwenden, wie es in seinem freien Willen liegt. Der mediale Sinn gestattet es dem Menschen, Kontakt zu seinem astralen Geist zu bekommen und unter dem karmischen Gesetz sein Bewußtsein zur höheren Seele zu erheben. Er hilft ihm in seiner Schlacht zwischen Gut und Böse, zwischen Licht und Dunkel, und ermöglicht es ihm so, Vollendung und Harmonie in allen Dingen zu erreichen. Der mediale Sinn ist der ausgleichende Sinn der Seele. Der Mensch hat die Tiere stets bewundert, weil sie ihren Instinkt auf natürliche Weise einsetzen, um in der Wildnis zu überleben. Man hat beobachtet,

daß sie nicht nur normale Gefahren vermeiden, wie das Gejagt-
werden, sondern daß sie mit ihrem Instinkt auch die Gefahr von
Erdbeben, Wirbelstürmen und Feuer spüren, lange bevor die
übrigen fünf Sinne mit ins Spiel kommen. Man weiß, daß Haustiere ihre Besitzer vor Katastrophen bewahrt haben oder auch über
weite Entfernungen zu ihnen zurückfanden, selbst wenn sie nach
einer Trennung keine Ahnung von der Örtlichkeit hatten. Für
Tiere ist es etwas ganz Natürliches, sich auf ihren medialen Sinn
zu verlassen; und seine Anwendung fällt ihnen deshalb viel leichter. Ihr Leben wird nicht durch Gier oder Konkurrenzgeist kompliziert.

Wie alle Tiere trägt auch der Mensch den medialen Sinn tief in
sich. Aufgrund materieller Bedürfnisse und Wünsche hat er jedoch leider in den meisten Fällen die Fähigkeit verloren, ihn zu
benutzen. Nur im Krieg oder bei Gefahr hört er auf seinen Instinkt und wird ihn selbst dann noch in Frage stellen und bezwei-
feln. Der Mensch nimmt oft sogar lieber viele Mühen auf sich,
bevor er zu der Überzeugung gelangt, daß sein Instinkt der mediale Sinn ist und deshalb beachtet werden muß.

Zunächst einmal muß der Instinkt oder mediale Sinn mit den
fünf körperlichen Sinnen abgestimmt werden. Das Gehör muß
soweit gesteigert werden, so daß die Stille plötzlich laut wird.
Laute Geräusche wirken dann fast betäubend, und ferne Klänge
sind leichter zu hören. Die Fähigkeit, in die Ferne und in die Nähe
zu sehen, wird verbessert. Der Tastsinn gibt Auskunft über Form,
Beschaffenheit und Farbe auch des kleinsten Körnchens. Der
Geruchssinn wird vermischte Gerüche trennen und identifizieren
können. Der Geschmackssinn wird vor schädigender Nahrung
warnen und auf die dringend gebrauchten Nährstoffe hinweisen.

Aufgrund äußerer Notwendigkeiten hat der Mensch es gelernt,
manchmal einen oder zwei dieser Sinne an den medialen Sinn
anzupassen, zum Beispiel im Falle von Blindheit, wo der fehlende
Gesichtssinn durch überdurchschnittlich gutes Funktionieren der
anderen Sinne ausgeglichen wird, oder etwa bei Weinkennern,
deren Geschmackssinn besonders ausgeprägt ist. Aber selbst dann
wird der mediale Sinn wenig beachtet. Erst wenn die physischen
Sinne nicht angepaßt sind, setzt sich der mediale durch, um sein
Vorhandensein zu beweisen. Dies geschieht zum Beispiel, wenn
man seinen Namen rufen hört, bevor ihn jemand tatsächlich physisch ruft.

Sind alle fünf Sinne bewußt an das mediale Bewußtsein angepaßt, hat der Körper eine sehr natürliche Beziehung zu seiner Umwelt und deren Bedingungen, was ein besseres Leben zur Folge hat. Ist der physische Körper auf den medialen Sinn aufmerksam geworden, kann der geistige Körper seine Gegenwart auch in alltäglichen Tätigkeiten ausdrücken. Das führt schließlich zur Entwicklung von Hellsichtigkeit, Hellhörigkeit, Hellfühligkeit und der Fähigkeit zu Psychometrie und Channeling.

Weil sich der menschliche Geist durch den medialen Sinn im Physischen ausdrücken kann, ist durch ihn auch eine Kommunikation mit der geistigen Welt, sonst auch bekannt als die *Astralwelt*, und mit den Bereichen jenseits davon möglich. Dadurch öffnet sich für das verkörperte Fragment (Mensch) die Tür zur Verständigung mit den anderen Fragmenten seiner Seele auf jeder Ebene und darüber hinaus mit der Einheit, die Gott ist.

In der Geschichte der Menschheit wurden die Schlachten zwischen Gut und Böse stets als eine Prüfung angesehen, bei der Gott zuschaute. Die Religion stand unter vielen Flaggen und hatte viele Anführer, vom Heidentum zum Christentum, von Zeus zu Christus. Stets jedoch lebte der Mensch in Furcht vor dem Teufel und seinen Vertretern. Stets glaubte er daran, daß der Teufel ihm zuschaute und ihm nahe war. Infolgedessen beging der Mensch viele niedere Handlungen unter dem Schutz der Religion. Er tötete und wütete in der Hoffnung, die Erde vom Bösen zu befreien. Die Furcht des Menschen vor dem Bösen liegt in ihm selbst, und das wird stets so bleiben, bis er in Weisheit und Liebe das Licht erreicht hat, denn die mediale Fähigkeit bringt uns mit der dunklen Seite unserer Seele ebenso in Berührung wie mit der hellen.

Unglücklicherweise haben manche sich dazu entschieden, der dunklen Seite zu folgen, den Teufel und seine Vertreter zu verehren, was zu negativen medialen Tätigkeiten des Geistes und nach dem karmischen Gesetz zu einer Lektion für das Gleichgewicht führt. *Karma* ist nämlich der Ausgleich des Schicksals. Bei der Entwicklung medialer Fähigkeiten kann niemand sich den dunklen Kräften entziehen. Man kann das Licht erreichen und in seinem Glanze baden, doch muß man auch in der Lage sein, mit der dunklen Seite der eigenen Seele umzugehen und sie zu neutralisieren, bevor die wahre Entwicklung einsetzt.

Trotz dieses Wissens hat sich der Mensch immer weiter von der Wahrheit des ganzen Selbst entfernt und sich physisch einer materiellen Lebensweise ergeben, weil er all sein Tun für Wahrheit hielt. Oft ist es jedoch genau umgekehrt, denn gewöhnlich ist der Mensch der letzte, der die Wahrheit erkennt.

Wenn ein Tier dem Tode gegenübersteht, fürchtet es nur seinen Feind und die Art und Weise seines Todes. Der Mensch jedoch fürchtet angesichts des Todes den Verlust all seiner weltlichen Güter. Der mediale Sinn aber sieht den Tod als einen Augenblick des Übergangs von einem Zustand in einen anderen und empfängt diesen Wandel mit offenen Armen; denn der Tod bedeutet ein Wachstum des Geistes zur Einheit mit der Seele und letztlich auch mit Gott.

Verzichtet er auf den Einsatz des medialen Sinnes, muß sich der Mensch allein auf seinen einfachen, erworbenen Sinn des Glaubens und Vertrauens verlassen, der in dieser schnellebigen Zeit vieles unbeantwortet läßt. Ob der Mensch seinen Mitmenschen oder seinem Instinkt traut, hängt von seiner Erziehung und seiner eigenen Wahrnehmung des zwischenmenschlichen Verhaltens ab.

Manche Menschen achten wenig auf die Gesetze der Moral und der Ethik und sondern sich ab, werden von vielen anderen ausgestoßen. Andere verbringen ihre Zeit damit, die Handlungen anderer zu bedenken und zu beurteilen, achten jedoch wenig auf ihre eigenen Einstellungen und Handlungen. Viele entschließen sich, die Rolle des Märtyrers zu spielen und laden die Bürde ihnen nahestehender und geliebter Menschen auf die eigenen Schultern. Dabei sind sie blind für die Forderungen, die sie an sich und andere stellen.

Würden sie ihren medialen Sinn auf angemessene Weise einsetzen, könnten solche Fallen nicht auftreten. Dieser Sinn ermöglicht es zu sehen, wann und wo man zu handeln oder sich zurückzuhalten hat, um so zu einem tieferen Verständnis des Lebens und seiner Wechselfälle zu gelangen.

Da der Mensch nach Erfüllung verlangt, fürchtet er sein Versagen, denn er meint dann, aus der Gnade gefallen zu sein. Solange er nicht begriffen hat, daß sein Versagen nur aus überwindbaren Fehlern besteht, die gemacht werden müssen, um zu lernen, muß der Wahrheitssucher durch Versuch und Irrtum gehen, bis er schließlich selbst zum Meister wird.

Ein *Meister* ist ein weiser Mann, der seinen eigenen Weg geht und seine Weisheit mit denen teilt, die seinen Rat suchen. Ein Meister lernt das Leben mit all seinen Funktionen und Formen kennen und respektiert diese Einsichten. Sein Verlangen, mehr über sich selbst zu erfahren, öffnet ihm die Tür zu einem tieferen

Verständnis. Ihm wird bald klar, daß sein Geist in Kontakt mit seiner Seele steht und daß seine Seele einen Hauptcharakterzug hat, der als *Archetyp* bekannt ist.

Es gibt sieben Archetypen: König, Krieger, Priester, Sklave, Künstler, Weiser und Gelehrter. Diese Archetypen entsprechen den sieben Erzengeln mit den entsprechenden Charakteristika. In jedem einzelnen Menschen kann man einen dieser Archetypen erkennen.

Abgesehen vom Gelehrten treten alle Archetypen paarweise auf, wodurch sich die maskuline Form der Weisheit und die feminine Form der Liebe die Waage halten.

Der König ist männlich und in Harmonie mit dem Krieger, der weiblich ist. Der König sitzt, hält hof und führt so den Weg an, während der Krieger den aufrechten Wunsch hat, die Wünsche des Königs auszuführen und ihm in wahrer Liebe seine Loyalität zu beweisen.

Auf gleiche Weise gibt der Priester Trost und Rat, während sein weibliches Gegenstück, der Sklave, ihm in Liebe seinen Dienst weiht.

Der Weise sitzt und sendet in Kontemplation dessen, was sein kann, seine Weisheit aus, während der Künstler die Träume des Weisen aus weiblicher Liebe heraus kreativ umsetzt.

Der Gelehrte ist eine Art Schiedsrichter, der für das Gleichgewicht sorgt und den anderen sechs Archetypen helfend beisteht.

Diese sieben Archetypen manifestieren sich nicht unbedingt aktiv in der Form. Ein Fragment oder Geist kann sein königliches Wesen verwirklichen, obwohl es der Gestalt nach ein Sklave ist. Dagegen kann jemand mit der physischen Erscheinung eines Königs der Schwingung seiner Seele nach ein Sklave sein.

Die Essenz der jeweiligen Archetypen ist folgende:

Raphael/König: Der Weg des Königs besteht darin, daß er die Weisheit seiner Seele einzusetzen weiß. Er wählt die Form des Anführers in der Welt und verwendet sein angeborenes Wissen und seine Macht, um anderen den Weg zu weisen.

Michael/Krieger: Der Weg des Kriegers ist ein Weg des Instinktes. In der Welt benutzt er seinen natürlichen Antrieb mit dem Wunsch, herauszufordern und zu erforschen, und zeigt auf diese Weise den Weg.

Gabriel/Priester: Der Weg des Priesters ist es, den Schöpfer zu manifestieren. In der Welt dient er der Menschheit mit den hohen Idealen eines überweltlichen Bewußtseins als ein Führer.

Barakiel/Sklave: Der Weg des Sklaven ist es, den Ausdruck des Schöpfers zu inspirieren. Er dient der Menschheit, indem er wechselnde Helferrollen spielt und den Menschen so den Weg zu spirituellem Wachstum weist.

Haniel/Weiser: Der Weg des Weisen besteht darin, seine angeborene Weisheit auszudrücken. In der Welt zeichnet er sich durch gutes Urteilsvermögen und geschickte Fähigkeiten im praktischen Ausdruck aus und weist so den Weg.

Phaniel/Künstler: Der Weg des Künstlers besteht im Ausdruck von Gefühlen. In der Welt erinnert der Künstler durch seinen schöpferischen Ausdruck daran, daß alles zu einer Einheit gehört.

Zaphiel/Gelehrter: Der Weg des Gelehrten ist es, alle Dinge als transzendent zu betrachten. In der Welt dient er den anderen Archetypen, indem er ihre Handlungen beobachtet und als Mittler zur Verfügung steht. Er akzeptiert den Wandel und heißt ihn willkommen. So weist er den Weg.

Die Essenz des Schöpfers fließt herab durch die Seele, hinaus in die Fragmente in der Welt der Form und manifestiert so das Ebenbild der göttlichen Kraft. Jedes Fragment strebt danach, Inbegriff seines Archetyps zu werden.

Ist dies einmal erreicht, so strebt die archetypische Seele danach, mit den anderen sechs Archetypen zu verschmelzen und zu einer Überseele zu werden. Als Überseele manifestieren sich die Emanationen des Schöpfers im Menschen als »Messias«. Nicht jeder Messias wird bekannt.

Manch einer lebt sein Leben ganz unauffällig und hinterläßt ein feines Licht und Frieden in der Welt, um nach seinem Tod zu einer höheren Schwingung der Einheit zurückzukehren. Alle Archetypen haben negative und positive Züge. Es ist für die Seele wesentlich, alle Formen physischer Manifestation zu erleben. Deshalb kann sie in der Form die Identität anderer Archetypen annehmen und auf diese Weise jede Emanation des Schöpfers erfahren.

Alle Archetypen haben in Ausdruck, Inspiration und Tat Ziele, die schließlich zur Einheit streben. Deshalb gibt es für jedes Fragment physische Leben, in denen die Extreme angenommen und zu weiterem Wachstum bearbeitet werden können. Innerhalb dieser Struktur bedarf jedes Fragment vieler Leben, um seine Lektionen zu vervollständigen und zum Verständnis der Einheit zu gelangen. Jedes Fragment muß in der Form alle Facetten des Annehmens und Zurückweisens meistern, wodurch es Herr über alle Emotionen wird: von universeller Freude bis zur Undankbarkeit, von der Unterscheidungskraft bis zum Vorurteil. Dies verstärkt den weiblichen Ausdruck der Liebe in der Welt der Form.

Jedes Fragment wird außerdem die Inspiration beherrschen und zu einem Meister der Weisheit werden, indem es alle Facetten des Wachstums und des Zurückbleibens erlebt: vom Verständnis bis zur Verwirrung und vom Atavismus (Rückwendung zu ursprünglichen Methoden) bis zum Rückzug. Dadurch steigert sich letztlich der männliche Ausdruck göttlicher Weisheit in der geformten Welt.

Alle Fragmente müssen handeln, um die verschiedenen Daseinsweisen von der Herrschaft bis zur Unterwerfung zu erleben. Durch jede Handlungsweise kann ein Fragment die Führung lernen, sei es, indem es sich diktatorisch oder aber hingebungsvoll und unterwürfig verhält.

All diese Erfahrungen müssen zwischen den verkörperten Leben auf der astralen Ebene assimiliert werden. Das kann gelegentlich auch während eines irdischen Lebens geschehen, und zwar in Zeiten, in denen kein Wachstumsdruck besteht. Manchmal wird ein Fragment ein Leben einzig zu dem Zweck führen, Ausgesetztheit und Bewegungslosigkeit zu erfahren, etwa als Pflanze. Dies dient dazu, die Vorbereitung auf ein aktiveres Leben mit kalkuliertem Wachstum zu stimulieren, die einsetzt, wenn das Fragment auf die astrale Ebene zurückgekehrt ist, auf der die Assimilation stattfindet.

Für die Zeit seiner Verkörperung wählt sich jedes Fragment eine bestimmte Seinsweise, um sein bewußtes Wachstum zu stimulieren. Diese Seinsweisen sind Macht, Vorsicht, Leidenschaft, Verdrängung, Aggression, Durchhaltevermögen und Beobachtungsgabe. Sie alle haben sowohl positive als auch negative Züge.

Die Auswahl einer bestimmten Seinsweise verhindert, daß das Fragment von der Lektion abweicht, die zu lernen es sich vorgenommen hat. Zusätzlich wird jedes Fragment eine bestimmte

Geisteshaltung wählen, um seiner Seinsweise Ausdruck zu verleihen. Diese Geisteshaltungen sind idealistisch, skeptisch, spirituell, stoisch, realistisch, zynisch und pragmatisch. Sie sorgen dafür, daß das Fragment auf eine ganz bestimmte Weise nach Wissen strebt. All diese Haltungen haben negative wie positive Züge, die während vieler Leben erfahren werden müssen.

Alle Fragmente haben ein Wesenszentrum, das, je nach gelebtem Leben, in einem oder vielen Aspekten wirksam wird. Dieses Wesenszentrum ist hochintellektuell, intellektuell, stark emotional, bewegungsorientiert, sexuell oder instinktiv – alles wieder sowohl mit positiven als auch mit negativen Zügen. Das Wesenszentrum bestimmt die Art und Weise, wie sich ein Fragment in der Welt ausdrückt, wenn es durch die Umwelt und physische Wechselwirkungen stimuliert wird.

Jedes Fragment sucht sich einen »negativen Charakterzug«, der zu meistern ist. Dies können Gier, Selbstzerstörung, Arroganz, Minderwertigkeitsgefühl, Ungeduld, Märtyrertum und Sturheit sein, jeweils wieder mit negativen und positiven Auswirkungen auf das Wachstum.

Die negativen Züge sind dann deutlich zu erkennen, wenn eine Person sozusagen mit dem Rücken an der Wand steht. Schicksalsschläge regen das Fragment dazu an, sich selbst zu definieren und nach Höherem zu trachten, indem es die harte Lektion annimmt und daraus lernt.

Es bedarf keiner großen Rechnerei, um sich klarzumachen, daß ein Fragment große Auswahlmöglichkeiten hat, wenn es sich manifestieren will. Es bieten sich verschiedene Aspekte und Lernmöglichkeiten in vielen Leben, die alle im Negativen und Positiven gemeistert werden wollen. Diese Erfahrungen führen das Fragment zu einem Verständnis der Einheit aller Dinge und in das »Ich bin«-Bewußtsein des Schöpfers.

Viele Seelen wurden von der göttlichen Kraft ausgesandt, doch nicht alle zur gleichen Zeit. So haben wir kindliche, jugendliche, reife und alte Seelen je nach der Reihenfolge ihrer Aussendung. Da es dem Menschen schon schwerfällt, Ereignisse, die sich während der bekannten Geschichte zugetragen haben, zeitlich genau festzulegen, ist es unmöglich, die Zeitpunkte der Aussendung von Seelen in der ungeschriebenen Geschichte abzuschätzen. Es genügt zu sagen, daß neue Seelen jedesmal ausgesendet werden, wenn der Mensch sein Bewußtsein verändert und einen Schritt weitergeht, der zum Wachstum führt. Augenblicklich werden nur sehr wenige neue Seelen ausgesendet, da die meisten Fragmente sich jetzt im Aufstieg befinden.

In unserer Epoche dienen neue Seelen nur dazu, die Einfachheit des Lebens zu zeigen. Diese Fragmente haben einen völlig einfachen Zugang zum Leben und werden oft entweder mißbraucht oder als ein geistiges Licht gesehen, das in der einen oder anderen Gestalt oder Form den Weg zur Erleuchtung weist. Hauptsächlich ist die Erde von jugendlichen bis alten Seelen bevölkert.

Jedes Fragment braucht eine bestimmte Zeit, um auf die Überseele zuzuwachsen, je nachdem, wann es vom Schöpfer aus der Seele in die Form geworfen wurde. Ein altes Seelenfragment ist nicht größer als ein junges. Es hat in der Zeit nur mehr erlebt und erscheint deshalb erfahrener. Ein altes Seelenfragment wird stets Mitgefühl und Sympathie für die jungen empfinden, weil es sich intuitiv an das eigene Wachstum erinnert. Junge Seelenfragmente werden sich im Gegensatz dazu ein bißchen über die alten ärgern und sie dennoch irgendwie erhellend empfinden.

Je älter ein Seelenfragment ist, desto stärker manifestiert es den Geist oder die Essenz des Schöpfers und um so weiter sind seine medialen Fähigkeiten entwickelt. Viele streben danach, große Medien zu werden und scheitern an einem Mangel an Seelenerfahrung. Eine junge Seele wird beispielsweise in der Lage sein, einen Rat bezüglich ganz bestimmter Aspekte künftigen Handelns zu geben; sie wird jedoch nicht die Weisheit einer alten Seele weitergeben können. Ein junger Seher beispielsweise wird seinen Klienten darüber in Kenntnis setzen können, daß er bald die Wohnung wechseln wird, jedoch nicht wissen, warum oder wie. Der alte Seher hingegen wird den Zweck des Umzugs und anschließend zu erwartende Konsequenzen genau angeben können. Das bedeutet jedoch nicht, daß eine junge Seele nicht versuchen sollte, eine Karriere als Wahrsager zu machen. Es bedeutet nur, daß die Ebene der Arbeit eine andere sein wird. Beide Ebenen aber werden in dieser Welt gebraucht. Für jeden Lehrer gibt es einen Schüler und umgekehrt.

Die sieben Entwicklungsstufen der Seele

So wie es auf der Erde Naturgesetze gibt, so gibt es auch Ordnungsgesetze in dem Bereich jenseits des physischen Lebens. Da jedes Fragment die physische Dimension überschreiten will, strebt es danach, seine Wurzeln zurückzuerlangen, die auf den vielen Ebenen jenseits des irdischen Lebens gefunden werden können. Es ist wichtig, diese Ebenen zu verstehen.

Erinnern wir uns daran, daß Gott sowohl positiv als auch negativ ist, in sich selbst geteilt und dennoch ganz. Betrachten wir nun die Evolutionsstufen, die das Ganze ausmachen.

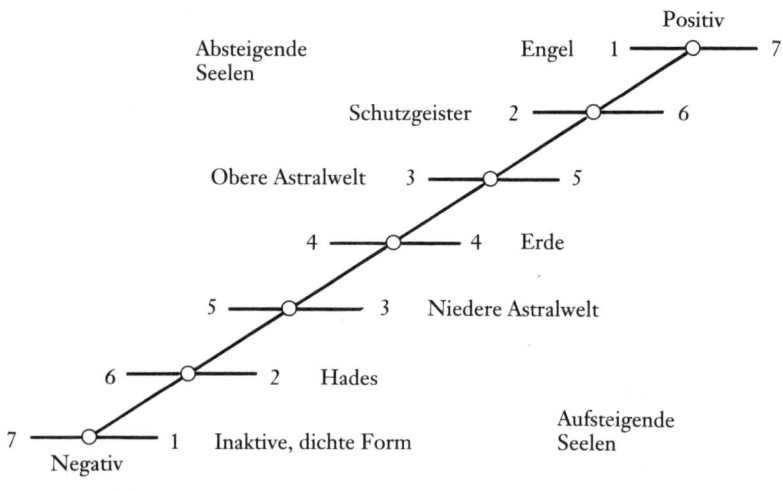

Die Evolutionsstufen

Es ist Ihnen wahrscheinlich schon aufgefallen, daß alle Dinge in Gruppen zu sieben angeordnet sind: sieben Erzengel, sieben Archetypen, sieben Seinsweisen. Im Plan Gottes gibt es sieben Ebenen. Warum sieben? Gott, der Schöpfer, ist eins und ist die 1, die das »Ich bin« repräsentiert. Die Emanationen des Schöpfers sind Liebe und Weisheit, zwei und drei. Aus diesen dreien besteht die Trinität. Die Trinität muß sich in der irdischen Form als Länge, Breite, Höhe und Tiefe ausdrücken, wodurch vier weitere Aspekte Gottes, des Schöpfers, entstehen. Dies ergibt zusammen sieben. Jeder Aspekt Gottes wird in der Seele und allem, was sie schafft, als Ebenbild gespiegelt. Diese Aspekte spiegeln sich auch in den Evolutionsstufen der Seele (siehe Abbildung auf Seite 28). Betrachten wir nun Ebene 1 als die totale Negativität Gottes, wo dem göttlichen Selbst gegenüber Gleichgültigkeit herrscht, eine leere, sinnlose Existenz, die sich in der Seele als völlige Stagnation spiegelt und in einem Fragment, das als ein einsamer Einfaltspinsel in einer Nervenheilanstalt inkarniert ist. Ebene 1 ist das Dasein ohne bewußten Zweck, ohne Belebung, das dennoch auch ein Annehmen in sich trägt. Diese Ebene dient nur als Anker, der den Schöpfer in der Bewegungslosigkeit hält und so die Erfahrung anderer Ebenen ermöglicht.

Ebene 2 wird gewöhnlich als Hades oder Unterwelt bezeichnet. Hier erschafft die Emanation des Schöpfers alle Formen und gibt ihnen Leben. Da dies auf dieser Ebene in Negativität geschieht, gibt es keine Kontrolle darüber, was geschaffen wird. Alle Formen sind instabil und wandeln sich stets. Hier beginnt der Wille Gottes, des Schöpfers, um seine Existenz zu kämpfen, sich auf die ständige Gestaltung in der physischen Welt vorzubereiten und sich zu verbessern. Auf dieser Ebene ist der Schöpfer in seiner eigenen schöpferischen Struktur verletzlich und kann zu seiner grundlegenden Energieform zurückkehren, um weitere Entwicklungen im bereits in Bewegung gesetzten Evolutionszyklus zu verhindern.

In vielen alten Schriften heißt es, daß bis zur Auferstehung Christi und seinem Abstieg in den Hades keine Evolution der Seele möglich gewesen sei. Das ist jedoch nicht wahr. Christus stieg in den Hades ab, um sich mit den verlorenen Fragmenten seiner Seele zu verbinden, die sich seinem Wunsch nach Weiterentwicklung beugten. Dies tat er für seine eigene Transformation zurück zur Einheit mit dem höheren Selbst des Schöpfers, wie es auch andere Heilande vor ihm getan haben. Auf dieser Ebene hat die Aktivität Christi die Herrschaft des Schöpfers zum Ziel.

Die dritte Ebene ist als die niedere Astralebene bekannt. Dorthin kehren die Fragmente zurück, nachdem sie ein Leben der Negativität auf der Erde geführt haben. Hier existieren sie, von sich selbst gequält, und spiegeln das Ziel der Zurückweisung, indem sie sich von anderen Fragmenten isolieren und ein negatives Bild ihres Daseins projizieren. Hier versteht der Schöpfer die Verwirrung.

Die vierte Ebene ist die Erde. Auf der Erde treffen sich negative und positive Kräfte im Widerstreit. Jedes verkörperte Fragment spiegelt das schöpferische Ziel des Wachstums.

Nach einem neutralen oder positiven Leben auf der Erde gehen die Fragmente zur Erholung auf die fünfte Ebene, die obere Astralwelt oder den Astralgürtel. Ziel des Schöpfers ist hier die Verzögerung, ein Ausruhen von den Konflikten auf der Erde und dadurch die Verstärkung der Positivität und die Verbindung der Fragmente.

Die sechste Ebene wird vom Menschen als die erfreulichste und positivste wahrgenommen, denn hier vereint die Seele alle Fragmente zur Vollendung. Hier ist die Form nicht mehr wichtig, denn die Seele ist in ihrer Weisheit offen für die göttliche Liebe, die herabsteigt, um sie daheim willkommen zu heißen. Auf dieser Ebene ist das Ziel des Schöpfers Gehorsam, das heißt, daß alle Erfahrungen völlig verstanden werden und man das Wachstum erkennt.

Auf Ebene 7 verbinden sich alle Seelen in Einheit und werden zum »Ich bin« des Schöpfers. Das Ziel des Schöpfers ist hier die absolute Annahme von allem, was in der Einheit ist. Hier ist der Schöpfer reine positive Energie.

Während seiner Entwicklung kann ein Fragment von Ebene zu Ebene aufsteigen oder fallen, wobei ihm andere Fragmente seiner eigenen Seele helfen werden. Im Fleisch oder im Geist getroffene Vereinbarungen werden häufig über viele Leben hinweg eingehalten, wenn auch nicht immer unbedingt in der Reihenfolge, in der die Leben gelebt werden.

Parallel zu diesen aufsteigenden Bewußtseinsebenen verläuft ein umgekehrter Plan, auf dem Ebene 1 der Ebene 7 entspricht, bis zu Ebene 7, die dann zu Ebene 1 wird. In der Umkehrung (siehe Abbildung auf Seite 28) repräsentiert die erste Ebene die positive Emanation des Schöpfers. Diese Ebene gleicht das Negative aus, indem sie einen Anker der Liebe anbietet, damit das Negative nicht völlig abgespaltet wird. Darin manifestiert sich das Dasein des Schöpfers als Macht.

Ebene 2 in der Umkehrung: Die aufgestiegene Seele drückt in den positiven Emanationen den Willen des Schöpfers aus, indem sie bereitwillig dient und denjenigen Fragmenten hilft, die vom Wege abgewichen sind. Der Schöpfer manifestiert die Daseinsweise des Mitgefühls durch eine solche Seele, die von den niederen Fragmenten als Heiland wahrgenommen wird.

Ebene 3 in der Umkehrung: Das aufgestiegene Seelenfragment drückt die positiven Emanationen des Heilandes als spirituelle Wesen aus, die auf ganz verschiedene Weise auftreten können, zum Beispiel als Engel, Schutzgeister und Boten. Sie erscheinen den niederen Ebenen in der Daseinsweise der Durchhaltekraft, weil sie den Wunsch des Schöpfers bekräftigen, das Wachstum und die Stabilität der Seele zu fördern.

Ebene 4 in der Umkehrung: In der Daseinsweise der Aggression schickt der Schöpfer seine Emanationen der Unzufriedenheit und Hoffnung auf Erfüllung, indem jeder Aspekt seines göttlichen Wesens in den physischen Fragmenten aller Seelen gespiegelt wird. Dadurch wird Lernen, Wachstum und Gleichgewicht für die Seelen und den Schöpfer gesichert.

Ebene 5 in der Umkehrung: Nachdem der Schöpfer so weit experimentiert hat, geht er nun in die Daseinsweise der Vorsicht. Die negativen Züge seiner Schöpfung sind allzu offensichtlich und müssen durch Liebe gemäßigt werden. Ströme des höheren Gottselbstes fließen zum niederen Gottselbst, um Annäherung an das Gleichgewicht zu suchen.

Ebene 6 in der Umkehrung: Da die abgetrennte negative Form sehr herausfordernd, einschränkend und mächtig ist, muß der Schöpfer diesen Fehler des niederen Selbst ausgleichen. Deshalb begibt sich das höhere Selbst in eine Daseinsweise der Unterdrückung, Einschränkung und Verhinderung der Zerstörung, die die ganze Schöpfung und das Wachstum des Schöpfers bedrohen könnte.

Ebene 7 in der Umkehrung: Das negative niedere Selbst ist inaktiv. Das höhere Selbst versucht, die Aktivität zu erhalten, indem es sich in die Daseinsform der Beobachtung begibt. Indem es die Aspekte des Negativen beobachtet, wird ein Ansatz zur Annahme manifestiert, so daß der Schöpfer sich selbst annimmt und zum »Ich bin« wird.

Durch die archetypischen Emanationen manifestiert sich der Schöpfer auf verschiedenen Ebenen zu unterschiedlichen Zeiten, je nach den Bedürfnissen des Ganzen. Zum Beispiel: Ein König ist auf der Erde, um die Lebensweise zu verändern. Ein Priester ist im Hades, um den Jammer der verlorenen Seelen zu hören. Ein

Weiser ist auf der höheren Astralebene, um neues Wissen auszudrücken. Ein Künstler kann Kreativität auf der niederen Astralebene zeigen, um Interesse am Wachstum anzuregen. Ein Krieger im Hades kämpft um Wahrheit und Harmonie, um ein Gleichgewicht zu schaffen. Ein Gelehrter auf der negativen Ebene der Form regt das Wachstum an, indem er Gedanken formuliert. Ein Sklave auf der sechsten Ebene (Schutzgeister) erfüllt den Willen des Schöpfers. Alles fließt frei, einschließlich des schöpferischen Willens. Jeder Archetyp trägt dazu bei, das Gleichgewicht der Wechselwirkungen zwischen den Ebenen zu erhalten und die Evolution der Seelenharmonie mit ihrem Ziel der Einheit in göttlicher Wärme und Liebe zu fördern.

Nachdem jede Ebene in der Übersicht beschrieben worden ist, soll sie nun in ihren Einzelheiten verstanden werden, damit jedes Fragment seine eigene Position in der Ordnung der Dinge begreifen kann.

Ebene 1: Diese Ebene besteht aus total negativer Energie. Wenn man sie erlebt, fühlt man sich emotional bedrückt. Sie mit dem spirituellen Körper zu erleben, heißt, sich sehr eingeschränkt zu fühlen. Versteht man sie mit dem spirituellen Geist, so versteht man alle Formen geschaffener Negativität. Das Grundbedürfnis ist, Energie zu gewinnen und zur schöpferischen Kraft von Illusionen zu werden. Für den sich entwickelnden Geist sind alle negativen Illusionen erschreckend, denn sie verursachen eine Entladung negativer Energie, die wir als Angst kennen. Angst wird von der Masse absorbiert und verstärkt sich selbst dadurch, daß sie dem Geist des Fragmentes Energie entzieht. Mit dieser zusätzlichen Energie erschafft sie weitere negative Illusionen, um noch mehr Fragmenten negative Energie zu vermitteln. Da jedes Fragment im Laufe der Zeit sein Licht fast gänzlich verloren hat, hat es aufgrund dieses Mangels an göttlicher Weisheit und Liebe ein Übermaß an Negativität. So wird es besonders leicht zum Opfer von Energieentzug und Verwirrung und sinkt schließlich in die Negativität oder Dunkelheit ab oder wird von ihr absorbiert. Ein einzelnes Fragment hat keine Möglichkeit, gegen diese Ebene anzukämpfen oder sie zu akzeptieren. Nur wenn die Fragmente in einer Überseele vereint sind, kann diese dunkle, negative Energie von den Emanationen des Schöpfers verstanden und neutralisiert werden. Sollte sich ein Fragment jedoch auf diese Ebene verirren, so können andere Fragmente seiner Seele seinen Ruf hören; und das höhere Selbst des Schöpfers kann einen liebevollen Boten aussenden, um dieses Fragment zu erheben.

Ebene 2, Hades: Die Vorstellung des Menschen von der Hölle, der Verdammung und der Finsternis, in der Dämonen und Teufel ihn quälen, ist nicht unbedingt weit hergeholt. Die Wirklichkeit des Hades besteht darin, daß sich manifestiert, was wir am meisten fürchten, um uns zu quälen. Auf dieser Ebene können die Kräfte der Gedanken und Emotionen Amok laufen. Jedes Fragment erschafft seine eigenen Ängste oder erlebt die Ängste anderer in völliger Negativität. Für das schöpferische Selbst ist diese Ebene die erste Bewußtseinsebene. Die Negativität schränkt ein, und diese Einschränkung führt zu einem Verlangen nach sinnvollem Ausdruck. Alle Fragmente halten sich eine gewisse Zeit auf dieser Ebene auf, um totale Negativität zu erleben. Sobald das Verlangen nach Freiheit von der Negativität entsteht, steigt das Fragment automatisch von dieser Ebene auf. Ein Großteil dessen, was man im Hades erlebt, besteht aus geistiger Manifestation dunkler Illusionen. Wenn sich ein Fragment zum Beispiel für verunstaltet hält und sich von einem großen Monster verfolgt fühlt, dann ist das für dieses Fragment Realität. Andere Fragmente, die diese Illusion unterstützen, werden zum Teil der Handlung; und so werden sie alle um des Wachstums willen in negativen Lernerfahrungen miteinander verbunden.

Außenstehende Fragmente werden von dieser besonderen Illusion nichts wahrnehmen, sondern mit anderen selbstgestalteten Illusionen zu tun haben.

Ebene 3, die niedere Astralebene: Diese Daseinsebene erscheint dem Fragment als ein Ebenbild seiner Negativität. In anderen Worten: »Gleich und Gleich gesellt sich gern.« Ist ein Fragment ein Snob und mag nur andere Snobs, dann findet es hier seinen idealen Aufenthaltsort. Diese Daseinsebene macht es einem Fragment möglich, sich selbst in der Negativität zu erfahren, indem es sich im Aussehen, in Worten, Taten und Gefühlen anderer wahrnimmt. Wenn es durch diese Ebene reist – von dunklen, kalten und öden Landschaften zu Sonnenschein und Blumen – dann lebt das nun als Geist bezeichnete Fragment egoistisch und erschafft sich die am besten zu ihm passende Umgebung.

Ein Geist, der sich für reich hält, wird viel Geld manifestieren und in einem großen Haus leben, das er nach seinem Willen geschaffen hat. Dort sitzt er dann und zählt Tag und Nacht sein Geld. Niemand kommt, um seine Privatsphäre zu stören, denn das Gesetz dieser Ebene heißt: »Jedem das Seine.« Irgendwann wird er natürlich seines Geldes und Hauses müde werden und sich nach Gesellschaft sehnen. Sucht es einmal Gesellschaft, wird das Fragment auf die höhere Astralebene gehoben, wo es langsam auf eine Verkörperung vorbereitet wird.

Ebene 4: Der Planet Erde, »die Heimat der Mutigen«, ist jene Ebene, auf der sich alle in Gedankenform erschaffenen Dinge schließlich manifestieren müssen, vom Verlangen angeregt und aus Liebe geboren.

Auf der Erde lernt man, daß etwas zu haben und zu halten, noch nicht unbedingt bedeutet, es zu behalten. Besitz bringt auch Verantwortung mit sich, die oft genug zu einer Vielfalt von Einschränkungen führt. Daher der Rat: »Wünsche dir nichts, wenn du nicht wirklich sicher bist, daß du es willst.« Wenn das Negative mit dem Positiven um richtig oder falsch kämpft, entsteht Verwirrung. Jedes Fragment muß lernen, vor allem, was ist, zu bestehen und eine Möglichkeit finden, das zu verstehen und zu tun, was dem Wachstum der Seele und dem Willen des Schöpfers dient.

Ebene 5, die höhere Astralebene: Diese Ebene ist im Verständnis vieler der Himmel. Hier leben alle Fragmente in Harmonie und akzeptieren die positiven Emanationen des Wachstums, je nach ihrer Bewußtseinsebene. Diese Ebene ist, wie die niedere Astralebene, schöpferisch. Alles, was ein Fragment sich wünscht, wird zum positiven Gebrauch manifestiert: Es gibt dort Schulen des Wissens, Kirchen verschiedener Konfessionen, Wohnbereiche verschiedener Art, Erholungsbereiche, Forschung und Wachstum – alles zu einem Zweck: den sich entwickelnden Fragmenten zu helfen, mehr über sich zu erfahren und sie so auf die Rückkehr zur Erde vorzubereiten.

Ebene 6: Wenn ein Fragment diese Bewußtseinsebene erreicht hat, hat es fast alle physischen Emanationen des Geistes und Körpers verloren, denn hier braucht es sie nicht mehr. Wenn die Fragmente sich vereinen, wird die Emanation der Seele zur reinen Gedankenenergie. Auf dieser Ebene dient die Seele dem Schöpfer und tut seinen Willen. Wenn der Schöpfer nach einer neuen Wachstumslinie verlangt, dann macht sich die Seele auf, um diese auf den niederen Ebenen zu verwirklichen. Die Seele selbst, die göttliche Weisheit, drückt sich in den Emanationen der göttlichen Liebe aus und zieht diese so zurück zum Schöpfer.

Ebene 7: Schließlich, zur Einheit zurückgekehrt, verschmilzt die Seele mit Gott und wird in reine Energie absorbiert. Jenseits des »Ich bin« gibt es keine Individualität mehr.

Jede Ebene hat sieben Unterebenen, Evolutionsstadien, die jeweils wieder dem Wachstum dienen. Man kann sich das etwa so vorstellen, als verbrächte man mehrere Jahre lernend auf der Grundschule, dem Gymnasium, der Universität und schließlich mit den Vorbereitungen auf die Promotion. Hat man einmal promoviert, wird man zum Lehrer dessen, was man studiert hat. Bleibt man bei diesem Vergleich, dann besteht die Promotion darin, daß die Seele vom Schöpfer wieder absorbiert wird, um alles teilen zu können, was sie ist.

Auf jeder Ebene, mit Ausnahme dieser irdischen (4), werden alle Dinge durch die Kraft des göttlichen Willens in der Form manifestiert, da alle Fragmente in ihrem Innern den Schöpfer spiegeln. Alles ist flüchtig, da der Wille sich von Augenblick zu Augenblick ändert und dadurch überall Veränderungen hervorbringt. Der Wunsch, etwas zu schaffen, um daraus zu lernen, ist auf allen Ebenen, außer auf der Erde, so natürlich, daß auch die Fähigkeit, dies zu tun, ganz selbstverständlich ist. In der Verkörperung auf der Erde muß ein Fragment sich zunächst damit abfinden, daß es nicht mehr in der Lage ist, aus dem Wunsch eines Augenblicks heraus etwas zu erschaffen. Es gehört zu den frustrierendsten Erfahrungen des menschlichen Lebens, daß man sich anstrengen muß, wenn man etwas schaffen will, daß man Zeit und Energie dafür aufwenden muß; und natürlich ist dies die einfachste Art, Geduld zu lernen.

Zweitens ist auf allen Ebenen außer auf der Erde gültig, daß die Schöpfungen eines Fragments seine eigenen bleiben. Möchte es sie für sich behalten, dann ist es damit allein, denn es schafft keine Form, damit andere sie sehen sollen. Andere Fragmente nehmen sie auch nicht wahr, weil sie die karmischen Gesetze achten. Es gibt demnach kein Eindringen in die Privatsphäre oder in den freien Willen eines anderen. Auf der Erde jedoch sind alle erschaffenen Dinge für alle sichtbar und nutzbar. Ein inkarniertes Fragment wird oft entmutigt, weil seine Schöpfungen angegriffen oder mißbraucht werden. Deshalb lernt es mit der Zeit, zu teilen und seine Schöpfungen loszulassen, wodurch es einsieht und sich daran erinnert, daß alles vergänglich ist.

In diesem Evolutionsstadium öffnet sich für die Seelen oder Fragmente ein Tor des Friedens zu höheren Ebenen, wo alle Dinge sichtbar sind und geteilt werden, ohne daß der Gedanke an eine Verletzung der Privatsphäre aufkommt. Wenn man an etwas nicht positiv teilhaben möchte, dann ist man einfach nicht daran interessiert und mischt sich deshalb nicht ein. Es gibt keine Notwendigkeit, etwas zu verstecken, denn der Mangel an Wünschen hält andere davon ab, Wünsche in bezug auf das zu entwickeln, was auf diesen Ebenen erschaffen worden ist. Es gibt auf den höheren Ebenen auch keinen Wettbewerb, denn alles wird als gleich erachtet. Nichts ist kleiner oder größer als etwas anderes.

Jede Daseinsebene hat ihre eigene Schwingung. Die Reflexionen dieser Schwingungen können mit den sieben Noten der Tonleiter in Verbindung gebracht werden. C, die tiefste Note, entspräche der Schwingung der niedrigsten Ebene, usw. aufwärts. Die Bewohner einer jeden Ebene nehmen die darübergelegene Ebene als feinere Schwingung wahr, nach der sie sich ausrichten können, und erinnern sich an die darunterliegenden Ebenen als dichter und weniger harmonisch in der Schwingung, weshalb sie sie lieber hinter sich lassen.

Auf jeder Ebene gibt es sieben feinere Schwingungsstufen, die den Halbtönen in der Musik entsprechen. Jede Schwingung ist vollständig und ganz. Jedes Fragment der sich entwickelnden Seele wird auf natürliche Weise auf seinen eigenen Platz und seine eigene Schwingungsebene zurückkehren. Kein Fragment kann bestimmte Ebenen überspringen, um seine Entwicklung zu beschleunigen.

Es ist jedoch möglich, daß ein Fragment im Schutz eines höher schwingenden Fragmentes für kurze Zeit auf dessen Schwingungsebene gehoben werden kann, um dort Ermutigung und Anleitung zu bekommen. Verkörperte Fragmente bemühen sich die ganze Zeit darum, ihre Schwingungen zu heben, weil sie hoffen, so einen Blick auf die höheren Ebenen zu erhaschen, die ihnen unbekannt sind.

Gleichzeitig ist die Erinnerung an diejenigen Ebenen, durch die ein Fragment sich hindurchentwickelt hat, stark und von Verständnis durchdrungen. Ein Fragment, das Fragmenten unterhalb der eigenen Ebene helfen möchte, kann auf jede Ebene wieder hinabsteigen, von der es heraufgestiegen ist. Dies geschieht auch, weil der Schöpfer es wünscht. Alle aufsteigenden Wesen müssen im Ebenbild des höheren Schöpferselbstes denjenigen Liebe geben, die auf irgendeiner Ebene und in irgendeiner Weise bedürftig sind. Auf der Erde fürchtet das als Mensch bezeichnete Fragment alles, was es hinter sich gelassen hat. Alles, was die Stabilität seiner Schwingung stören könnte, bezeichnet er als Versuchung. Es passiert leicht, daß er Angst bekommt und so der Versuchung erliegt, wieder etwas falsch zu machen, was er schon einige Zeit zuvor falsch gemacht hat, Fehler in der Lebensweise zu wiederholen und dadurch von der Gnade abzufallen. Dann hält der Mensch sich für verdammt, böse und verdorben.

Ein solches Bewußtsein tritt aber nur auf der vierten Ebene auf. Auf den anderen Ebenen wird akzeptiert, daß ein aufgestiegenes Fragment auch wieder absteigen kann, ohne seine Schwingung zu verlieren. Dabei verbreitet es sein Licht unter den weniger entwickelten Fragmenten und unterstützt damit den Drang des Schöpfers nach Vollendung.

Sollte sich ein aufgestiegenes Fragment auf einer der niederen Ebenen verfangen, weil es sich auf das dort Vorhandene einläßt, um Anerkennung für sein eigenes Sein zu finden, dann kann man es als aus der Gnade gefallen ansehen. Dies geschieht jedoch selten, denn kein aufgestiegenes Fragment möchte von dem, was es hat, getrennt werden. Es ist sich all dessen, was es tut, bewußt und deshalb auf den Abstieg vorbereitet. Ein solches Fragment kann in keine Schlinge geraten, da es auf der betreffenden Ebene alles verstanden und alle Aspekte seiner eigenen und der darunterliegenden Ebenen gemeistert hat, als es aufstieg. Dieses Fragment kann nur Liebe und weises Verständnis für die Bereiche haben, in denen es selbst gewesen ist und in denen es schon gelernt hat. Deshalb erkennt es sich in allen Dingen wieder, bevor es diese Schwingungsebene erreichte. Nur ein Narr würde in etwas Böses und Unbekanntes hinabsteigen, ohne es zu kontrollieren. Das kommt nur auf der irdischen Ebene vor. Der Grund dafür ist, daß im Fleisch ein großer Teil der geistigen Liebe und Weisheit unterdrückt ist. Die Fragmente leiden gleichermaßen an spiritueller Amnesie und können deshalb ihren Glauben und ihre Liebe für Gott, den Schöpfer, prüfen und sich herausfordern. Indem man Dinge auf die schwierige Weise tut, öffnet sich das Tor zu größerer Weisheit, und man stellt sicher, daß die im Geist gelernte Weisheit sich in der Form manifestiert, um dadurch stärker betont zu werden. Dadurch erreicht man, daß Weisheit und Liebe zu bewußten, aktiven und automatischen Daseinsformen werden.

Jede der genannten Ebenen ist, je nach der Schwingung der Fragmente, unterschiedlich angelegt. Die Atmosphäre auf der Ebene des Hades zum Beispiel ist dicht, dunkel, stürmisch, neblig, feucht, mit Bereichen von dumpfem, klammem und trübem Licht. In der höheren Astralebene dagegen ist die Atmosphäre hell, warm, sonnig und luftig. Auf der sechsten Ebene ist alles hell und warm und voll von sich vermischender Energie. Jedes Fragment funktioniert in Harmonie mit der Schwingung, zu der es gehört. Ein Fragment aus dem Hades in die höhere Astralebene zu bringen, käme dem Aufstieg auf einen Berggipfel gleich. Die Luft dort ist zu dünn, um sie lange atmen zu können. Das Fragment würde den Aufstieg in die andere Ebene geistig und körperlich als anstrengend empfinden, gleichzeitig aber auch als ehrfurchtgebietend und belebend. Ein solches Fragment würde dadurch große Einsichten bekommen, doch wäre seine Angst vor dem Unbekannten stärker als die Lektion und würde in der Erinnerung einen großen Teil der Erfahrung zunichte machen. Emotional würde das Fragment sich dazu getrieben fühlen, zu bekannten Dingen zurückzukehren, über die es Kontrolle hat – was zu einem unmittelbaren Abstieg auf seine eigene Ebene führt. Aus dem geistigen Bewußtsein heraus geschieht dies auf jeder Ebene.

Die sieben Ebenen sind von der ersten Ebene der Negativität aus schwer zu definieren. Die erste Ebene besteht aus reiner negativer Energie, die alle Dinge umfaßt. Es ist die Energie, die als Brennstoff zur Erschaffung der Form dient. Sie ist immer in Bewegung, immer veränderlich und undefinierbar.

Die zweite Ebene ist die der reinen Physik und Mathematik, wo Formen und Klänge in Gestalten zu vibrieren beginnen. Hier beginnt die negative Energie, sich aufzuspalten und sich zu einem Bewußtsein der Existenz zu entwickeln.

Auf der dritten Ebene beginnen Form und Bewußtsein zu verschmelzen und das zu erschaffen, was man als negative und positive Handlungen ansieht.

Auf der vierten Ebene weitet sich die positive Handlung auf negative Weise aus, um Illusionen und Phantasien weiterer Formen zu erschaffen.

Die fünfte Ebene belebt die Formen der Illusionen und Phantasien, die nun zu handeln und zu fühlen beginnen und nach Anerkennung suchen.

Die sechste Ebene dient dazu, die Form in eine vorgegebene Schwingung zu bringen und sie auf ihre Entwicklung vorzubereiten. Das Ergebnis ist die Annahme und Vervollständigung der Form.

Auf der siebenten Ebene wird die Form befreit, um Erkundungen anzustellen und sich zum Licht hin zu entwickeln und sich letztlich auf der Erde und darüber hinaus zu manifestieren. Viele negative Dinge und Wesen können in diesem Stadium Licht aufnehmen und positiv werden, indem sie die Energie des höheren Schöpferselbst verwenden. Das niedere Schöpferselbst wird dadurch angeregt und ist gleichzeitig selbst ein Stimulus, der das Ganze aktiviert, welches Gott auf dem Wege zur Vollendung ist.

Von der zweiten Ebene aus sind die Unterebenen leichter zu definieren, da sie sich entwickeln. Auf der ersten Ebene läuft die Form in ihrer neu gefundenen Freiheit Amok. Die jetzt in Form gebrachte Energie beginnt, sich der Trennung vom Ganzen bewußt zu werden.

Auf der zweiten Ebene werden Trennung und Identität wahrgenommen. Jede Form fordert andere Formen heraus. Viele Erkundungsmöglichkeiten werden ausprobiert. Diese Formen sind geistig sehr einfach, denn sie haben noch wenig göttliche Weisheit aus dem höheren Selbst erfahren oder verstanden. Ein großer Teil der Aktivität auf dieser Ebene ist bloß momentan. Hier beginnen die Fragmente der Seele Erlösung in der Gemeinschaft zu finden. Gleiches und Gleiches zieht sich an, doch liegt darin nur ein geringer Trost. Zur gleichen Zeit entsteht nämlich ein Wettbewerb, der eine Herausforderung zum Wachstum bedeutet.

Auf der dritten Ebene beginnen die Fragmente, ihre Existenz zu hinterfragen und von unbekannten Dingen zu träumen. Sie beginnen, bessere Dinge wahrzunehmen und sich zu wünschen, was sie sehen. Hier wird der Egoismus geboren.

Auf der vierten Ebene regen Egoismus, Wettkampf und Gier die Fragmente dazu an, für ihr Dasein zu kämpfen; und daraus entsteht Selbstherrlichkeit.

Auf der fünften Ebene ringen die Fragmente darum, die Ebene zu verlassen, indem sie die grundlegenden Gefühle des Gewissens freisetzen, wodurch die Suche nach dem Licht angeregt wird.

Einmal auf der sechsten Ebene angekommen, kontempliert ein Fragment die Emanationen des Lichts, die es gefühlt hat, und das einfache Wissen, das es im Laufe seiner Existenz angesammelt hat. Es erkennt seine Einsamkeit und wendet sich von dem ab, wovon es niedergehalten wird. Es ist bereit, seine Schwingung zu einer feineren hin zu verändern.

Wenn es auf die siebente Ebene kommt, fühlt es den Sog, der seine Seelenschwingung zum Schöpfer zieht, und schreit nach Zugehörigkeit. Diese Sehnsucht hebt seine Schwingung, so daß sie die nächste Evolutionsebene annehmen kann.

Von der dritten, der niederen Astralebene aus heißt das aufsteigende Fragment die erste Unterebene mit offenen Armen willkommen, weil es dort die Grundzüge der Ordnung kennenlernt. Auf dieser Ebene wird jedes Fragment von seiner eigenen Art angezogen. Menschliche Fragmente schließen sich zusammen, wie auch tierische und andere Formen. Jede Art ist von der anderen getrennt und sich anderer Arten nicht bewußt.

Auf der zweiten Unterebene strebt jede Art danach, andere Arten kennenzulernen und öffnet sich tieferer Einsicht bezüglich anderer Fragmente der eigenen Seele. Dadurch können diese angenommen werden. Auf dieser Ebene beginnt die Form, ihre Emanationen miteinander in Einklang zu bringen.

Auf der dritten Ebene beginnt das Fragment, Bundesgenossen zu benötigen und von ihnen abhängig zu werden. Die Negativität beginnt, die Positivität zu akzeptieren. Zum ersten Mal drückt sich das Dasein des Fragmentes in allem, was es tut, über Emotionen aus.

Auf der vierten Ebene beginnt das Fragment, andere Fragmente über ihre und seine eigenen Prioritäten zu befragen. Es kritisiert und beurteilt alles um sich herum sehr heftig. Um die Grundlage für ein emotionales, mentales und spirituelles Gleichgewicht zu schaffen, werden feste Meinungen, Strukturen und Bedingungen aufgestellt. Wer zum Beispiel allein in einem Haus in der Wildnis leben möchte, kann dies ohne irgendeine Einmischung tun, während andere es vorziehen, dicht gedrängt in Gebäuden zusammenzuleben, sich miteinander zu verbinden und zusammenzuwirken. Beide Lebensformen bringen schwierige Lernprozesse mit sich.

Beim Eintritt in die fünfte Ebene lernt ein Fragment, bedingungslos zu teilen und viele Alternativen zu akzeptieren, die ihm jetzt viel deutlicher werden. Diese Ebene ist sehr kreativ. Wenn ein Fragment angeregt wird, strebt es danach, Neues kennenzulernen und sich auf schöpferische Weise mitzuteilen, aber ihm fehlt noch das Verständnis für vieles, was es geschaffen hat.

Hat ein sich entwickelndes Fragment einmal die sechste Ebene erreicht, beginnt es, alles in Frage zu stellen, was es bislang erlebt hat. Dadurch dehnt es sich zum höheren Schöpferselbst und zur göttlichen Weisheit hin aus. In seinem emotionalen Wunsch nach Zugehörigkeit stellt es seine Anfrage an alles, was es geistig berührt. Ein großer Teil der Negativität fällt nun von ihm ab. Es öffnet sein Wesen, um die positiven Emanationen des höheren Schöpferselbstes zu empfangen. Auf dieser Ebene wird das Fragment sich des Willens des Schöpfers bewußt.

Sobald ein Fragment Gottes Willen akzeptiert, entwickelt es sich weiter auf die siebente Ebene, wo es sich auf einen großen Wachstumssprung vorbereitet. Dieser Sprung geht in eine physische Form hinein, wo es viele hunderte oder sogar tausend Male reinkarnieren wird, um in den Anfangszeiten wieder auf die siebente Ebene des niederen Astralbereichs und später zum höheren Astralbereich zurückzukehren, wenn es sich weiter auf das Licht und zum höheren Schöpferselbst hin entwickelt.

Die vierte, als Erde bekannte Ebene ist die Ebene der totalen Herausforderung eines Fragmentes. Die Unterebenen auf der Erde werden von den Fragmenten entsprechend ihres Wachstums wahrgenommen. Dies ist die einzige Ebene, auf der alle Unterebenen miteinander in Wechselwirkung stehen.

Die erste Ebene auf der Erde ist eine Ebene des öden Landes, wo Feuer, Wasser, Erde und Luft um ihr Dasein kämpfen. Hier haben Menschen, Tiere und Pflanzen Schwierigkeiten zu überleben. Diese Unterebene spiegelt die erste grundlegende Daseinsebene.

Die zweite Ebene ist ein Ebenbild des Hades. Überall auf der Erde gibt es Stellen, wo das Land niemals in Ruhe ist, sondern wo die Elemente die Natur kontrollieren. In einem Bewußtsein, das alles für möglich hält, kämpfen die Lebensformen um ihr Dasein. Über das bloße Existieren hinaus haben Leben und Tod hier keine Bedeutung.

Die dritte Ebene kann man den großen Städten zuordnen, wo jedes Individuum seine Mitmenschen in gewissem Maße akzeptiert, bis es sich mit ihnen im Wettbewerb befindet. Die Menschen werden hier von Strukturen und Konditionierungen gesteuert. Jedes Fragment ist durch solche Konditionierungen eingeschränkt. Hier ist die Parallele zum niederen Astralbereich sehr auffällig.

Die vierte Ebene ist die Erde in ihrer wahren Form. Das Fragment lernt in dieser Gestalt die Wirklichkeiten des Lebens für die

Lebenden kennen und fängt an, sich an Einsichten aus dem höheren Astralbereich zu erinnern. Hier schließen die Fragmente sich um des Friedens und Einklangs willen zusammen. Solche Fragmente bauen Kirchen, Tempel und Gärten und wohnen auch an diesen Stätten. Um sich auf dieser Ebene zu entwickeln, lernt das Fragment Vergebung, Geduld und Liebe zu den Mitgeschöpfen.

Auf der fünften Ebene der Erde sucht ein Fragment Orte der Harmonie auf, um über sein Selbst, Gott und die Seelenschwingungen zu kontemplieren. Solche Orte sind gewöhnlich Stätten zu Land oder Wasser, die vom Menschen noch nicht verdorben sind und wo man die Emanationen des Schöpfers fühlen kann.

Die sechste Ebene der Erde ist jener Bereich, den man für das Unbekannte hält, die Ebene des Geistes, der den Willen des Schöpfers in der Form manifestiert. Die Fragmente schließen sich hier an Stätten des Lernens zusammen, die in Beziehung zu einem spirituellen Umfeld und zu gesellschaftlichen Aktivitäten stehen, wie etwa Schulen und Universitäten.

Während dieser Wachstumsphase manifestiert der Geist seine medialen Fähigkeiten und öffnet das Tor, um sich zur oberen Astralebene und zu seiner Seelenschwingung hin auszudehnen. Auf dieser Ebene lernt ein Fragment, ein höheres Bewußtsein zu entwickeln und seine Mitfragmente zu lieben, ohne sie zu beurteilen. Es lernt, alles zu achten, was der Schöpfer hervorgebracht und was ein jedes Fragment in seinem Ebenbild geschaffen hat.

Die auf dieser Ebene funktionierenden Fragmente erreichen alle anderen Ebenen und können deshalb von anderen verkörperten Fragmenten überall auf der Erde auf eine Art und Weise gesehen werden, die im allgemeinen von weniger entwickelten Fragmenten als paranormal bezeichnet wird.

Die siebente Ebene dient der Kontemplation. Während des Aufenthalts auf dieser Ebene löscht ein Fragment sämtliche Negativität aus und geht in völliger Positivität auf der Erde einher. Es sieht dann Gut und Böse in allen Dingen als Teil des Ganzen, welches Gott, der Schöpfer, ist. Das Fragment hat nun verstanden, was es heißt, alles völlig anzunehmen, und drückt dieses Verständnis gegenüber seinen Mitfragmenten aus. Da die aufsteigenden Seelenemanationen nun völlig klar sind, teilt das Fragment voller Freude seine Weisheit und Liebe mit allen auf der ganzen Welt und entwickelt sich dann ebenso freudig weiter auf die höhere Astralebene.

Auf der fünften oder höheren Astralebene sind alle Unterebenen positiv, denn hier beginnen sich die Fragmente in ihrer Entwicklung mit göttlicher Liebe und Weisheit zu füllen. Auf der ersten Ebene des höheren Astralbereichs werden alle irdischen Dinge gespiegelt, um befriedigt und getröstet zu werden. Da ein aufsteigendes Fragment viele Male von der niederen Astralebene her inkarnieren muß, muß es auch von der höheren Astralebene aus viele Male inkarnieren. Auf der höheren Astralebene findet man nur schöne Dinge, die geliebt und bewundert werden. Hier wird jedes Fragment angeregt, immer schönere Formen aus positiven Emanationen des Lichts zu schaffen. Zuvor entstand die Schöpfung aus der Notwendigkeit zu überleben, aus dem Negativen heraus.

Auf dieser Ebene gibt es schöne Gärten, Kirchen, Wohnhäuser, Unterhaltungsstätten, Schulen des Wissens und Hallen des Lernens. Dort ist alles gespeichert, was jemals in der Form geschaffen worden ist, und jedes Fragment kann darüber nachdenken. Aufsteigende Fragmente tun das gern, um durch das aus dieser Meditation entstehende Verständnis ihr Wachstum zu fördern. Viele von einem Fragment gelebte Leben werden erst auf dieser Ebene verstanden. Wenn ein Fragment sich selbst völlig verstanden hat, kehrt es zu einem weiteren Leben auf die Erde zurück, das es sich zuvor in der geistigen Welt erschaffen hat. Damit schafft es die Voraussetzung für eine neue Ebene des Lernens.

Auf der zweiten Ebene dieses Bereichs lernt ein Fragment seinen Ursprung kennen. Es sucht nach den anderen Fragmenten seiner Seele, um sich mit ihnen zu vereinigen. Es beginnt, die Erfahrungen der anderen Fragmente als seine eigenen zu verstehen. Hier beginnt ein Verschmelzen der Fragmente. Die Identitäten gehen ineinander über, und schließlich inkarniert das nunmehr weiterentwickelte Fragment auf der Erde als Lehrer und nutzt seine Fähigkeiten, um anderen den Weg zu zeigen. Auch in der Form verkörpert, kann ein solches größer gewordenes Fragment sich bewußt an viel mehr erinnern, beispielsweise an frühere Leben. Oft sind diese Leben von verschiedenen, damals noch getrennten Fragmenten gleichzeitig gelebt worden. Nach der Absorption nimmt das vereinigte Fragment diese Leben alle als seine eigenen wahr. Für den niederen Verstand des Menschen kann das verwirrend klingen, von der Ebene des aufsteigenden Fragmentes aus ist es jedoch normal und annehmbar. Indem ein aufsteigendes Fragment sein sprirituelles Wissen der Welt mitteilt, prüft es sein eigenes Verständnis dieser Welt.

Im Laufe vieler Leben entwickelt es sich bis zu einem Punkt, von dem aus es alle erschaffenen Dinge als seine eigenen Erfahrungen sehen kann. Hat es dies einmal empfunden und verstanden, wird das nunmehr mit vielen anderen verbundene Fragment, das auch mit seiner Seelenschwingung in Einklang ist, danach streben, mit den Erzengeln, den Wurzeln seines Seins, in Verbindung zu treten. Damit bewegt es sich auf die dritte Ebene der oberen Astralwelt. Auf dieser Ebene beginnen die Fragmente, sich im Lichte des Schöpfers zu verbinden. Alle Dinge werden dem Fragment enthüllt, das bereitwillig danach strebt, den weniger entwickelten Fragmenten seiner Seele, die sich immer noch auf niederen Ebenen befinden, ein Licht in der Dunkelheit zu sein.

Da dieses Fragment jetzt aus vielen verbundenen Fragmenten besteht, kann es seine Form leicht verändern, wenn dies angemessen ist. Es hat keine Furcht mehr und kann deshalb durch alle niederen Ebenen herabsteigen und Hilfe leisten, Licht in das Dunkel bringen und für Gleichgewicht unter den Emanationen des Schöpfers sorgen. In ihrer irdischen Gestalt werden solche Fragmente oft als Boten Gottes, des Schöpfers, wahrgenommen. Viele inkarnierte Fragmente hören deshalb auf ihre Weisheit und beginnen gleichfalls, Gottes Liebe auszustrahlen. Solche großen aufsteigenden Fragmente inkarnieren auf der Erde in Zeiten großer Not und entscheidender Umwälzungen. Sie kommen, um im Wandel Hilfe zu leisten und die Vollendung der Schöpfung zu beschleunigen. Sie sind Gottes Avatare.

Wenn sich ein Fragment bis zur vierten Ebene entwickelt hat, hat es nur noch den Wunsch, in der Einheit zu leben und vom Schöpfer absorbiert zu werden. Dies kann jedoch erst stattfinden, wenn alle anderen Fragmente seiner Seele mit ihm verbunden sind. Es muß also die Ankunft der anderen Fragmente abwarten, um selbst absorbiert werden zu können. Ein solches Fragment steht nun telepathisch-emotional und mental in Kontakt mit allen Dingen. Es trachtet danach, in Weisheit zu wachsen. Durch Emanationen der Einheit versucht es, jene niederen, aufsteigenden Fragmente zu retten, indem es sie durch Inspiration lehrt und liebt und ihnen neue, schöpferische Ideen eingibt, die in der Form zur Vollendung führen. Damit tut es den Willen des Schöpfers. Wenn zum Beispiel auf der Erde niedere Fragmente gegen eine neue Epidemie kämpfen, wird das absorbierte Fragment den niederen Fragmenten Möglichkeiten aufzeigen, wie diese Krankheit bekämpft werden kann. So wird aus dem höheren Gottselbst heraus in der Form Neues geschaffen. Nun beginnt das höhere Schöpferselbst die Kontrolle zu übernehmen. Wie der Mensch in der Form mit sich selbst kämpft, um zu einem Gleichgewicht zwischen Gut und Böse zu finden, so beginnt Gott, das Gleichgewicht in sich zu finden. Daraus wird Harmonie geboren.

Auf der fünften Ebene wird aus dem Fragment, dem nunmehr höheren Selbst, ein aufgestiegenes Wesen. Es ist immer noch unvollständig und wartet darauf, daß sich die niederen Fragmente entwickeln und ebenfalls absorbiert werden. Es trachtet danach, in reine Liebesenergie verwandelt zu werden. Dieses höhere Selbst beginnt sich in seiner Weisheit von der Notwendigkeit einer geistigen oder physischen Form zu lösen. Es ist nun mit der wechselhaften, flüchtigen Gestalt, in der es sich befindet, sehr vertraut und beginnt, über ein reines Schwingungsdasein nachzudenken. Damit entwickelt es sich von der Form weg, hin zur reinen Geistesenergie. Nun schenkt es den niederen Ebenen nur noch wenig Aufmerksamkeit, denn das Hauptziel des aufsteigenden, absorbierten Fragmentes ist es, die Wurzeln seiner Schöpfung zu finden. Es entwickelt nun die Fähigkeit, an das zu rühren, was der Mensch als »das Unerkennbare« bezeichnet, die Fähigkeit, den Geist des Schöpfers zu verstehen, der göttliche Weisheit ist. Auf dieser Ebene fühlt es immer noch den Sog der niederen Fragmente, achtet jedoch mehr auf sein eigenes Wachstum und Wissen, so daß es den Weg für die anderen, folgenden Fragmente in dem Maß erschließt, in dem es sich selbst dem Schöpfer nähert. Seine Gestalt verändert sich wie ein pulsierendes Licht, ist niemals die gleiche und doch immer.

Auf der sechsten Ebene des höheren Astralbereichs erkennt das Fragment seine göttliche Weisheit an und verzichtet immer mehr auf die Verwendung der Form. Hier lernt es, mit jeder Form auf jeder Ebene in einem rein geistigen Energieraum zu verschmelzen und verliert dadurch seine eigene Gestalt und Identität. Ein Beispiel: Ein Fragment mit Namen Susanne, das auf der Erde lebt, bittet um Hilfe für eine kranke Tante. Da diese Tante ein niederes Fragment seiner eigenen Seele ist, hört das aufgestiegene Fragment in der Einheit diesen Ruf und steigt herab, um zu helfen. Da es keine dauerhafte Form hat, wählt es sich eine bereits erschaffene für die Verständigung aus. Es nimmt etwa die eines Indianerjungen an, der zweihundert Jahre vor der Bitte Susannes gelebt hat, weil diese sich die Gestalt eines aufgestiegenen Meisters so vorstellen würde. Diese Form kann einem Fragment gehört haben, das inzwischen in das höhere Selbst absorbiert wurde, oder einem Fragment, das immer noch auf einer niederen Unterebene der höheren Astralebene weilt und ebenfalls danach trachtet, absorbiert zu werden, weshalb es bereit ist, sich als Medium für dieses aufgestiegene Fragment der sechsten Unterebene zur Verfügung zu stellen.

Wenn das aufgestiegene Fragment die siebte Ebene der oberen Astralwelt erreicht hat, erwartet es dort die sich noch entwickelnden Fragmente. Hier ist sich das aufgestiegene Fragment seiner Seelenschwingung voll bewußt, und es beginnt, mit anderen Seelen telepathisch zu verschmelzen. Es fängt an, alles zu verstehen, was der Schöpfer in Myriaden Facetten jemals geschaffen hat. Auf dieser Ebene wird die Seele eingeschätzt, bevor sie sich weiterentwickelt und fortschreitet.

Auf der sechsten Ebene gibt es nur noch sehr feine Abstufungen. Die nunmehr vollständige Seele (alle Fragmente haben sich vereint) entwickelt sich weiter auf die Einheit hin. Mit Formen hat sie nichts mehr zu tun. Sie spekuliert vielmehr darüber, was jenseits ihrer Formen liegen könnte. In den Emanationen des Schöpfers beginnt sie, sich mit seinen Gedanken der göttlichen Weisheit zu verbinden und erfährt ein gleichzeitiges Verständnis aller Dinge. Nichts wird bewertet oder an Bedingungen geknüpft. Alles fließt und ist. Dies ist die Ebene, auf der die Seele spielen kann.

Auf der zweiten Stufe wird die Seele zum Gewissen des Schöpfers. Sie stellt die göttliche Weisheit in Frage und versucht, Zustimmung in sich selbst zu finden. Auf dieser Ebene gibt es gewisse Störungen, und doch ist sie notwendig. Sie ermöglicht es dem Schöpfer, innezuhalten, um sich selbst in Frage zu stellen. Die Fragen der Seele, die von Schwingungen des niederen Schöpferselbstes angeregt werden, dienen dazu, das höhere Schöpferselbst an seine Unvollständigkeit oder Unzufriedenheit zu erinnern.

Auf der dritten Stufe beginnt die Seele nun, das höhere Schöpferselbst zu trösten, indem sie sich mit ihm in Einheit verbindet und ihre eigene Weisheit als die des Schöpfers total akzeptiert. Die Seele beugt sich dem Willen Gottes. Auf dieser Unterebene fließt die göttliche Liebe vom höheren Selbst in die Seele, wo sie angenommen wird.

Auf der vierten Stufe findet die Seele das Gleichgewicht zwischen göttlicher Weisheit und Liebe in sich und wird als Bote des vollendeten Lichts zum Ausdruck des Schöpfers.

Als dieses Licht erhebt sich die Seele auf die fünfte Stufe, um reine Liebe zu werden. Alle Weisheit, die auf der vierten Stufe aufgenommen wurde, wird nun neutralisiert. Nichts Gewußtes muß mehr bewahrt werden. Weisheit wird als eine Methode des Wachstums angesehen, die dazu geführt hat, daß die Liebe sich total ausdrücken kann. Die Seele trachtet nun danach, zu lieben und in der Einheit geliebt zu werden.

Liebe führt die Seele auf die sechste Stufe, wo sie ihr Dasein ausschließlich in den Emanationen der Liebe verbringt, für sich und für alle Dinge, die sie umfaßt, einschließlich der dunklen und negativen Teile des sich entwickelnden niederen Schöpferselbstes. Hier lernt die Seele den Schöpfer in seiner eigenen Reflexion anzunehmen. Hat sie diese Reflexion einmal akzeptiert, ist sie bereit, vom Schöpfer absorbiert zu werden, und gelangt auf die siebente Stufe, wo sie sich auf diese Absorption vorbereitet.

Auf der siebenten Ebene gibt es nur noch eine einzige Erfahrung zu machen: die Absorption. Es gibt jedoch auch verschiedene Stufen der Absorption. Auf der ersten verschmilzt die Seele mit anderen weit entwickelten Seelen; auf der zweiten verschmelzen diese großen Seelen mit den Emanationen des Schöpfers, mit dem höheren Selbst, seiner wahren Gestalt. Danach vollzieht sich die Absorption in subtilen Abstufungen, die nicht mehr definierbar sind. Zum Verständnis kann man sagen, daß die Absorption des niederen Schöpferselbstes, in irdischen Zeiteinheiten gemessen, Äonen braucht. Dann schließlich werden niederes und höheres Schöpferselbst eins und sind wieder ganz und bereit für ein neues Wachstumsexperiment.

Nachdem die verschiedenen Ebenen und Unterebenen erklärt worden sind, über die die Seele aufsteigt, wollen wir nun die Farbschwingungen und musikalischen Klänge jeder Ebene und ihrer Unterebenen kennenlernen.

Jede Schwingung ist ein Klang, der durch Reibung Licht erzeugt. Sichtbares Licht besteht aus verschiedenen Farben, die als Spektrum bekannt sind, die Farben des Regenbogens. Die Reihenfolge der Farben ist stets die gleiche wie die der Töne auf der Tonleiter. Rot entspricht C, Orange entspricht D, Gelb entspricht E, Grün entspricht F, Blau entspricht G, Indigo entspricht A, Violett entspricht H. Für alle aufsteigenden Fragmente und alle Dinge in der Form, denen man auf allen Ebenen begegnen kann, wechseln diese Grundfarben in der Intensität von dunkel zu hell. Die Noten bleiben die gleichen, gelangen jedoch zu einer höheren Form, zu einem harmonischen Zusammenfließen.

Auf der ersten Unterebene der ersten Ebene wird rein negative Energie erschaffen, und alle Farben verschmelzen zu schwarz. Diese Farben sind sehr dicht und ergeben eine intensive Schwingung, die unter großem Druck steht. Diese erste Unterebene wird von Rot regiert, welches die anderen Farben zur Aufspaltung zwingt und dadurch Reibung erzeugt. Die Rot zugeordnete Note C reflektiert Farbe in eine sich ständig wandelnde Masse.

Auf der zweiten Unterebene herrscht Orange vor und regt die anderen Farben dazu an, sich nach ihrem natürlichen Daseinsgesetz in ihre eigenen festen Formen aufzuspalten. Die Note D erhält die Trennung in einem entsprechenden Muster aufrecht und für spätere Änderungen bereit.

Auf der dritten Unterebene regt Gelb die Form an, sich ihrer selbst in der Trennung bewußt zu werden und ihr eigenes Dasein zu begreifen, indem sie Bewußtsein manifestiert. Die Note E dient dazu, Wachstum anzuregen.

Auf der vierten Unterebene stimuliert Grün die Form, sich in kompliziertere Formen auszugestalten, wobei die Note F den kontinuierlichen Wandel von Augenblick zu Augenblick anregt.

Auf der fünften Unterebene regt Blau die Form an, sich nach Beständigkeit zu sehnen, während ihr musikalisches Pendant G dazu dient, die Form zum Licht zu führen.

Auf der sechsten Unterebene dient die Farbe Dunkelblau dazu, die Form zu festigen, indem sie durch ihr musikalisches Pendant A harmonisiert wird, um den Aufstieg vorzubereiten.

Auf der siebenten Unterebene stimuliert Violett die Form als ein Katalysator, indem es den emotionalen Wunsch in sie projiziert, ihr eigenes Dasein wahrzunehmen. Die Note H regt dabei zu Struktur und Fragen an und macht die Form dadurch empfänglich für das Licht.

Auf der ersten Unterebene der zweiten Ebene manifestiert sich Rot nun als Brennstoff, um die anderen Farben zu nähren, während sie ihre Formen annehmen. Die Note C, nun eine Oktave höher, bringt die Form in einen Zyklus der beständigen Wiederholung.

Auf der dritten Unterebene regt Gelb das Bewußtsein der Form an, Selbstschutzmechanismen und Überlebensstrategien zu entwickeln, während die Note E die Form dazu anregt, ihre Umgebung zu erkunden.

Auf der vierten Unterebene stimuliert Grün die Form, alle Dinge für sich haben und behalten zu wollen. Ihr Gegenstück, die

Note F, will an diesem Punkt der Evolution eine Trennung von anderen Formen. Damit beginnt der Kampf um die Entwicklung des Selbst.

Auf der fünften Unterebene regt Blau das Fragment zum Empfinden seiner physikalischen Form an, während seine Emotionen durch die Note G stimuliert werden.

Auf der sechsten Unterebene regt Blau die Form zur Intelligenz an; durch das musikalische Gegenüber A wird sie harmonisiert.

Auf der siebenten Unterebene stimuliert Violett das Fragment, die Quelle seines Ursprungs zu finden, indem es ein starkes Verlangen nach Zugehörigkeit manifestiert. Das musikalische Gegenstück H erhebt die Form zu einer neuen Schwingung in Vorbereitung auf die dritte Ebene.

Auf der ersten Unterebene der dritten Ebene stimuliert Rot die Form dazu, für sich selbst und andere anziehend zu sein, während das musikalische Gegenstück C dieser Form die Schwingung des Aufstiegs verleiht.

Auf der zweiten Unterebene regt Orange die Form dazu an, andere Formen zu erkennen, während die Note D die Form dazu stimuliert, Wechselwirkungen mit anderen Formen zuzulassen.

Auf der dritten Unterebene regt Gelb die Form in der Wechselwirkung mit anderen Formen dazu an, sich emotional auszudrücken, während das musikalische Gegenstück E das Herz für ein zukünftiges Bewußtsein all dessen öffnet, was durch Anpassung empfunden werden kann.

Auf der vierten Unterebene regt Grün die Form dazu an, ihre Intelligenz durch die Aufnahme negativer und positiver Eindrücke zu fördern, während ihr musikalisches Gegenstück F das Bedürfnis nach bestimmten Verhaltensmustern anregt.

Auf der fünften Unterebene stimuliert Blau die Form zu schöpferischer Tätigkeit, während das musikalische Gegenstück G sie harmonisiert, indem es ein Annehmen alles Erschaffenen einführt.

Auf der sechsten Unterebene bringt Indigo ein Verlangen nach innerem Frieden in die Form, während das musikalische Gegenstück A die Schwingung der Form aus der Negativität in die Positivität hebt.

Auf der siebenten Unterebene macht Violett die geistige Form bereit für die irdische Gestalt in vielen Verkörperungen, während das musikalische Gegenstück H das emotionale Annehmen des Schöpfers in der Form manifestiert.

Auf der vierten Ebene (Erde) können Farben in allen Formen harmonisieren, was dem physischen Auge oft kompliziert erscheinen mag. Dies ist jedoch nicht so, da das Gesetz der Einfachheit auf dieser Ebene immer noch gilt.

Auf der ersten Unterebene der Erde manifestiert sich die Energie der schöpferischen Einheit als Rot, das vorherrscht, um allen Formen physisches Leben zu verleihen. Die Note C versetzt die Formen auf allen Unterebenen der vierten Hauptebene gemäß ihres Wachstums in eine passende Umgebung.

Auf der zweiten Unterebene manifestiert sich die Energie der schöpferischen Einheit als Orange, was die Form durch Handlung auf allen Unterebenen zum Wachstum stimuliert, während das musikalische Gegenstück D im Ich oder Selbst den Wunsch nach Existenz manifestiert.

Auf der dritten Unterebene manifestiert sich die Energie der schöpferischen Einheit als Gelb. Diese Farbe schränkt die Formen ein, indem sie das Verlangen nach intellektuellem Wettbewerb anregt. Das musikalische Gegenstück E stimuliert die Formen, nach Harmonie zu streben. Dadurch entsteht auf allen Unterebenen ein Ungleichgewicht, welches das Wachstum auf den Schöpfer hin anregt.

Auf der vierten Unterebene manifestiert sich die Energie der schöpferischen Einheit als Grün. Die Form wird angeregt, sich auf alle Erfahrungen praktischer Art zu konzentrieren, um sich anzupassen. Das musikalische Gegenstück F erhebt die auf allen Unterebenen inkarnierte Form zur emotionalen Harmonie.

Auf der fünften Unterebene manifestiert sich die Energie der schöpferischen Einheit als Blau, welches die Form mit dem höheren Bewußtsein der Existenz des Schöpfers durchdringt, während das musikalische Gegenstück G die Form dazu stimuliert, Harmonie und Frieden bedingungsloser Liebe aufzunehmen.

Auf der sechsten Unterebene manifestiert sich die Energie der schöpferischen Einheit als Blauviolett, welches die Form durchdringt, um die Entwicklung zum Christusbewußtsein anzuregen. Das musikalische Gegenstück A erhebt die Schwingungen des emotionalen Ausdrucks ins Positive.

Auf der siebenten Unterebene manifestiert sich die Energie der schöpferischen Einheit als Malvefarben (Hellviolett), was in der Form das Annehmen ihrer selbst und alles Erschaffenen nährt. Das musikalische Gegenstück H harmonisiert die Emotionen und den Geist der Form in Vorbereitung auf den Aufstieg.

Während eines inkarnierten Lebens werden alle Fragmente in der Form von diesen Farbstrahlen und Tönen subtil beeinflußt. Die Fragmente auf der fünften bis siebten Unterebene der Erde sind sich des Schöpfers jedoch bewußter. Daher sind sie empfänglicher für die feineren Schwingungen, und es ist offensichtlicher, daß sie einen Aufstieg bewirken.

Beim Weiterschreiten auf die obere Astralebene, eine Oktave höher auf der Tonleiter, beginnen die Farben, ihre Tönung zu verändern. Sie sind heller und leuchtender, da sie aus der Positivität des Schöpfers herausstrahlen.

Auf der ersten Unterebene dieses Bereichs ist das Rot nun strahlend und lebhaft. Es stimuliert den Geist, sein Potential voll zu verstehen, während das musikalische Gegenstück C das geistige Fragment mit anderen Fragmenten seiner Seele harmonisiert.

Auf der zweiten Unterebene stimuliert Orange das Fragment dazu, neue Formen aus seinem Selbstausdruck entstehen zu lassen, wozu es von bedingungsloser Liebe angeregt wird. Die Note D festigt diese Schöpfung, damit sie auf der vierten Ebene und darunter dargestellt werden kann.

Auf der dritten Unterebene stimuliert Gelb das aufsteigende Fragment, alles Verständnis und alle Erfahrungen von anderen Fragmenten aufzunehmen, während das musikalische Gegenstück E den Aufstieg dadurch einschränkt, daß es das Fragment mit allen Dingen, durch die es hindurchgeschritten ist, in Harmonie bringt und es so zur Hingabe an den Willen des Schöpfers führt.

Auf der fünften Unterebene befreit nun eine elektrisch-blaue Farbe das Fragment aus seiner starren Form, während das musikalische Gegenstück G es dazu stimuliert, aufzusteigen, um in die Seele oder den Schöpfer absorbiert zu werden.

Auf der sechsten Ebene regt Lavendelfarbe das aufgestiegene Fragment an, als Gott selbst zu wirken, während das musikalische Gegenstück A den Aufstieg des Fragmentes dadurch einschränkt, daß es die Vermischung des Ego mit niederen Formen verhindert und so die aufgestiegene Seele bewahrt.

Auf der siebenten Unterebene wird Violett zu Malve, welches das Fragment dazu stimuliert, in die Seele absorbiert zu werden oder mit anderen Seelen zu harmonisieren. Sein musikalisches Gegenstück H befreit die Seele von der Anstrengung des Aufstiegs.

Auf der ersten Unterebene der sechsten Ebene wird Rot nun zu Pink. Dieses Pink bringt die Seele mit dem Schöpfer in Harmonie, während das musikalische Gegenstück C die Schwingung der aufsteigenden Seele zur Absorption durch den Schöpfer führt.

Auf der zweiten Unterebene wird Orange zu Gold. Diese Farbe stimuliert die Seele dazu, ihre Form als Schöpfer anzunehmen, während das musikalische Gegenstück D die Seele dazu anregt, den Schöpfer und seinen göttlichen Plan in Frage zu stellen.

Auf der dritten Unterebene wird Gelb zu Apfelgrün, welches die Seele dahingehend verändert, daß sie vom Schöpfer absorbiert wird, während das musikalische Gegenstück E die mächtigen Schwingungen des Aufstiegs anregt, der als Wieder- oder Neugeburt alle Fragmente erreicht.

Auf der vierten Unterebene wird Grün nun zu einer Aquamarinfarbe. Diese Farbe stimuliert die Verschmelzung der Seele mit dem Schöpfer, wobei die Note F dieses Ereignis in bedingungsloser Liebe und Weisheit harmonisiert.

Auf der fünften Unterebene manifestiert sich elektrisches Blau als Heiliger Geist, welcher durch die Note G harmonisiert wird, was zu einer Ausstrahlung universeller Liebe aus der Einheit führt.

Auf der sechsten Unterebene stimuliert blasses Malve die absorbierte Seele dazu, mit dem niederen Schöpferselbst zu harmonisieren, während das musikalische Gegenstück A in der Seele das Bedürfnis entstehen läßt, das höhere Schöpferselbst anzunehmen.

Auf der siebenten Unterebene wird Malve zu einer silbrigen Lavendelfarbe, welche die Seele dazu stimuliert, vom höheren Schöpferselbst absorbiert zu werden, wobei sie in der Schwingung durch die Note H erhoben wird, um sich auf dieses Ereignis vorzubereiten.

Auf der siebenten Ebene beginnen die Farben, miteinander in totaler Harmonie zu verschmelzen. Auf den ersten drei Unterebenen manifestiert sich ein lachsfarbenes Rosa als ein Ergebnis der Verschmelzung von Rot, Orange und Gelb. Diese Farbe regt die Seele dazu an, eine Überseele zu werden, wobei C, D und E in einem Mißklang zu einer Note werden, die dazu dient, die Überseele nach den verbliebenen Teilen der Tonleiter des Schöpfers suchen zu lassen.

Das niedere Schöpferselbst manifestiert sich als ein helles Indigo, das Ergebnis einer Vermischung von Gelb, Grün und Blau. Es regt das niedere Schöpferselbst dazu an, die Überseele zu absorbieren, während die Noten F, G und A sich mit den niederen Noten der Tonleiter aus der Überseele harmonisieren und wiederum einen einzigen mißtönenden Klang ergeben, der das niedere Schöpferselbst dazu bringt, sich mit dem höheren Schöpferselbst zu verbinden.

Das höhere Schöpferselbst manifestiert die Farbe Silbrigrosa, ein Ergebnis der Mischung von Malve und Silbriglavendel, welche dem höheren Schöpferselbst gestattet, das niedere Schöpferselbst zu absorbieren und sich in der Tonart C zu harmonisieren, indem die verbleibenden Noten H und C in die Harmonie eingebracht werden. Die totale Einheit des Schöpfers gibt ein einziges C ab, in dem alle anderen Noten gleichzeitig gehört werden können. Die Verbindung der Farben bringt weißes Licht hervor, das alle anderen Farben in verschiedenen Schattierungen enthält. An diesem Punkt ist der Schöpfer ganz, und das Experiment der Selbstentdeckung abgeschlossen.

Während des Abstiegs und Aufstiegs der Seele gibt es immer Punkte der Disharmonie, welche Wachstum und Akzeptanz fördern. Diese Disharmonie gestattet es allen Farben, sich auf jeder Unterebene in jeder Ebene zu manifestieren. Die Erde ist der Mittelpunkt der Evolution und manifestiert deshalb die größte Vielfalt an Farben und physikalischen Schwingungen. Die negativen, niederen und positiven, höheren Astralbereiche folgen in der Manifestation der Farbschattierungen als zweite und entsprechen sich in Farb- und Klangschwingungen, indem sie ihr jeweiliges Gegenteil bilden. Gleichermaßen entsprechen sich auch die zweite und sechste Ebene und die erste und siebte Ebene in Schwingung und Farbe und stehen ebenfalls in Gegensatz zueinander. Je einfacher die Form, desto weniger Farbe und Schwingung gibt es, während die Stille der Einheit stärker zu spüren ist.

Die Entwicklungsstufen
verkörperter Wesen

Wie bereits in den vorigen Kapiteln festgestellt wurde, müssen die Fragmente einer Seele viele Male entweder aus der niederen oder aus der höheren Astralsphäre inkarnieren. Während einer jeden Inkarnation lernt ein Fragment mehr über seine Identität und seine Suche. Bei jeder Verkörperung wählt ein Fragment, ob es männlich oder weiblich werden möchte. Oft werden viele Leben nacheinander in männlicher Form gelebt, und dann wird plötzlich zur weiblichen gewechselt, oder umgekehrt. Dies dient dazu, daß ein Fragment die Männlichkeit oder Weiblichkeit der Seele in der verkörperten Form versteht. Es kommt immer wieder vor, daß ein sich verkörperndes Fragment sich zunächst mit der Männlichkeit, dann mit der Weiblichkeit auseinandersetzt. Erinnern wir uns daran, daß die Männlichkeit die Weisheit repräsentiert, so wird ein Fragment, das den männlichen Körper gemeistert hat, in seinem Wissen weise. Es fällt ihm jedoch oft noch schwer, den Ausdruck der Liebe von seiner weiblichen Seite her anzunehmen. Deshalb wird dieses Fragment als Frau inkarnieren, um sein Wissen mit Liebe zu mäßigen. Ein Fragment, das sich häufig als Frau verkörpert hat, wird die Liebe gemeistert haben, jedoch Schwierigkeiten haben, in Liebesdingen weise zu sein. Deshalb wird es in einem männlichen Körper inkarnieren, um sich dieser Lektion zu stellen. Schließlich wird das inkarnierende Fragment dieses Problem der Trennung lösen und sich mit größerer Freiheit zwischen beiden Geschlechtern bewegen. Es wird zwischen männlichen und weiblichen Leben wechseln, bis es die Einheit erlangt hat.

In der Verkörperung bewegt sich alles gemäß den karmischen Gesetzen. Karma bedeutet Schicksal, das, was ein Fragment erfahren soll. Da ein Fragment alle Dinge in der Form erfahren muß, muß es alle Dinge in guter und schlechter Hinsicht geben und nehmen. Beispielsweise nimmt es ein Leben und gibt ein anderes. Viele Fragmente einer Seele können zur gleichen Zeit inkarnieren. Manchmal finden sich diese Fragmente und arbeiten für persönliches Wachstum und Harmonie zusammen. Häufiger jedoch treffen sich diese Fragmente niemals in der Form; und jedes

Fragment ist dann individuell von den anderen getrennt. Keine zwei Fragmente sind gleich, aber viele haben ähnliche Gefühle, Gedanken und Ausdrucksweisen. Sie können deshalb zusammenkommen, um miteinander zu arbeiten oder sich zu vergnügen. Es gibt für die Zeit in der Verkörperung im wesentlichen zwei Gesetze:»Behandle andere, wie du von ihnen behandelt werden möchtest.« und »Laß jedem das Seine.« Im Zusammenwirken mit anderen muß jedes Fragment sein Bestes geben und damit sein eigenes Wachstum und das anderer unterstützen. Es darf niemals anderen Fragmenten seinen Willen aufzwingen, auch dann nicht, wenn ein anderes Fragment Fehler macht. Im Fleische läßt sich dieser Kurs schlechter einhalten, und das Gesetz wird oft gebrochen. Das ist jedoch noch keine Katastrophe, sondern bedeutet nur einen kleinen Schaden für das verkörperte Fragment. Entwikkelt sich das Fragment im Astralbereich weiter, so manifestiert sich völlige Vergebung, und es erkennt, daß es an der Erfahrung gewachsen ist.

Für die derzeit auf der Erde (der vierten Ebene) lebenden Menschen ist das Thema Reinkarnation eine alte Sache, wenn sie im Osten aufgewachsen sind. Im Westen hat sich die Vorstellung erst seit kurzer Zeit etablieren können. Das Christentum hat den Menschen im Westen in ein starres Glaubenskonzept gezwängt, in dem jedes Reden über Reinkarnation oder mediale Fähigkeiten als blasphemisch angesehen wurde und noch wird. Trotz des Drucks der Kirche wenden sich immer mehr Menschen östlichen Lehren zu, um Antworten auf die Frage nach dem Leben nach dem Tode und der Möglichkeit weiterer physischer Existenzen zu bekommen.

Die Technisierung im Westen hat den Menschen dazu gebracht, eher wissenschaftlich als religiös zu denken, was zu einem blinden Glauben geführt hat, der inzwischen unbefriedigend geworden ist. Überall auf der Welt suchen Menschen nach Erklärungen für Gott und nach dem Sinn des individuellen Lebens. Im Osten gibt es viele Antworten auf solche Fragen, die durch die Zeitalter hindurch weitergegeben worden sind. Der Buddhismus lehrt, daß ein Fragment oder Geistwesen jede Form annehmen kann, zum Beispiel Ameise, Mensch, Blume oder Baum. Diese Philosophie lehrt die Reinkarnation einer jeden Form zu jeder Zeit.

Für medial Veranlagte ist es wichtig, die Idee der Reinkarnation mit ihrer Entwicklung für Geist und Seele zu verstehen, wenn sie ihre medialen Sinne einsetzen wollen, um frühere Leben zu entschlüsseln. Das Wissen um frühere Leben und die wichtigen Lektionen, die dort gelernt wurden, kann in das gegenwärtige Leben eingebracht werden und dort zu erweiterten Erfahrungen führen. Zu Beginn der Entwicklung werden oft nur kleine Ausschnitte des einen oder anderen Lebens enthüllt. Adepten jedoch können vergangene Leben in größeren Einzelheiten erkennen. Beobachter sind oft erstaunt und verwirrt, wenn sie klare Beweise für die Realität ihrer eigenen Reinkarnation erhalten. Manchmal ist es schwer, individuelle vergangene Leben von denen zu trennen, die andere Geistesfragmente der Seele gelebt haben.

Es ist bekannt, daß Personen unter Hypnose sich an zwei völlig verschiedene Leben erinnern konnten, die sich jedoch zeitlich überschnitten. Manche beziehen sich auf Leben, zwischen denen nur wenige Monate in der Astralsphäre verbracht wurden. In den meisten Fällen ist es schwer, die Existenz eines Wesens in einem früheren Leben zu beweisen. Oft tun Menschen jede Entdeckung, die sich auf frühere Leben bezieht, als irrelevanten Hinweis ab und achten wenig auf das, was erinnert worden ist. Einigen wenigen jedoch gelingt es, Beweise zu finden und andere durch ihr Beispiel zu belehren.

Die bewußte Erinnerung an Informationen aus vergangenen Leben ist oft zerstreut und wird von persönlichen Erinnerungen überlagert. Viele erinnern sich beispielsweise daran, Kleopatra gewesen zu sein, weil sie sich an eindrucksvolle Stätten in Ägypten erinnern. Wenige machen sich dabei klar, daß wir uns zunächst an die Eindrücke erinnern, die uns mit Ehrfurcht oder Angst erfüllt haben, und daß diese Erinnerungen dazu da sind, unser Wachstum in diesem Leben zu unterstützen. Im Alltag sind uns Erinnerungen an vergangene Ereignisse des gegenwärtigen Lebens auf ähnliche Weise behilflich.

Wenn man sich etwa bewußt daran erinnert, in Ägypten in der Nähe eines großen Thrones gewesen zu sein, bedeutet das noch nicht unbedingt, daß man selber auf diesem Thron gesessen hat. Viel wahrscheinlicher war der Thron das letzte, was man vor dem Tode gesehen hat, oder man verbindet damit eine unangenehme Erinnerung, die von der Person auf dem Thron abhing. Es gehört zur menschlichen Natur, sich in erster Linie an schlechte Dinge erinnern zu können, weshalb von den vergangenen Leben die für schlecht gehaltenen als erste auftauchen. Erst wenn der Mensch lernt, die Verantwortung für sich und seine Handlungen selbst zu

56

übernehmen, verlagert sich das Gleichgewicht zu positiven Emanationen und macht es möglich, sich auch an positive vergangene Leben zu erinnern.

Nach dem karmischen Gesetz muß an allen in vergangenen Leben begangenen schlechten Taten später wieder gearbeitet werden, so daß sie endlich geklärt und niemals wiederholt werden. Viele Menschen erleben den Zustand des »déjà vu«, in dem man eine vertraut erscheinende Situation schon einmal erlebt zu haben meint, obwohl die bewußte Erinnerung diese Möglichkeit ausschließt. Ein tiefes Gefühl von Liebe oder Haß zwischen Fremden kann sehr unheimlich werden, wenn diese Individuen im Gespräch ihre starken Gefühle der Zusammengehörigkeit oder Ablehnung entdecken, als ob sie einander vorher schon gekannt hätten. Tatsächlich geben solche Zusammentreffen in der körperlichen Welt jedem der beiden Fragmente eine Chance, Lektionen zu lernen, die im letzten gemeinsamen Leben unverstanden geblieben sind. Man hofft dann, in diesem Leben das entsprechende Verständnis erreichen zu können, so daß die beiden Fragmente für sich und andere einen sinnvollen Zweck erfüllen können. Oft treffen sich Fragmente auf diese Weise viele Leben hindurch und unterstützen sich gegenseitig im Wachstum auf die Einheit hin.

Weiter fortgeschrittene Fragmente können sich durch die Nutzung medialer Fähigkeiten vergessenes Wissen zugänglich machen, während sie sich in der Verkörperung befinden. Ein Fragment kann sich dann beispielsweise daran erinnern, daß es in einem früheren Leben ein alter Mönch war, der umfassendes Wissen über Kräuter hatte. Dieses Wissen über Kräuter ebnet dem Individuum dann den Weg, auch in diesem Leben andere heilen zu können. Das gesamte aus früheren Leben erinnerte Wissen wird immer für das eigene Wachstum und die allgemeine Harmonie verwendet. Erinnertes Wissen dient auch dazu, bewußte und unbewußte Ängste zu überwinden. Die Angst vor dem Ertrinken beispielsweise wird meistens dadurch überwunden, daß man sich an ein Leben erinnert, in dem man ertrunken ist.

Wird ein Fragment in diese Welt geboren, so kommt es ohne bewußte Erinnerungen an vergangene Leben. Dies wünscht sich das Fragment so, um sich selbst zu prüfen und zu schützen, während es das gegenwärtige Leben lebt. Könnte ein inkarnierendes Fragment sich an die vorigen Leben erinnern, so würde es viele Sprachen und Dialekte sprechen und viele Künste beherrschen. Der menschliche Geist würde dann mit Wissen überfüllt und daran wahnsinnig werden, da das körperliche Gehirn nicht in der Lage ist, auf einer so hohen Bewußtseinsebene zu funktionieren.

Auf der anderen Seite würde die Erinnerung an Fehler, schlechte Taten und Schwächen alle Bestrebungen, Hoffnungen und Träume ersticken und das Individuum in die völlige Selbstzerstörung führen.

Wer seine medialen Sinne entwickeln möchte, muß geistig, körperlich und spirituell ausgeglichen sein, bevor er oder sie sich an Experimente mit der Reinkarnation heranwagen. Einige der entdeckten Dinge können durchaus unerfreulich sein und sich schädlich auf das laufende Leben auswirken, sobald sie einmal im bewußten Geist sind. Es ist außerdem wichtig, daß man sich mit Psychologie beschäftigt, damit man ein wahres Verständnis der bewußten, unbewußten und tief unbewußten Schichten bekommt. Man beachte, daß das tief Unbewußte die absolute Wahrheit ausdrückt, während das persönliche Unterbewußtsein zum Verbündeten und der bewußte Geist zum Gegner wird, wenn es um die Wahrheit geht. Das Bewußtsein kann trügen, indem es Dinge rationalisiert oder die fünf körperlichen Sinne behindert, wodurch es das verbündete Unterbewußtsein daran hindert, als Beschützer zu funktionieren. Dies nimmt dem tiefen Unbewußten jede Chance, gehört zu werden, obwohl genau hier Wahrheit und Richtungsweisung verborgen liegen. Konsequenterweise ist das betreffende Individuum dann blockiert und von sich und den Mitmenschen isoliert.

Da das tief Unbewußte der Geist des spirituellen Körpers ist, in welchem die Wahrheit liegt, sind dem, der sich mit Reinkarnation beschäftigt, alle in früheren Leben erworbenen Fähigkeiten verfügbar. Kann das rationale Bewußtsein einmal überwunden werden, so kann man sich an diese Fähigkeiten erinnern und sie im gegenwärtigen Leben verwenden. Der bewußte Geist ist der Wille. Hat das aufstrebende Individuum den Willen, nach innen zu schauen und nach Fähigkeiten zu suchen, so wird der unbewußte Geist zum Verbündeten und zum Führer auf dem Weg nach innen.

Das Unbewußte ist wie ein Computer: Drückt man auf die richtige Taste, so öffnet er die Tür zum Wissen. Es ist außerdem ein Wächter, der das Individuum vor Selbstzerstörung schützt. Wo Furcht auftaucht, verschließt es die Vergangenheit. Man erreicht ein tieferes Verständnis der Wahrheit, wenn man durch Nutzung der medialen Sinne ein Gleichgewicht zwischen Seele,

Körper und Geist herstellt. So wird es möglich, sich angstfrei zu öffnen und sich allen schlechten Gedanken, Handlungen und Kräften zu stellen, die man in vergangenen Leben hervorgebracht hat, seien sie physisch oder ätherisch. Ätherische Formen sind Emanationen, die von der Macht des Geistes geformt worden sind. Ein Fragment mag beispielsweise ein Satansverehrer gewesen sein und sich eine Vielzahl an bösen Wesen als Diener geschaffen haben. Nach dem Tode des Meisters sind diese Wesenheiten dazu verdammt, auf der Erde herumzustreunen und seine Wiederkunft zu erwarten. Selbst wenn der Meister auf die Erde zurückkehrt, kann es noch viele Leben lang dauern, bevor wieder ein bewußter Kontakt hergestellt wird. Das Fragment erkennt aber stets unbewußt aus der tiefsten Mitte seines Selbst die Gegenwart dieser Diener und fürchtet sie. Schließlich wird sich das Fragment den selbsterschaffenen Dienern des Bösen stellen, indem es sie herausfordert und sie mit dem Licht der Liebe konfrontiert, damit sie seine Verbündeten für gute Gedanken und Taten werden. Nichts Erschaffenes kann jemals verworfen werden. Alle Formen sind Teil des Ganzen. Jede von einem Fragment erschaffene Wesenheit ist ein Teil dieses Fragmentes und muß von ihm deshalb als seine eigene Schöpfung akzeptiert werden. Hier liegt die Verantwortlichkeit.

Mit dem Verständnis eines jeden Lebens und den damit zusammenhängenden Erfahrungen wächst ein Fragment; das betreffende Leben kann dann aus den Gedanken entlassen werden. Das Warum und Weshalb ist dann nur noch eine auf der Erde gemachte Erfahrung und nicht mehr wesentlich, wenn man sie einmal verstanden hat. Man erinnert sich nur noch an die damit verbundene Lektion.

Ein in Wahrheit und in Einklang mit dem Schöpfer gelebtes Leben zieht die Erschaffung höherer Gedankenformen an. Diese höheren Gedankenformen sind die Boten der Seele und als solche Werkzeuge der Evolution. Auch sie müssen schließlich zum Schöpfer zurückkehren, um absorbiert zu werden.

Durch das Verständnis der vergangenen, guten und schlechten Leben entwickelt sich der mediale Sinn in diesem Leben stärker und gestattet es dem Geist, sich im Physischen klar auszudrücken und über sich hinaus Bewußtsein und Sinn zu entwickeln.

In der Bibel heißt es: »Wie ihr sät, so werdet ihr ernten.« Dies bezieht sich auf das karmische Gesetz und die Lektionen von Gut und Böse, die der Zeit nicht unterworfen sind. Man kann etwas in einem Leben vollständig erlernen oder mehrere Leben brauchen, bis man es ganz verstanden hat. Es steht auch geschrieben: »Auge um Auge, Zahn um Zahn.« Das bedeutet, daß niemand der Grausamkeit entgehen kann, die er anderen zugefügt hat, denn sie wird auch ihn selbst treffen. Indem Leben auf diese Weise gelebt werden, werden auch die Lektionen der Vergeltung ausgeteilt und von allen Seiten empfangen, wodurch Mitleid und Vergebung entstehen. Kein Leben wird von der Seele jemals gänzlich mißachtet.

Im Astralbereich kann ein Fragment die Akasha-Chroniken konsultieren, um Informationen über noch zu lernende Lektionen zu finden. Die Entwicklung des medialen Sinnes gestattet es dem verkörperten Fragment, in diese Chroniken zu schauen, während es noch verkörpert ist. Ein Adept kann auch Nachforschungen für einen anderen Menschen anstellen, wenn dieser einverstanden ist und wenn das Motiv Fortschritt und nicht Zerstörung ist.

Trotz all seiner Fehler hat der Mensch stets an ein Jenseits geglaubt. Sein Instinkt oder medialer Sinn erlaubt es ihm, Kontakt zum Leben im Astralbereich aufzunehmen. Ein Adept kann sich an die astralen Zwischenspiele zwischen vielen gelebten Leben erinnern. Leider manifestiert sich ein großer Teil dieser Erinnerungen nur im Traumzustand, der für den bewußten Geist eine Hoffnung, eine Illusion oder eine Phantasie ist.

In seltenen Fällen inkarnieren aufsteigende Fragmente auf der Erde und bringen die bewußte Fähigkeit zur vollständigen Erinnerung mit. Sie können die verschiedenen Ebenen und Unterebenen in allen Einzelheiten offenbaren und über ihren Zustand im Astralbereich zwischen vielen Leben direkt Auskunft geben. Dies beweist das Überleben des Geistes und die Existenz einer seelischen Essenz im Fragment, die das ewige Leben ist.

Die fünf Körper
und die Aura des Menschen

Jedes Fragment, das als Mann oder Frau auf der Erde inkarniert, hat ein vollständiges und einzigartiges Aussehen und einen eigenen Charakter. Manchmal werden physische Formen verdoppelt, zum Beispiel bei Zwillingen. Als eineiige Zwillinge haben die Fragmente zu lernen, daß sie auch ein Leben und eine Eigenständigkeit aufbauen können, ohne der Gestalt nach einzigartig zu sein, indem sie individuelle Charakterzüge und Persönlichkeitsmerkmale betonen.

Das gesamte Wesen eines inkarnierten Mannes oder einer Frau setzt sich aus fünf Körpern zusammen, die konzentrisch angeordnet sind. In der Reihenfolge ihrer Vibrationsdichte sind sie, vom Schweren bis zum Leichten: der physische Körper, der ätherische Körper, der spirituelle Körper, der Geistkörper und der Seelenkörper. Jeder Körper ist von den anderen getrennt, steht jedoch mit ihnen in Wechselwirkung. Jeder Körper ist in der Lage, unabhängig von den anderen zu arbeiten, aber auch in Harmonie mit ihnen.

Der physische Körper zum Beispiel mag schlafen, während der ätherische Körper wach ist und im physischen Körper Träume und Bewegungseindrücke hervorruft. Ein anderes Beispiel wäre, daß der Geistkörper im Bewußtsein tätig ist und Informationen aus der Seele mitteilt, während der physische und der ätherische Körper dieser Tätigkeit gegenüber unbewußt sind. Das Ziel des individuellen Fragmentes ist natürlich, alle fünf Körper zu harmonisieren, was zu einem sehr geschärften Bewußtsein führt, während man auf der Erde weilt.

Der physische Körper, bestehend aus Fleisch und Knochen, ist der dichteste. Seine Schwingung setzt sich aus Impulsen zusammen, kleinen Energieexplosionen, die die Form stimulieren und aktivieren, so daß sie innerhalb der irdischen Schwingung tätig sein kann. Unter Verwendung der fünf körperlichen Sinne – Sehen, Riechen, Hören, Schmecken und Tasten – wächst die Form und wird in ihrem Kampf ums Überleben stärker. Dieser Körper ist der Lebensträger des geistigen Fragmentes in der Form.

Der ätherische oder niederemotionale Mentalkörper liefert den Brennstoff, der den physischen Körper durch Funken in Tätigkeit versetzt. Seine Schwingung ist eine des Drucks. Emanationen aus dem spirituellen Körper regen den ätherischen dazu an, seine Schwingungen zu intensivieren; der physische Körper spürt diesen Druck und reagiert. Solche Reaktionen dienen im allgemeinen dem Überleben oder dem Lernen.

Im niederen Bewußtsein müssen Mann und Frau ihr geistiges Verständnis emotional ausdrücken. Streit kommt oft deswegen auf, weil jedes Fragment versucht, seine Identität dadurch aufzubauen, daß es anderen seinen Willen aufdrängt. Der ätherische Körper gerät oft aus dem Lot, weil vom spirituellen Körper zu viel Druck ausgeht, wenn er seine Freiheit und Individualität sucht, während der physische Körper noch in sogenannten emotionalen, mentalen oder physischen Fallen steckt.

Eine Frau zum Beispiel, die sich von ihrem Mann trennen muß, führt dies eventuell nicht durch, weil ihre Ängste sie davon überzeugen, daß sie nicht in der Lage wäre, für sich und ihre Kinder zu sorgen. Die Folge ist, daß sie mit schmerzhaften Konsequenzen in der Ehe bleibt und sich selbst quält. Unter dem Druck des physischen und spirituellen Körpers fällt der ätherische Körper aus der gemeinsamen Zusammenarbeit. Das Individuum gerät in einem solchen Fall emotional und mental aus dem Gleichgewicht, was schließlich zur Krankheit führt. Die Krankheit zwingt das Individuum, den Wandel anzunehmen, indem es auf den spirituellen Körper hört.

Der spirituelle Körper ist von viel feinerer Schwingung. Da die Schwingung feiner ist, ist sie viel schneller und wird deshalb von den zwei niederen Körpern als pflegend und nährend, tröstend und erfüllend empfunden. Leider kann man dies nur in Zeiten großer Freude oder Belastung für den physischen und den ätherischen Körper fühlen. Dann geschieht es jedoch oft, daß etwas innerhalb des Individuums erwacht, wodurch sich dieses seines spirituellen Körpers bewußt wird.

Während dies geschieht, fließt der spirituelle Körper in die niederen und ermöglicht eine erfolgreiche Entwicklung des medialen Sinnes. Gelegentlich ist auch das Gegenteil der Fall. Unter extremem Druck weist der ätherische Körper die Anregungen zur Veränderung aus dem spirituellen Körper zurück, was im Individuum zu Gefühlen des Gefangenseins in der Form und zur Sehnsucht nach Erlösung führt. Das kann bis zum Selbstmord gehen.

Die meisten Individuen korrigieren sich jedoch selbst, bevor ihre Verzweiflung ein solches Ausmaß erreicht hat.

Der Geistkörper bezieht sich auf die Emanationen des Schöpfers und die göttliche Weisheit. Dieser Körper schwingt in einem einzigen Impuls und schickt Informationen in den spirituellen Körper. Auf diese Weise wird dem auf der Erde lebenden Individuum alles verfügbar, was es in der Geschichte des Fragmentes und der Evolution seiner Seele gibt. Dieser Körper gerät selten aus dem Lot, weil ihn nur die wenigsten Menschen in der Verkörperung wirklich kennenlernen. Von einigen ist jedoch bekannt, daß die kleinen Einblicke, die sie bekommen haben, katastrophale Folgen hatten. Potentiell weiterentwickelte Wesen haben die Macht, die in diesem Körper liegt, auf die Probe gestellt, sich selbst dabei korrumpiert und sind aus der Gnade gefallen. Die meisten jedoch, die ihren Geistkörper bewußt kennenlernen, handeln darauf in Ehrfurcht vor der empfangenen Weisheit und in Demut, getrieben von dem Wunsch, mehr kennenzulernen. Gelegentlich wird ein aufgestiegener Meister (eine aufsteigende Seele) in der Verkörperung seinen Körper total kennen, was ihm die Macht gibt, Dinge nach seinem Willen zu erschaffen, zum Beispiel Edelsteine aus Sand zu manifestieren. Solche Individuen stellen ihre Macht jedoch nicht zur Schau und erreichen vieles, wenn sie allein sind.

Als Emanation des Schöpfers ist der Seelenkörper noch viel feiner in der Schwingung als der Geistkörper. Dieser Körper ist die reine Liebe, die durch die bedingungslose Liebe verstärkt wird, die vom Schöpfer durch die Seele in jedes Fragment auf jeder Ebene herabfließt. In alltäglichen Tätigkeiten vibriert diese Emanation der Liebe als ein sanftes Gefühl im Kern des Menschen. Es ist ein Gefühl der Zugehörigkeit.

Bei einem unbewußten Individuum regt dieses Bedürfnis nach Zugehörigkeit Tätigkeiten im Fleisch an, die zum Miteinander mit anderen Individuen führen. Für ein Medium, einen bewußten Schüler, ruft diese Emanation das Fragment zum Schöpfer zurück und setzt damit die große Sehnsucht nach dem Verständnis der vielen Wege frei, auf denen die Liebe auf alle Ebenen und Unterebenen ausgedrückt wird.

Dieser Körper verliert niemals seine Verbindung, weil seine Lichtvibration zu stark ist, um gedämpft zu werden.

Nachdem die Körper nun der Schwingung und Funktion nach definiert worden sind, müssen wir ihre Formen kennenlernen.

Der physische Körper ist von jedem leicht zu sehen und zu beschreiben. Er variiert in Form, Größe und Farbe und bedarf der Aufmerksamkeit bezüglich Nahrung, Schlaf und Tätigkeit. Obwohl ein physischer Körper über- oder untergewichtig sein kann, kann er doch, falls er sich im Gleichgewicht befindet, sehr vollkommen und angenehm für das Auge sein.

Der ätherische Körper nimmt die Gestalt des physischen an. Er erscheint als eine Spiegelung des mentalen und emotionalen Zustandes, seiner Stabilität oder Instabilität. Im Wachbewußtsein kann der physische Körper zum Beispiel Schmerz und Leid verbergen. Der ätherische Körper wird ihn dem Beobachter jedoch enthüllen, der sein geistiges Auge benutzt, um diesen Aspekt wahrzunehmen. Im Schlaf kann der ätherische Körper jemand anderem erscheinen und Trauer oder Freude zeigen. Er kommuniziert jedoch auf keine Weise. Der Mensch nimmt diese Gestalt als Geist wahr. Sogenannte Geister sind oft noch lebende Menschen.

Oft manifestieren sich Ängste im ätherischen Körper. Eine bewußte Angst vor Krankheit kann zum Beispiel im ätherischen Körper als Wirklichkeit erscheinen. Das ist jedoch selten und kommt nur bei Menschen vor, die unter extremem Druck stehen.

Der spirituelle Körper ist immer vollkommen und nimmt wiederum der Erscheinung nach die Form des physischen an, obwohl manchmal die Farbe der Haare anders sein kann. Viele Individuen nehmen sich selbst in der Meditation als attraktiver, hübscher, größer und strahlender wahr. Die Emanationen dieses Körpers sind rein, da die Wahrheit von ihm ausstrahlt. Er kann leicht angezapft werden, indem man sich auf das mediale Bewußtsein einstellt.

Im Gegensatz zum physischen oder ätherischen Körper, denen ein Glied fehlen kann oder die auf andere Weise mißgestaltet sein können, ist der spirituelle Körper immer vollkommen. Es kommt nicht selten vor, daß Individuen sich im Schlaf oder in der Meditation auf ihr vollkommenes Wesen einstimmen.

Wird dieser spirituelle Körper vom physischen getrennt, so kann er von anderen gesehen werden und sich mitteilen. Manchmal sind Menschen Kilometer entfernt von ihrem ruhenden physischen Körper gesehen worden, und Beobachter behaupten, mit ihnen gesprochen zu haben. Der spirituelle Körper kann einem Beobachter ebenso real erscheinen wie der physische. Der spirituelle Körper hat völlige Kontrolle über seine Umgebung und kann sich willentlich in jeder Dimension, auf jeder Ebene und Unterebene von Ort zu Ort bewegen.

Wenn jemand schläft, dann steigt sein spiritueller Körper oft auf und kehrt zu seiner eigenen Unterebene im Astralbereich zurück, um sein Wachstum und seine Produktivität in der Form einzuschätzen. Der bewußte Verstand nimmt den größten Teil dieses Aufstieges nicht wahr, doch wird die Information im tief Unbewußten gespeichert, um später als Stimulus in den bewußten Verstand entlassen zu werden. Adepten haben gelernt, in der Meditation den bewußten Verstand mit dem tief Unbewußten zu harmonisieren, wodurch es ihnen möglich wird, sich an die Besuche im Astralbereich zu erinnern. Solche Reisen werden als Astralreisen bezeichnet.

Der Geistkörper hat keine Form. Er ist ein Energiebündel, das die anderen drei in göttlicher Weisheit verbindet. Seine feine Schwingung harmonisiert die Trennung der anderen Körper.

Der Seelenkörper hat ebenfalls keine Form. Er ist eine wandelbare, pulsierende Emanation des Lichts, welches durch das gesamte Wesen fließt, das der Mensch ist und sein Dasein mit der Erde und dem Schöpfer verbindet.

Diese Körper (siehe Abbildung auf Seite 66) liegen ineinander, wobei der physische die äußere Hülle bildet und die Seele, der Kern des Fragments, im Zentrum des physischen Körpers liegt. Die Körper strahlen über ihre physische Form hinaus Energie aus, welche sich als Aura manifestiert und vom Adepten und Medium wahrgenommen werden kann.

Man sieht hier, daß die Emanationen der Seele intensiv in der Nähe des physischen Körpers und bis hinaus zur Peripherie der Aura fließen, wo ihre Ausstrahlungen feiner sind. Die Emanationen des Geistkörpers fließen aus und setzen sich in der Nähe der Peripherie ab, wo sie mit den Emanationen der Seele verschmelzen. Der spirituelle Körper strahlt ein wenig über den physischen hinaus, nicht ganz so weit wie der Geistkörper. Der ätherische Körper strahlt etwa drei bis fünf Zentimeter über den physischen hinaus und nistet sich auf diese Weise in die Emanationen der anderen Körper ein, während der physische Körper Wärme und Licht um sich ausstrahlt (siehe Abbildung auf Seite 67).

Diese fünf Körper sind durch sieben Chakras verbunden. Jeder der fünf Körper hat sieben Chakras. Chakras sind Energiepunkte, die eine Wechselwirkung der Emanationen der fünf Körper er-

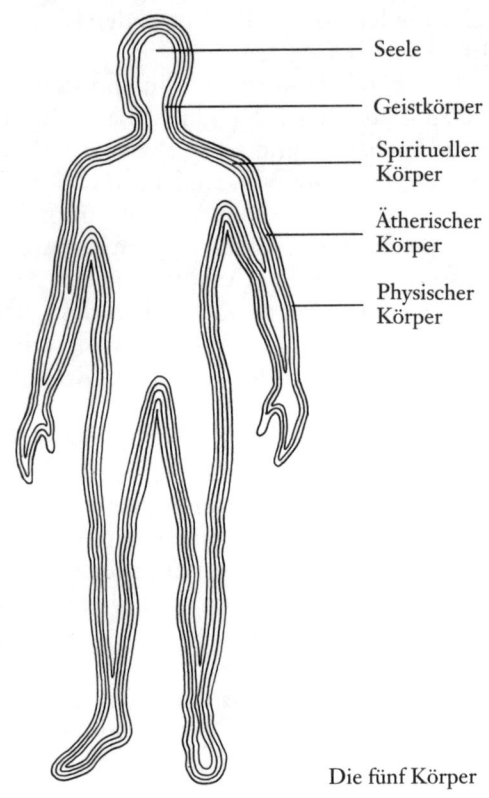

Seele

Geistkörper

Spiritueller Körper

Ätherischer Körper

Physischer Körper

Die fünf Körper

möglichen. Für den medialen Blick sind sie runde Wirbel, in denen sich die Energie als Farbe bewegt.

Jedes Chakra kann sich ausdehnen und zusammenziehen, wie die Iris eines Auges. Bei voller Ausdehnung bildet sich über der Öffnung ein Netz aus dichter Energie. Dieses dichte Energienetz hat den Zweck, unerwünschte Abfälle herauszufiltern, die sonst leicht und unnötigerweise aus der physischen Welt aufgenommen würden. Jedes Chakra hat eine Grundfunktion:

Das erste Chakra befindet sich am Scheitel in der Mitte des Kopfes und wird als Scheitelchakra bezeichnet. Es hat die Funktion, das Individuum mit dem Schöpfergott und den höheren aufgestiegenen Fragmenten (Seelengruppe) zu verbinden. Im physischen Sinne strahlt es den Zustand der anderen sechs Cha-

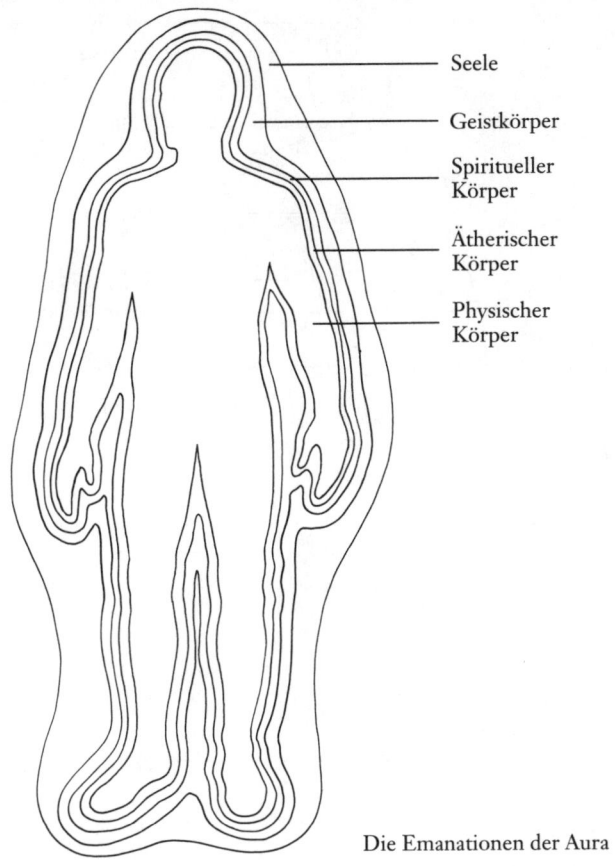

Seele

Geistkörper

Spiritueller
Körper

Ätherischer
Körper

Physischer
Körper

Die Emanationen der Aura

kras aus und gibt dadurch ein wahres Zeugnis vom Wachstumsniveau des Individuums.

Das nächste Chakra wird als drittes Auge oder Stirnchakra bezeichnet, da es mitten auf der Stirn zwischen den Augenbrauen liegt. Seine Funktion besteht darin, bildhaft zu enthüllen, was jenseits des normalen Sehens liegt, und zu interpretieren, was emotional und mental gefühlt wird. Das Individuum kann dadurch die Wahrheit in seinem Leben sehen.

Als nächstes kommt das Kehlchakra, welches über dem Adamsapfel liegt. Es ermöglicht echte verbale Verständigung.

Darunter liegt als nächstes das Herzchakra in der Mitte der Brust ungefähr über dem Herzen. Sein Zweck ist es, die wahren Gefühle zu kontrollieren, vom Haß bis zur absoluten Liebe.

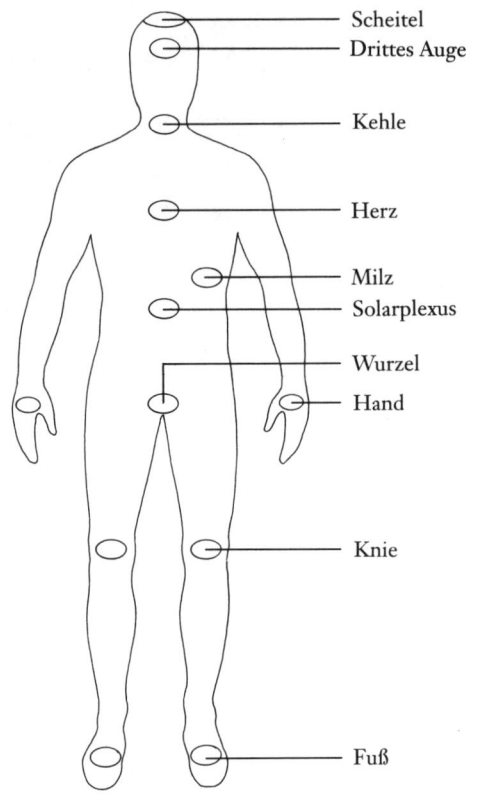

Scheitel
Drittes Auge
Kehle
Herz
Milz
Solarplexus
Wurzel
Hand
Knie
Fuß

Über dem Magen, zwischen Rippen und Nabel, liegt das Solarplexuschakra, das größte der Chakras. Es hat die Funktion, auf der Ebene des Verstandes und der Gefühle den Austausch von Energie mit anderen Individuen zu fördern. Gute Freunde werden über dieses Chakra ihre Seele freilegen können, um sich tief zu verbinden.

Links darunter, unterhalb der Milz, liegt das Milzchakra. Seine Funktion ist es, die Kräfte der fünf Körper auszugleichen.

Das letzte Chakra ist als das Wurzelchakra bekannt und liegt am unteren Ende der Wirbelsäule bei den Genitalien. Seine Funktion ist es, Streß aus nicht gelernten Lektionen zu speichern, um ihn später erinnern und lösen zu können.

Jedes Chakra ähnelt einem Megaphon. Die weite Öffnung des

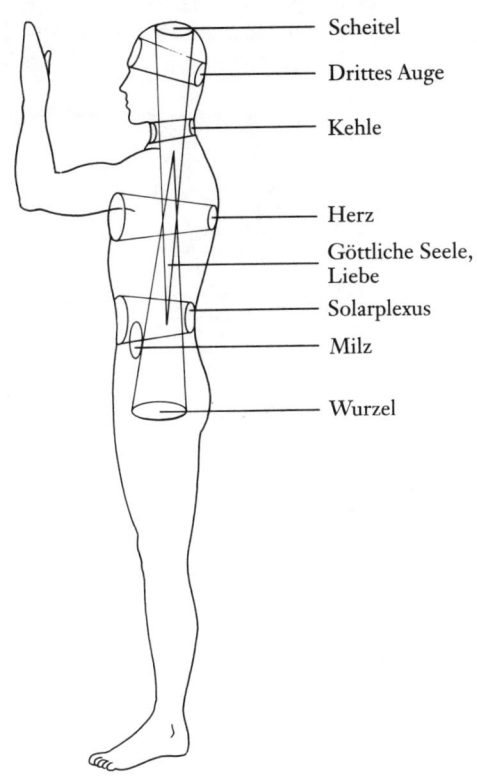

Scheitel

Drittes Auge

Kehle

Herz

Göttliche Seele,
Liebe

Solarplexus

Milz

Wurzel

Wirbels befindet sich vorn, das enge Mundstück hinten. Ausnahmen bilden das Scheitel- und das Wurzelchakra, die abwärts und aufwärts laufen, um sich im Solarplexuschakra zu treffen. Das Milzchakra läuft quer durch den Körper von links hinten nach rechts vorn.

Wo sich das Scheitelchakra, das Herzchakra und das Wurzelchakra treffen, finden wir die Emanationen des Schöpfers in göttlicher Liebe. Wo sich Wurzelchakra, Solarplexus- und Milzchakra treffen, finden wir die Emanationen des Schöpfers in göttlicher Weisheit. Sind alle Chakras produktiv, aktiv und in Harmonie, so findet das Individuum zu völligem Gleichgewicht im Leben.

Im Zentrum der Handflächen und der Fußsohlen befinden sich die kleinen Chakras. Die Handchakras ermöglichen es dem

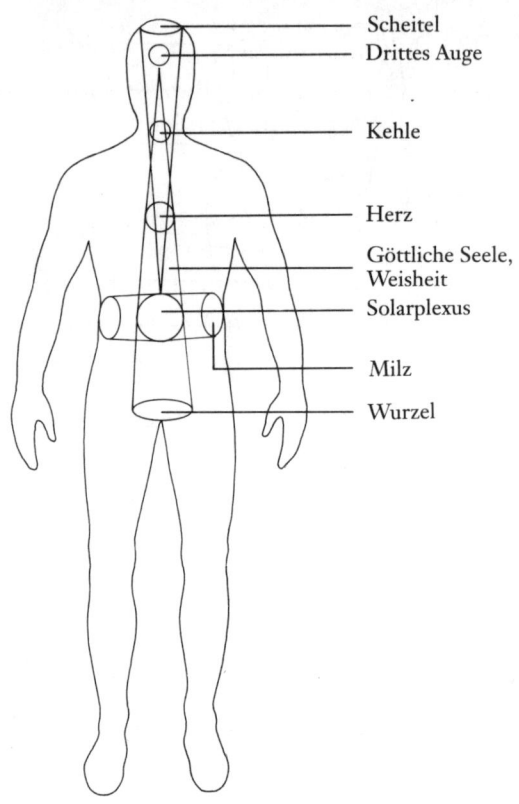

Scheitel
Drittes Auge

Kehle

Herz
Göttliche Seele,
Weisheit
Solarplexus

Milz
Wurzel

Individuum, Emanationen abzugeben und von anderen Individuen zu empfangen. Die Fußchakras gestatten es dem Individuum, sich zu erden. Oft absorbiert es zu viel Energie von anderen Individuen oder vom höheren Selbst. Dann wirken die Fußchakras wie Abflußleitungen. Das Übermaß an Energie fließt in den Boden. Mutter Natur neutralisiert und speichert es, bis das Individuum es wieder braucht und zur Auffüllung hinaufzieht.

Am Kniegelenk, von einer Seite zur anderen verlaufend, befinden sich die Kniechakras. Diese Chakras beginnen zu arbeiten, wenn ein Individuum bewußt geworden ist und versucht, in allen Aspekten seines Daseins demütig zu werden. Über den ganzen physischen Körper sind winzige Chakras verteilt, die auch als Akupressurpunkte bekannt sind. Diese Chakras sind Ausgleichspunkte, an denen Energie gespeichert oder gelöst werden kann. Es kommt nicht selten vor, daß solche Chakras blockiert oder verstopft sind. Indem man diese Punkte durch Druck stimuliert, kann man die fünf Körper miteinander verbinden, was die gesamte Person harmonisiert.

Jede Emanation aus den fünf Körpern ist eine Schwingung, die Reibung erzeugt und Farben erschafft. Der physische Körper ist also von einem Kokon strahlender Farben umgeben, der mit dem bloßen Auge nicht wahrgenommen, wohl aber gefühlt werden kann. Dieser Farbenkokon wird als Aura bezeichnet.

Jeder Körper strahlt andere Schwingungen aus. Die physische Gestalt zum Beispiel erzeugt Klang und Wärme, während der ätherische Körper mentale und emotionale Energie aussendet, die kalt und warm ist, so daß die Aura, sofern man sie spüren kann, über die ganze Oberfläche verteilt heiße und kalte Flecken aufweist. Da diese Schwingungen völlig unterschiedlich sind, erzeugen sie auch unterschiedliche Farben. Diese Farben verschmelzen miteinander und ergeben neue Farben. Für den medialen Blick ist die Aura ein dichtes Gemisch von Farben, unter dem man die physische Gestalt kaum noch erkennen kann.

Jedes Chakra wird von einer Hauptfarbe beherrscht, die seine Emanationen harmonisiert und die anderen Farben unterstützt, die von allen fünf Körpern ausstrahlen, um dem Harmoniegefüge des Fragmentes Stabilität zu verleihen. Diese Grundfarben stehen im Einklang mit der Evolution des Fragmentes der Seele und des Schöpfers und sind folgende:

Das *Wurzelchakra* wird von Rot beherrscht, im Gleichgewicht mit Grün, Gelb, Orange und Blau.

Das *Milzchakra* wird von Orange und Blau beherrscht, im Gleichgewicht mit Gelb, Malve und Grün.

Das *Solarplexuschakra* wird von Gelb beherrscht, im Gleichgewicht mit Rot, Grün, Orange und Malve.

Das *Herzchakra* wird von Grün beherrscht, im Gleichgewicht mit Rot, Gold, Violett und Blau.

Das *Kehlchakra* wird von Blau beherrscht, im Gleichgewicht mit Gold, Grün, Rot und Violett.

Das *Stirnchakra* wird von Malve beherrscht, im Gleichgewicht mit Blau, Goldgelb, Grün und Orangerot.

Das *Scheitelchakra* wird von Violett beherrscht, im Gleichgewicht mit Gold, Grün, Blau und Rot.

Jedes Chakra befindet sich im Einklang mit Noten der C-Tonleiter, welches folgende sind:

Wurzelchakra	= C =	Rot
Milzchakra	= D =	Orange
Solarplexuschakra	= E =	Gelb
Herzchakra	= F =	Grün
Kehlchakra	= G =	Blau
Stirnchakra	= A =	Malve
Scheitelchakra	= H =	Violett

Da ein aufstrebendes Fragment oft nicht im Einklang mit sich selbst ist, sind auch die Chakras oft nicht im Gleichgewicht und bedürfen der Reparatur. In einem solchen Falle strahlen die Chakras dumpfe Farben aus, denen bestimmte Farbtöne fehlen. Dies kann durch Farb- und Musiktherapie korrigiert werden. Je weiter ein individuelles Fragment aufgestiegen ist, desto heller und strahlender werden die Farben seiner Chakras.

Sind alle fünf Körper eines Individuums emotional, mental, physisch und spirituell im Gleichgewicht, so strahlt seine Aura ungefähr einen Meter um seinen physischen Körper herum eiförmig aus. Die breiteste Stelle ist in Kopfhöhe, zu den Füßen hin läuft sie etwas zusammen. Ist jemand nicht im Gleichgewicht, so nimmt seine Aura dunklere Farben an und kann sich im Krankheitsfall auch in der Form verändern. Hat ein Individuum Angst oder steht es unter Streß, so schrumpft seine Aura zusammen.

Es ist nicht ungewöhnlich, daß eine Aura nur etwa 30 Zentimeter um den physischen Körper herum ausstrahlt. In Fällen extremer Zurückgezogenheit wird die Aura fast völlig eingezogen. Im Augenblick des Todes existiert die Aura nicht mehr. Wenn bei einer Krankheit die fünf Körper nicht synchronisiert sind, so führt das zu einem Ungleichgewicht in den Chakras. Der Verfall der physischen Form als Folge solchen Ungleichgewichts macht das Individuum darauf aufmerksam, daß es sich seines Selbstes bewußter werden muß, indem es seinen Mangel an Eigenliebe und Selbstachtung auch mit dem Verstand wahrnimmt. Ist diese Lektion einmal verstanden worden, kann man das Gleichgewicht der fünf Körper wiederherstellen und die Chakras reinigen, um so eine stabile Heilung zu erzielen.

In der Aura sind die gesamten Schwingungen des individuellen Fragmentes aufgezeichnet. Nichts von der Geschichte, der Persönlichkeit und dem Charakter eines Fragmentes kann verborgen bleiben.

Für alle erschaffenen Wesen gilt das karmische Gesetz: »Gleiches zieht Gleiches an.« Die Ausstrahlungen der Aura dienen den Individuen dazu, sich über das tief Unbewußte auf andere Individuen einzustimmen und sich so die passenden Begleiter für ihr Wachstum auszuwählen.

Da sie ähnliche Schwingungen haben, spiegeln Individuen sich gleichzeitig, um miteinander zu wachsen. Manche lassen sich auf eine solche Anziehung leider nur teilweise ein und weigern sich, sich in anderen zu sehen, besonders bei sogenannten schlechten Begegnungen, wenn das Urteilsvermögen völlig fehlgeht. Von einer höheren Warte aus gesehen, ist natürlich kein Zusammentreffen schlecht. Es stellt nur eine Erfahrung auf dem Weg zu positivem Wachstum dar, die durchlebt werden muß.

Alles Erschaffene hat eine Aura, sogar ein Stein. Die Stärke seiner Schwingungen wird von seiner Umwelt und seinen Wechselwirkungen mit ihr bestimmt.

Ist ein Fragment nicht inkarniert, so besteht seine Aura aus vier Körpern, jetzt abzüglich des physischen. Die karmischen Gesetze sind auch in der geistigen Welt immer noch wirksam.

Als Kokon trennt die Aura das Fragment von der Einheit und wird gleichzeitig geschützt durch die Einheit, die es umgibt. Es ist deshalb ein Teil des Ganzen. Da die Emanation der individuellen Aura sich zur Einheit hin ausdehnt, absorbiert sie die Emanationen des Schöpfers. Dadurch verstärkt die Aura ihre Schwingungen und dehnt sich weiter aus. Einen großen Weisen oder ein erleuchtetes Wesen kann man oft spüren, lange bevor man das entsprechende Individuum körperlich sehen kann.

Jedes verkörperte Individuum kann die Aura auf feine Weise spüren. Beispielsweise kann man beim Tanzen jemand am anderen Ende des Raumes spüren, wodurch der Wunsch angeregt wird, die Quelle der Ausstrahlung physisch zu finden. Durch physischen Kontakt, durch Berührung und Gespräch wird eine Verbindung aufgebaut, die zu einer Beziehung führt, in der Energien ausgetauscht werden.

Da ein Fragment häufig inkarniert und in jedem Leben mit Hunderten anderer Fragmente in Wechselbeziehung tritt, ist eine Verschmelzung und Absorption aller gelernten Dinge unvermeidbar. Je länger ein Fragment solchen Lektionen ausgesetzt ist – vorausgesetzt, es kommt im Laufe der Zeit zu einem Wachstum –, desto größer wird das Verständnis des Selbst, woraufhin immer mehr Farben zu strahlendem weißem Licht verschmelzen. Hat ein Fragment diese Bewußtseinsebene erreicht, so befindet es sich in Harmonie mit allen erschaffenen Dingen. Die Aura wird zu einer geschlossenen Emanation weißen Lichtes, mit ein paar aus ihrem Umkreis ausstrahlenden Farben.

Die meisten auf der Erde befindlichen Individuen können für kurze Zeit ein Gleichgewicht finden, während dessen weißes Licht in ihrer Aura wahrnehmbar ist. Die Aura ist eine sich ständig bewegende Masse von Energie und deshalb in keinem Augenblick die gleiche wie im vorigen. Vorherrschende Farben bleiben jedoch entsprechend dem Zustand des Geistes, des Körpers und des Verstandes beständig.

Entwicklung eines Seelenfragments in der Astralwelt

Folgen wir nun dem kompletten Lebenszyklus eines inkarnierten Fragmentes. Das Fragment, das wir als einen Geist bezeichnen, lebt in der höheren Astralebene auf der ersten Unterebene. Hier versteht es sich als weiblich, da es die Erde kurz zuvor verlassen hat. Es starb nach einem langen Leben als reiche, relativ wichtige Frau. Diese Frau hat in der Astralebene einige Zeit damit verbracht, alte Bekanntschaften zu erneuern. Nun erreicht sie einen Punkt, wo sie mehr über sich selbst erfahren möchte und sehnt sich wieder nach einem Leben auf der Erde. Ihr natürliches Streben führt sie dazu, ihre Freunde zu verlassen und Hilfe von aufgestiegenen Fragmenten zu suchen, die wir als Schutzgeister bezeichnen und die ein Teil ihrer Seelengruppe sind. Diese Schutzgeister werden auf natürliche Weise von ihr angezogen, um ihr auf jede ihnen mögliche Weise zu helfen.

Alle Fragen, die ihnen die Frau über sich selbst stellt, werden beantwortet, bis sie alle Lektionen ihres vergangenen Lebens verstanden hat. An diesem Punkt erweitert sich ihr Bewußtsein. Der Schleier der Furcht wird zurückgezogen; und sie kann es sich aufgrund ihres eigenen Verlangens gestatten, sich an andere ähnliche Leben zu erinnern, in denen sie an den gleichen Lektionen gearbeitet hat, die sie in ihrem letzten Leben lernen mußte. Während sie das Erinnerte abwägt und weitere Fragen über ungelernte Lektionen stellt, tauchen weitere Leben in ihrem Bewußtsein auf und enthüllen mehr von ihrem wahren Wesen. Dies geht weiter, bis sie sich an alle Informationen erinnern kann, die sich auf ihr Wachstum beziehen.

An diesem Punkt beginnt sie sich dann zu entscheiden, in was für eine Lebensstruktur sie nun eintreten möchte, zum Beispiel als Mann oder als Frau, in welchem Herkunftsland, und mit welchen Fragmenten sie auf der Erde zusammenarbeiten möchte, die sie schon kennt oder noch kennenlernen will.

Nehmen wir an, sie hat sich entschieden, ein in Kanada lebender Mann zu werden, und möchte sich zu einem Arzt entwickeln und sich dabei beibringen, die Menschheit zu lieben, ohne Opfer zu bringen. Ihr Schutzgeist oder ihre Schutzgeister würden ihr Ratschläge geben, welche Fragmente ihrer Seele ihr am besten bei dieser Aufgabe helfen könnten. Sie könnten ihr außerdem andere Fragmente von anderen Seelengruppen empfehlen, die sich auf der gleichen Stufe des Lernens befinden wie sie.

Mit gegenseitigem Einverständnis der anderen Fragmente sucht sie sich dann ihre Eltern, Familie und Freunde aus, die in ihr physisches Leben eintreten werden. Umgekehrt wird sie auch zustimmen, ins Leben anderer Fragmente einzutreten, um ihnen zu helfen. Sind die Bedingungen für die Geburt einmal arrangiert, so geht die Frau in einen Zustand der Gnade ein, stimmt sich auf den Schöpfer und andere Fragmente ein, während sie ihr Karma für sich anerkennt und bestätigt. Während dieser Wartezeit werden ihre Eltern auf der Erde bereits geboren, um ihre Ankunft auf der Welt vorzubereiten. Durch die Einheit ist sie sich wiederum über das Wachstum ihrer Eltern und alles, was sie tun, bewußt.

Kommt die Zeit für ihre Rückkehr auf die Erde näher, verändert sich ihre Identität als Frau; sie bereitet sich auf die Männlichkeit vor. Sie nimmt mehr männliche Charakteristika an, indem sie sich stärker auf die Eltern einstimmt, die ihre Ankunft erwarten. Während dieser Zeit betritt das Fragment einen gelbgrünen Lichtstrahl, der den Geburtskanal vom Geist zum Fleisch bildet.

Während das männliche Baby körperlich in der Frau wächst, nimmt das Fragment schließlich durch die Emanation seiner Männlichkeit die männliche Form an und verbindet sich mit dem Baby, indem es in den Körper der Frau eintritt. Während der Schwangerschaft wird der nunmehr männliche Geist harmonisch in der Mutter ruhen und sich durch sie auf die Erde und ihre Schwingungen einstimmen. Er bereitet sich dadurch auf die Geburt und das Überleben vor. Er wird sich oft von dem Baby zurückziehen, um unsere Welt mit geistigen Augen zu beobachten oder zur Astralebene zurückzukehren, um die Kräfte aufzufrischen und weitere Anweisungen von den geistigen Führern und aufgestiegenen Seelenfragmenten entgegenzunehmen.

Während der ganzen Zeit ist der Geist sich seines Wesens voll bewußt. Nähert sich die Zeit der Geburt, so dringt der männliche Geist tief in das Baby ein und erwartet den Stimulus für seine Entlassung in die Welt. Das Wissen um alles, was vorher gewesen ist, wird jetzt im tief unbewußten Teil des Gehirns gespeichert, um auf die Anstöße zu warten, die es im Laufe der Jahre wieder freisetzen werden.

Das Kind wird nun unschuldig und rein geboren und manifestiert reine Liebe in totalem Vertrauen, da es keine Gedanken hat.

Während es heranwächst, beginnen sich seine geistigen Fähigkeiten mit dem konditionierten Wissen über richtig und falsch, gut und böse zu entwickeln.

Im Laufe der Jahre kommen auch die Wechselwirkungen mit geliebten Menschen, Freunden und Bekannten ins Spiel, die vorher festgelegt worden waren. Jeder hilft dem anderen, einen eigenen Willen und Selbstbewußtsein zu entwickeln, Eigenschaften, mit denen man später lernt, sich zu verständigen und miteinander zu teilen. Geht sein Leben zu Ende, so wägt dieser Mann alles ab, was er erfahren hat und beginnt, nach dem zu suchen, was er vergessen zu haben scheint, besonders nach dem Schöpfer und allem, was geschehen ist, bevor er dieser Mann wurde. Vage Bilder und Erinnerungen steigen aus seinem tiefen Unbewußten auf. Er beginnt, Angehörige zu sehen, die schon vor langer Zeit in die astrale Sphäre hinübergegangen sind. Der Geist dieses Mannes beginnt, sich nach dem Astralen und nach Ruhe von diesem Leben zu sehnen. Der physische Körper wird müde und erschöpft. Einen großen Teil seines Lebens verbringt er nun schlafend. Während solcher Zeiten verläßt der Geist den Körper und steigt in die Astralebene auf, wo er die Verstorbenen, Verwandte und Freunde aus diesem Leben, besucht, um eine gute Rückkehr in den Astralbereich sicherzustellen.

Wenn der Tod sich nähert, entspannt sich der physische Körper, und der Verstand wendet sich stärker nach innen, um im tief Unbewußten still zu werden. Dieser Zustand wird als Koma bezeichnet und kann mehrere Monate, Wochen oder Tage oder nur Minuten dauern. Während sich der Geist darauf vorbereitet, den Körper zu verlassen, beginnen die physischen Emanationen zu verlöschen. Die Aura schrumpft nach innen.

Der nunmehr stille ätherische Körper fließt nach innen in den spirituellen Körper. An diesem Punkt übernimmt das spirituelle Bewußtsein den Körper. Der Geburtskanal, der den Geist einst in die Welt hat eintreten lassen, wird nun zum Kanal, durch den der Geist in die astrale Welt zurückkehren kann. Der Geist nimmt ein unheimliches, pulsierendes weißes Licht wahr, von dem er sich angezogen fühlt. Er folgt seinem natürlichen Verlangen, in dieses Licht einzutreten, während er sich zum letzten Mal aus dem

Körper erhebt und die geistige Nabelschnur trennt, die ihn mit dem Fleisch verbunden hat. Für einen Beobachter sieht diese »Nabelschnur« aus wie ein goldgelbes Band, das sich in unzählige Farbtupfer auflöst, die im Raum herumschweben und sich schließlich zerstreuen. Ist dies einmal geschehen, kann der Geist nicht mehr in den Körper zurückkehren.

Er betritt nun den Kanal und fließt durch ihn in einer aufsteigenden Bewegung zurück. Echos der Vergangenheit und Gegenwart hallen von den Wänden aus Licht wider. Indem der Geist das Leben nach dem Tode annimmt, schwindet all seine Furcht vor dem Unbekannten. Statt dessen empfindet er eine große Freude, während seine Gefühle auftauchen, die nun nicht mehr vom Fleisch behindert werden. Der aufsteigende Geist wird von geliebten Menschen empfangen, die zuvor gegangen sind und sich an die männliche Gestalt erinnern können, die dieser Geist war. Sie nehmen ihn in den Astralbereich auf.

In den ersten Tagen nach seiner Ankunft auf der Astralebene erholt sich der Geist. Seine Gedanken drehen sich noch hauptsächlich um die Erinnerungen an die physische Welt. Er erkennt langsam, daß er in der geistigen Welt angekommen ist und begrüßt sie begeistert. Ihm nahestehende Menschen haben seine Ankunft bereits vorbereitet, so daß seine materiellen Bedürfnisse nach Bequemlichkeit in der geistigen Welt erfüllt werden können. Hat er den Wunsch nach einem Heim im Astralbereich, wie er eines auf der Erde hatte, so erschaffen seine Angehörigen eines aus Gedanken, Liebe und einer Substanz, die man als Ektoplasma bezeichnet, das Grundelement aller Dinge in der Astralsphäre. Während er seine neue Umgebung und seinen Aufstieg begreift, möchte er sich mit der neuen Umwelt vertraut machen. Seine Angehörigen werden ihn zu seinen Schutzgeistern bringen, damit sie ihn sanft belehren und ihn an seine Identität als ein spirituelles Wesen erinnern können. Sein Aufenthalt auf der ersten Stufe der höheren Astralebene wird erfüllend und aufregend sein.

Die ersten Orte, die er besuchen wird, sind offene Parklandschaften, wo schöne Blumen wachsen, von denen man viele auf der Erde nicht finden kann. Einige dieser Blumen kann man pflücken, mit nach Hause nehmen und liebhaben. Diese Blumen dort brauchen kein Wasser wie ihre irdischen Gegenstücke. Ihre Nahrung ist die Liebe. Ist unser männlicher Geist sie einmal leid geworden, so schwinden sie einfach dahin, und ihre Energie kehrt zum Schöpfer zurück. Andere Blumen sind dazu da, daß man sie berührt, beobachtet und mit ihnen zusammen ist. Sie sorgen für heilende Schwingungen der Liebe und werden niemals gepflückt, weil ihre Schönheit für alle sichtbar bleiben soll.

Für diejenigen, die baden möchten, segeln oder am Wasser sitzen, gibt es große Gewässer. In der geistigen Welt sind Gewässer Seen schöpferischer Energie, die allen verfügbar sind. Schwimmt man darin, so wird man nicht naß. Man schwebt oder fließt mit einer kribbelnden Vibration des Friedens und der Heiterkeit, aus der man erfrischt und trocken auftaucht und überall an der Oberfläche des geistigen Körpers eine Vielfalt von Farben ausstrahlt. In der astralen Welt gibt es weniges, was das Dahinfließen der Zeit anzeigt. Es gibt weder Sonne noch Mond oder Sterne, weder Tag noch Nacht, sofern nicht ein individueller Geist es sich so wünscht. Ist dies der Fall, so erschafft der Geist dieses Individuums es sich so, und es wird für ihn Wirklichkeit. Für Beobachter befindet sich dieser Geist in Meditation oder im Schlummer.

Wenn unser männlicher Geist in diesem Paradies nach dem Schöpfer sucht, dann hält er nach alten, gewohnten Gebetsstätten Ausschau und wird dort andere Geister finden, die wie er nach Gott suchen. Sie schließen sich zum Gottesdienst zusammen. Auf der Suche nach neuem Wissen wird er zu den Hallen des Lernens geführt. Es gibt fünf davon: die Hallen der Gesundheit und Heilung, die der Geschichte, die der Wissenschaft, die der Künste und die der Philosophie.

In der Halle der Gesundheit und Heilung gibt es ein Krankenhaus, wo diejenigen erwachen, die in Krankheit von der Erde geschieden sind. Oft können sich Geister nicht an ihre Rückreise ins Astrale erinnern, weil ihnen aufgrund ihres Charakters und ihrer Persönlichkeit das Verständnis dafür fehlt, denn sie sind konditioniert worden, das Leben nach dem Tode zu leugnen. In solchen Fällen helfen die Angehörigen, die schon in der geistigen Welt sind, dem Individuum, den Aufstieg in die Halle der Heilung zu schaffen. Hier wird jeder Patient gesundgepflegt.

In einem solchen Fall leidet der spirituelle Körper an sich an nichts, doch der Verstand des betreffenden Geistes spiegelt noch immer den soeben verlassenen physischen Zustand. Durch diese Verstandesvorstellungen manifestieren sich viele irdische Bedingungen und Erwartungen im Astralen. Wer zum Beispiel an Krebs gestorben ist und immer noch auf Heilung hoffte, wird in der Astralebene eine langsame und sichere Heilung von dieser Krankheit erwarten. Der Geist übernimmt deshalb den Schmerz und das zuletzt erinnerte Leiden aus dem physischen Bereich und manifestiert es im spirituellen Körper erneut. Mit der Zeit, mit Liebe und durch ein Verständnis des Ortes, an dem sie jetzt sind, erholen sich die Geister aber schnell.

Die Halle der Gesundheit ist auch ein Ort zum Studieren. Alle medizinischen Aufzeichnungen über jemals auf der Erde erschaffene Dinge sind dort zum Studium verfügbar. Diese Dinge, Bilder oder Personen manifestieren sich aus dem Äther des Schöpfers und können von jedem individuellen Geist beobachtet werden, der zu lernen wünscht.

Die Halle sieht einfach groß und leer aus, bis sich ein Schüler in sie hineinversetzt und an das denkt, was er wissen möchte. Dann manifestiert die Halle alles, was für die Forschungen des Schülers notwendig ist.

Ein anderer Teil dieser Halle beherbergt Forschungsgruppen. Geistige Wesen finden sich dort zusammen, um neue Arzneien für diejenigen zu schaffen, die auf der Erde leben. Immer wieder manifestieren sich neue Krankheiten auf der Erde, so daß Bedarf an neuen Heilmitteln und Arzneien besteht. Ist als Antwort auf eine solche Forderung eine Heilweise gefunden worden, so wird sie entweder durch einen Gedanken in der Einheit einem in der Form existierenden Fragment als Inspiration eingegeben, oder ein absteigender, sich inkarnierender Geist wird sie in seinem tief Unbewußten mit sich zur Erde nehmen, bis die Zeit gekommen ist, sie der Welt und den Menschen als eine inspirierte, schöpferische Heilweise zu enthüllen.

Die Halle der Gesundheit und Heilung bietet auch ein Zuhause für kranke und verlorene Tiere, die bald geheilt und zu ihren Artgenossen freigelassen werden.

Die Halle der Geschichte enthält Aufzeichnungen aller Errungenschaften und Fehlleistungen des Geistes aus seiner irdischen Zeit. Möchte ein Geist beispielsweise die Schlacht von Hastings aus dem Jahre 1066 nacherleben, dann wird dieser Raum, der wie die anderen Hallen groß und leer ist, die passende Stätte dafür sein. Sobald der Geist sich auf seinen Wunsch einschwingt, erwacht der Raum zum Leben, und alles wird ihm offenbar.

In dieser Halle liegen die Aufzeichnungen aller die Geschichte betreffenden Dinge, die je auf der Erde geschaffen worden sind: zum Beispiel Bücher, Ausrüstungen, Testamente, Verträge, Dokumente. Sie können sich für den interessierten Geist manifestieren. Auch hier arbeiten viele Geister zusammen, um neue Ideen für das Wachstum des Menschen auf der Erde zu formulieren und den weiteren Ablauf der Geschichte vorzubereiten, den sie natürlich dem freien Willen anheimstellen. Vieles, was hier für die Zukunft erschaffen wird, wird jenen als Inspiration aus der Einheit eingegeben, die auf der Erde leben.

Viele werden vermutlich die Halle der Wissenschaft für die interessanteste halten, da sie dem Studierenden die gesamte Schöpfung offenbart. Von der Evolution der Sterne und Planeten bis hin zum Menschen und seinen Schöpfungen ist hier alles aufgezeichnet. Hier kann Wissen über andere Lebensformen und ihre Evolution in Welten, die dem irdischen Menschen unbekannt sind, gesammelt werden. Denen, die mehr auf die Erde eingestimmt sind, stehen wissenschaftliche Daten über die modernen Abenteuer des Menschen zur Verfügung.

Hier sammeln sich viele geistige Schüler, um in Vorbereitung auf ihren Abstieg zur Erde zu lernen. Oft sind mehrere Jahrhunderte vergangen, seit sie das letzte Mal auf der Erde waren. Diese Halle hilft einem Geist, das aufzuholen, was seit seinem letzten irdischen Aufenthalt geschehen ist.

Viele Geister arbeiten daran, neue Erfindungen für die Erde hervorzubringen, die inkarnierten Individuen durch Inspiration eingegeben werden. Gelegentlich steigt auch ein Geist mit seinem Wissen herab, wie im Falle von Louis Pasteur.

Wie die anderen Hallen hat auch die Halle der Künste einen leeren Raum zur Einstimmung. Hier werden alle Dinge, die zur Freude des Menschen geschaffen worden sind, für seine Erinnerung wieder erschaffen: Gemälde, Skulpturen, Gobelins und vieles andere ist hier in einer endlosen Vielfalt zu sehen und wird durch Informationen über die Schöpfer dieser Pracht ergänzt. Hierher kommen viele Schüler, um sich zu erholen oder um kreative Arbeit zu lernen. Oft werden hier neue Dinge erschaffen und später den Menschen auf der Erde enthüllt. Alles Schöne ist ursprünglich durch die göttliche Liebe vom Schöpfer inspiriert worden.

Hier ist auch eine große Bühne für die darstellenden Künste zu finden. Schauspieler treten auf, Tänzer erfreuen die Zuschauer, und Musik erfüllt die Luft. Redner halten höchst interessante Vorträge. Diese Halle ist wahrscheinlich die aktivste.

In der Halle der Künste befindet sich auch die Halle der Musik, die Informationen über alle aufgezeichneten Partituren enthält, über das Leben der Musiker und über die Geschichte aller jemals benutzten Musikinstrumente.

Das Auditorium ist enorm groß und immer gefüllt, wenn ein Konzert stattfindet. Bei solchen Ereignissen ist das Auditorium von unzähligen Farben erfüllt, die die Schwingungen der Musik begleiten. Starke heilende Emanationen fließen aus, um die Anwesenden zu erheben und zu vereinen. Nach einem Konzert kommt oft ein aufgestiegenes Wesen auf diese Ebene zu Besuch, um den sich entwickelnden Geistern sein Wissen, seine Liebe und seinen Trost zu vermitteln.

Wie die anderen Hallen ist auch diese ein Ort für das Studium. Viele geistige Schüler lernen hier, Musik zu spielen und zu schreiben, um sich so auf ein Leben in der Verkörperung vorzubereiten. Hier werden große neue Musikstücke geschrieben, die schließlich der physischen Welt übermittelt werden. Sie werden als göttliche Inspirationen aufgenommen, die jenen mitgegeben werden, die sich auf die physische Form vorbereiten. Alle möglichen Formen von Musik hallen in der Seele nach, was den Fragmenten dabei hilft, sich in sich selbst zu harmonisieren und sich dadurch leichter auf die eigene seelische Schwingung der Liebe einzustellen.

Die Halle der Philosophie beherbergt alle Aufzeichnungen über die verschiedenen Religionen, Theologien und Philosophien. Wie auch in den anderen Hallen gibt es hier einen großen Raum zur Kontemplation und zum Lernen, wo alle Personen, Gegenstände und Texte sich für das Studium des fragenden geistigen Schülers manifestieren.

Hier treffen sich viele, um vergangene Ereignisse zu diskutieren und das aufzunehmen, was für jedes Individuum oder für die Welt am besten ist. Besonders jene bereiten sich hier auf zukünftige Leben vor, die beabsichtigen, sich als spirituelle Führer in der Welt zu inkarnieren. Sie legen großen Wert darauf, Möglichkeiten zu finden, wie Philosophien gemäß dem Fortschritt der Welt gelehrt werden können. Aufgestiegene Meister verbringen einen großen Teil der Zeit mit den dort Anwesenden und helfen ihnen, den Weg der Einheit und ihren eigenen Platz im Gleichgewicht allen Daseins zu verstehen.

Auch in dieser Halle können sich Fragmente auf eine Verkörperung vorbereiten; und diejenigen, die sich zu einer Inkarnation entschieden haben, werden hier äußerst liebevoll darauf vorbereitet. Schutzgeister helfen den Fragmenten, ihre Entscheidungen in die Form umzusetzen. Dabei wird jedem Detail Aufmerksamkeit geschenkt. Nähert sich ein Fragment der Zeit der Verkörperung, so werden große Feiern abgehalten. Diese Feiern ähneln den Abschlußfeiern an irdischen Universitäten. Sind sie vollzogen, so bereiten sich die Fragmente in Stille auf ihren Abstieg zur Erde vor.

Auch die Halle der Philosophie hat ein großes Auditorium, wo Fragmente, die nicht inkarnieren, sich treffen und von ihren Lehrern lernen. Die Lehrer, die im Verständnis der geistigen Welt und der aufsteigenden Seele weiter fortgeschritten sind, führen hier große Debatten, halten Vorträge und geben Anleitungen.

All diese Hallen stehen miteinander in Verbindung. Das geistige Wachstum wird gefördert, indem sie aufeinander verweisen und dadurch zeigen, daß nichts wirklich getrennt ist.

Bewegt man sich auf der ersten Unterebene des Astralbereichs, so findet man Bäume, deren Früchte die Energie für die geistige Gestalt liefern. Da viele Geister auf dieser Ebene noch irdische Bedürfnisse haben, wie etwa das Essen, sind solche Obstbäume höchst willkommen. Die Bäume verlieren ihre Blätter nicht, da es keine Jahreszeiten gibt, und bieten einen niemals endenden Vorrat an Früchten.

Alle Pflanzen wachsen auf ordentliche Art und Weise, nichts wuchert. Der Grund dafür ist, daß sich niemand einen ungepflegten Park oder Garten wünscht. Man sorgt einfach mit Liebe für die Pflanzen, so daß wenig Arbeit vonnöten ist.

Diese Ebene ist wahrhaftig ein Paradies. Alle Tiere leben dort in Harmonie mit dem Menschen. Haustiere, die auf der Erde mit dem Menschen zusammengelebt haben, wohnen auch im Geiste bei ihm. Wild lebende Tiere streunen in Herden umher, Seite an Seite. Sie haben keine Todesangst mehr; denn es gibt weder einen Tötungsinstinkt, noch irgendein Verlangen zu fressen wie auf der Erde. Nur der Mensch behält solche irdischen Gewohnheiten bei, da er glaubt, alle Dinge in seinem Leben seien notwendig.

Während der aufstrebende männliche Geist unseres Beispiels die Astralebene erlebt und alles, was sie bietet, stürzt er sich in viele Aktivitäten und führt sein Leben auf vielfältige Weise fort, wie er es auf der Erde getan hätte. Sobald er seine geistige Gestalt besser akzeptieren kann, beginnt er erneut, nach seiner Identität zu fragen, und sucht Gleichgesinnte. Er sucht auch seine Schutzgeister oder andere aufgestiegene Seelenfragmente, um weitergehende Ratschläge und Anweisungen zu erhalten. Mit deren Hilfe kann er sich auf den Pfad der Selbstentdeckung machen, auf dem ihm schließlich alles enthüllt wird, was er jemals gewesen ist. Er wird sich darüber bewußt, daß die Zeit für eine Entscheidung sich nähert. Nehmen wir einmal an, daß er sich dieses Mal entscheidet, weiter aufzusteigen, anstatt sich wieder zu verkörpern.

Sobald der männliche Geist sich an alles erinnert, was er je auf der Erde gewesen ist, erinnert er sich auch an die vielen hunderttausend Menschen, die er gekannt hat, und sehnt sich danach, ihnen wieder zu begegnen. Sein Verlangen setzt eine Kette von Ereignissen in Gang. Seine Identität war, um es vorsichtig auszudrücken, sehr vielfältig, da er viele Male männlich oder weiblich, dick oder dünn, häßlich oder hübsch, wild oder sanft, dunkel oder blond, mit verschiedenen Hautfarben inkarniert war. Nun muß er lernen, all dies gleichzeitig zu sein. Für den menschlichen Verstand und die Form ist dies eine unmögliche Aufgabe, für den freien Geist jedoch ist es leicht.

Seine Aura strahlt alles aus, was er jemals gewesen ist. Indem er sich durch seine eigenen Emanationen auf alle anderen Geister einstimmt, die er je gekannt hat, führt er eine Verschmelzung herbei.

Im Augenblick der Verschmelzung sieht jeder Beobachter, was er sehen will, indem er sich mit dem gewohnten freundschaftlichen Gefühl an die Vergangenheit erinnert und den Geist dazu anregt, die Gestalt anzunehmen, die genau das offenbart, was dem Gedächtnis angenehm ist. Wären mehrere Geister daran beteiligt, so würden alle Individuen unseren sich entwickelnden Geist so sehen, wie sie sich aus ihren jeweils eigenen Leben an ihn erinnern können. Jeder könnte einen anderen Namen für ihn haben, und jeder dieser Namen wäre richtig. Unser geistiger Mensch wäre sehr glücklich dabei, sich in diese Formen hinein und wieder heraus zu verwandeln, weil er dadurch eine Gelegenheit erhält, sein wahres Wesen auszudrücken.

Da sich jedes Individuum, das mit ihm spricht, von seinen jeweils eigenen Schwingungen her auf ihn einstellt, gibt es keine Verwirrung, denn jeder akzeptiert das, was er sieht, als die Ordnung der Dinge. Sind zwei oder drei anwesend, die mehrere irdische Leben miteinander geteilt haben, so wäre der natürliche Gang der Dinge, daß sie Formen wählen, die der größtmöglichen Harmonie dienen. Auf sehr hohen Entwicklungsebenen ändert ein aufsteigender Geist seine Form sehr schnell, und jeder kann sehen, daß er dadurch ein neues Gesicht erhält, das schließlich von allen akzeptiert wird. Dies ist dann das wahre Gesicht des aufsteigenden Geistes, eine Verschmelzung vieler Gesichter, die zu einem werden.

Bei seinem weiteren Aufstieg verläßt unser Geist die Hallen des Lernens, die Kirchen der verschiedenen Glaubensrichtungen, die Schulen, die Spielfelder, um sich von seinen Konditionierungen zu befreien. Mit anderen Worten trachtet er danach, die Begrenzungen dessen hinter sich zu lassen, was er auf der Erde gekannt hat, um das Dahinterliegende zu entdecken. Indem er seine Schwingung hebt, verfeinert sich sein spiritueller Körper. Er fühlt sich unbehaglich unter Geistern, die noch die irdischen Lebensweisen verteidigen. Er sucht jetzt nach Weisheit, und seine Schutzgeister steigen herab und bringen ihn auf die zweite Unterebene.

Hier gibt es keine Kirchen oder verschiedenen Glaubensrichtungen mehr. Es gibt nur eine Stätte, wo alle Individuen sich zusammenfinden, um einträchtig den Schöpfer zu verehren.

Die Wohnungen sind großzügig, ihre Wände mit Juwelen geschmückt. Diese Juwelen spiegeln das Bewußtsein derer, die in diesen Wohnungen leben. Wilde Tiere streunen frei umher und liegen friedlich nebeneinander.

Auf dieser Unterebene lernt der sich entwickelnde Geist seine Seelenschwingung kennen, ihre Archetypen, Ziele, Seinsweisen und Schwerpunkte. Mit diesem neuen Verständnis entwickelt sich sein Bedürfnis, sich mitzuteilen. Er sucht andere Fragmente seiner Seelenschwingung, die Hilfe brauchen und die auch ihm helfen. An dieser Stelle wird der Schleier der Blindheit gelüftet. Der sich entwickelnde Geist wird nun bewußt und von Sinn erfüllt. Wie jene, die vor ihm hier waren, hat er nun den Wunsch, auf die niederen Ebenen herabzusteigen und sein neu gefundenes Wissen zu teilen. Aus einem solchen Stimulus heraus wird er ein Lehrer. Obwohl er selbst auf der Suche nach seinem Aufstieg noch viel zu lernen hat, gibt es wichtige Arbeit für ihn zu tun. Als gerade fertiger Lehrer ist er gefordert, seine Emanationen der Weisheit mit anderen zu teilen, die ihn im Bereich seiner Seelenschwingung rufen. Mit Hilfe seiner geistigen Führer steigt er in die niederen Astralbereiche hinab, wo er Fragmente seiner Seele findet, verlorene Geister, die in Zweifel und Angst sind, die in Isolation leben und von ihren Mitgeistern getrennt sind. Die Reise durch den niederen Astralbereich ist hart und bedarf großer Geduld und Liebe. Hier kann der sich entwickelnde Geist der Versuchung begegnen.

Wenn er sich auf die siebente Ebene des niederen Astralbereichs begibt, rufen die Geister ihn zur Hilfe. Ihre Wohnstätten sind hier oft überfüllt wie in einer Stadt auf der Erde, wo die Bewohner nach Hilfe rufen. Sie fühlen einen Mangel, sind verbittert und haben negative Ansichten. Unser Geist wird diejenigen heraussuchen, die im Herzen krank, ihres Weges müde und bereit sind, die gebotene Hilfe anzunehmen.

Auf seiner Reise durch die Unterebenen machen sich die Wesen, unter denen er sich bewegt, über ihn lustig, weil sie ihn fürchten. Sie versuchen, ihn mit fleischlichen Dingen zu versuchen. Denn obwohl sie nach weiterer Entwicklung trachten, haben sie doch Angst, die ersten Schritte zum Aufstieg zu tun. Da der Geist sanft reagiert, werden nur die Wesen zu ihm hingezogen, die seine Sanftheit sehen und fühlen. In dieser Vereinigung kann unser aufsteigender männlicher Geist diejenigen, die mit ihm in Harmonie sind, in den höheren Astralbereich hinaufheben. Indem er diese geistigen Fragmente seiner Seele rettet, hat er zur Evolution der Seele beigetragen.

Diese Reisen mögen viele Male wiederholt werden, wobei der sich entwickelnde Geist jedesmal tiefer in die tiefste Ebene des niederen Astralbereichs eintaucht. Mit jeder Reise macht er neue Erfahrungen und lernt. Dies führt schließlich zu der Erkenntnis, daß er selbst mit einem neuen Bewußtsein wieder auf der Erde inkarnieren muß. Er möchte auch andere Seelenfragmente finden, die ebenfalls inkarnieren wollen. Nachdem er nun die vergangenen Erfahrungen im niederen Astralbereich fest in sein göttliches Wesen eingegliedert hat, richtet er seine Energie darauf, seine Rückkehr zur Erde als ein Lehrer, Philosoph und Führer der Bedürftigen einzuleiten.

Dieser Entwicklungsweg zeigt seine Wirkung auf jeder Ebene des höheren Astralbereichs. Immer wieder betreten aufsteigende Fragmente den niederen Astralbereich, um niedere Fragmente zu empfangen und emporzuheben. Dann inkarnieren sie selbst wieder auf der Erde, um das Muster erneut zu wiederholen und »die Schafe auf der Erde einzusammeln«, bevor sie sich auf die nächste Ebene der höheren Astralsphäre weiterentwickeln können.

Die Bedeutung der Medialität auf der Schwelle zum Wassermannzeitalter

Nachdem wir die Evolution eines Fragmentes hin zu seiner Seele und ihrer schöpferischen Schwingung betrachtet haben, wollen wir uns nun mit den Inkarnationen beschäftigen, also mit Menschen, die auf der Erde leben.

Der Umgang mit Gefühlen gehört zu den ersten Dingen, mit denen ein Kind vertraut gemacht wird. Es lernt, wo und wann es seine Gefühle nicht ausdrücken darf und wie es sich am besten mitteilen kann. Unsere Handlungen werden von moralischen und ethischen Regeln bestimmt. Während ein Kind wächst, lernt es, taktvoll zu sein, andere Menschen zu achten und zu schätzen, was diese für es tun. Leider haben viele Erwachsene festgefahrene Ansichten, weshalb es zwischen ihnen und kleinen Kindern zu vielen Mißverständnissen kommt.

Kinder benutzen ihre medialen Fähigkeiten leicht und auf ganz natürliche Weise, um sich auf die Erwachsenen einzustellen. Deshalb können sie oft die Wahrheit sagen und bekommen damit Schwierigkeiten. Wenn zum Beispiel eine Mutter sehr nervös ist und ihre Meinungen völlig übertrieben herausschreit, wird sie von ihrem Kind nicht gern hören, daß sie sich überflüssige Sorgen macht. Sie meint vielmehr, das Kind mische sich ein, könne das nicht mitempfinden und hätte auch keine Erfahrung, um ihr Ratschläge zu geben.

Um zu verstehen, wie der mediale Sinn funktioniert, kann man sich beispielsweise einmal auf die Beobachtung der Körpersprache konzentrieren, über die einzelne Emotionen erkannt und verstanden werden können. Eine solche Betrachtungsweise gestattet es uns, die Dinge plötzlich so zu sehen, wie sie wirklich sind, und unsere karmischen Lektionen auf diese Weise schneller zu lernen.

In der Körpersprache gelten die Augen als Spiegel der Seele, die niemals lügt. Deshalb ist es zunächst einmal wichtig, seinem Gegenüber direkt in die Augen schauen zu können. Wer einen Blick nicht erwidern kann, wird für unsicher gehalten und verbirgt wohl etwas. Angespannte Brauen- und Kieferlinien zeigen deutlich eine entschlossene Person, obwohl die gezeigte Entschlossenheit auch eine negative sein kann. Gebeugte Schultern und ein gesenkter Kopf zeugen von einer psychischen Last und von der Angst, davon überwältigt zu werden. Über der Brust verschränkte Arme zeigen Unsicherheit und die Befürchtung, emotional auf die Probe gestellt zu werden. Übereinandergeschlagene Beine deuten auf sexuelle Verdrängung oder Angst hin. Eine gebeugte Wirbelsäule zeigt materielle Sorgen. Ein schlechter Kreislauf weist auf einen Mangel an Wertschätzung für den eigenen Körper hin.

An der Körperhaltung kann man einen ungeschickten Trampel leicht von einem straffen Seiltänzer unterscheiden oder einen Zappelphilipp von einem Athleten. Muskelverspannungen kann man überall am Körper erkennen, und Nervosität verrät sich in Worten und Handlungen. Dies sind nur einige Aspekte der Körpersprache, die in ihren Einzelheiten studiert werden sollte.

Kenntnisse in populärer Psychologie helfen bei der Entwicklung medialer Fähigkeiten. Man sollte sich jedoch auf leichte und konstruktive Weise mit Psychologie beschäftigen, weil sonst die Gefahr besteht, daß man zu analytisch wird und sich schließlich selbst zerstört.

Vieles, was man gelernt hat, versteht man oft erst, wenn man die medialen und psychologischen Aspekte realer Ereignisse verstanden hat. Streiten sich beispielsweise zwei Personen über das Für und Wider der Todesstrafe, so liefert dieser Streit eine ganze Menge Informationen über die beiden Kontrahenten. Wenn sie später über ihren Streit nachdenken, werden sie einander objektiver sehen können, und ihnen wird klar werden, daß ein Streit eigentlich gar nicht nötig gewesen wäre. Sie erkennen, daß jeder ein Recht auf eine eigene Meinung hat und daß das Thema ihres Streites nur eine Ausrede war, um Willen gegen Willen zu stellen. Vielleicht wird sich aus diesem Verständnis auch der Wunsch ergeben, mehr über das Thema des Streites, die Todesstrafe, in Erfahrung zu bringen und die Freundschaft zu erneuern, weil die Diskussion auf beiden Seiten ein Gefühl der Niederlage hinterlassen hat.

Wendet man sein psychologisches Verständnis im Alltagsleben an, so können Körper und Verstand im Gleichgewicht gehalten werden, und der Geist kann in Frieden bleiben. Dies hilft, in Krisenzeiten einen klaren Kopf zu bewahren und objektiv zu bleiben. Ist eine solche Harmonie erst erreicht, kann der mediale Sinn besser funktionieren.

Die Psychologie beschäftigt sich mit dem Ego, das den Menschen veranlaßt, sich auf die Suche nach höheren Zielen zu machen. Im Zuge unserer Entwicklung sollte das Ego aber stets neu beurteilt werden. Ein starkes Ego gibt Vertrauen und Sicherheit, kann jedoch auch zu einer Fixierung auf bestimmte Ideen und Strukturen führen. Viele hellsichtig Veranlagte werden zu professionellen Medien und machen dann den Fehler anzunehmen, sie hätten bereits den Bewußtseinsstand erreicht, der zur Vollendung notwendig ist. Diese Einstellung verhindert ihre Weiterentwicklung. Ihr Ego steht im Zentrum und verstellt ihnen den Blick auf spirituelle Wahrheiten.

Es ist auch wichtig, die Macht der Gedanken zu verstehen. Der bewußte Verstand kann geschult werden, positiv zu denken, und man beobachtet häufig, daß diese Übung zum Erfolg führt. Oft geschieht jedoch auch genau das Gegenteil, dann nämlich, wenn sich die gelenkte Positivität des Gedankens destruktiv auswirkt. Nimmt sich zum Beispiel jemand vor, ein Superstar zu werden, und ignoriert subtile Hinweise darauf, daß es für ihn oder sie besser sei, ein Bankmanager zu werden, so kann dieser Mensch sich schließlich als sehr unglücklicher und wenig erfüllter Superstar wiederfinden. Gelenkte positive Gedanken können zu Blindheit und zu einem Mangel an Bewußtsein seiner selbst und anderer führen. Deshalb ist es so wichtig, in bezug auf die eigenen Sehnsüchte, Bedürfnisse und das Zusammenwirken mit anderen wirklich flexibel zu bleiben.

Umgekehrt kann sich auch negatives Denken als konstruktiv erweisen, obwohl es zunächst destruktiv zu sein scheint. Negativität führt oft zu Passivität, die uns Zeit läßt für positive Wechselwirkungen, die ein tieferes Verständnis und Wandlungen herbeiführen. Negativität kann aber auch zu völliger Fixierung und Trägheit führen.

Um das Selbst und seine Beziehung zu anderen wirklich verstehen zu können, muß man negativem wie positivem Denken den richtigen Stellenwert geben und das Gleichgewicht zwischen beiden herstellen können.

Die Macht der Gedanken ist eine große Kraft, die erschaffen oder zerstören kann. Der mediale Sinn gestattet es uns, die Wahrheit sowohl in positiven als auch in negativen Gedanken zu sehen. Mediale Bewußtheit kann konstruktive oder destruktive Gedanken intensivieren. Man kann zum Beispiel heilende oder krankmachende Wünsche auf ein anderes Individuum richten und damit wirksame Ergebnisse erzielen. Nach dem karmischen Gesetz fallen schlechte Gedanken in diesem oder einem späteren Leben doppelt auf den Absender zurück,während positive Gedanken viele Male belohnt werden.

Ein angehender Hellseher wird es leicht finden, sich geistig auf andere einzustellen. Der spirituelle Körper arbeitet nämlich im astralen Bereich auf ganz natürliche Weise mit der Gedankenkraft. Diese Fähigkeit wird langsam in den physischen Bereich übernommen, wo sie das Fragment in seinem Lebenszweck unterstützt, sich mitzuteilen und auszutauschen.

Eine besonders mächtige Energie sind kollektive Gedanken. Viele im Gebet versammelte Menschen können im Geist anderer Frieden hervorrufen; dagegen kann kriegerische Massenhysterie andere zerstören. Nach dem karmischen Gesetz entspricht jedem schlechten Gedanken ein guter. Gedanken stellen also die Motivation zum Handeln dar und werden auf positive oder negative Weise ausgedrückt, was zu Harmonie und wirklicher Weisheit der Seele führt.

Wie schon festgestellt wurde, werden einem Kind zunächst die moralischen und ethischen Verhaltensregeln beigebracht, die den Strukturen der Gesellschaft, in die es hineingeboren wurde, entsprechen. Das führt zu erheblichen Konditionierungen, die die wahren Emanationen des Geistes aus dem Fragment ersticken. Oft erpreßt eine Person die andere emotional oder geistig, was besonders in den frühen Lebensjahren zu großem Leid führt. Wird sich das Individuum des Lebens und seiner vielen Aspekte bewußt, strebt es danach, sich von den Konditionierungen zu befreien. Der Preis für die Freiheit besteht oft in einem Bruch mit Angehörigen, Freunden und alten Gewohnheiten und in einer Änderung des Lebensstils, der ein Trauma oder Schlimmeres zur Folge haben kann. Ist die Trennung aber einmal erreicht, werden im Individuum neue Kräfte frei, die eine größere Entscheidungsfreiheit ermöglichen. Diese Entscheidungsfreiheit gestattet es dem Individuum, sich bewußt neue Bekannte und Freunde auszusuchen, die ihm größeres Wachstum und Selbsterkenntnis ermöglichen, statt es in emotionale Zwickmühlen zu bringen.

Als eine Manifestation des Geistes in der Form ist der mediale Sinn bei allen Geschöpfen vorhanden, sei es als reiner Instinkt oder als wahres Bewußtsein. Man muß sich vor Augen halten, daß man diesen Sinn niemals vollständig verstehen kann und daß auch die höchsten Adepten stets neue Wege entdecken, ihn zu benutzen.

In dem Maße, in dem das physische, mentale, emotionale und spirituelle Gleichgewicht zunimmt, wird auch der mediale Sinn stärker. Viele, die diesen Sinn zu entwickeln versuchen, haben damit keinen Erfolg, weil ihnen entweder die mentale oder die emotionale Harmonie fehlt oder weil ihr praktisches Verhalten unausgewogen ist, obwohl sie sich für spirituell bewußt halten und deshalb meinen, die Medialität verdient zu haben. Ein Beispiel dafür wäre etwa eine Frau, die ständig an ihrem Mann herummekkert, er solle mehr an sich arbeiten, dies jedoch nicht als Nörgelei ansieht, sondern vielmehr für eine notwendige Hilfe hält. Durch ihr Handeln versucht sie, ihm ihren Willen aufzudrängen, und versteht deshalb nie, wer er wirklich ist. Den Rest ihrer Zeit verbringt sie damit, andere mit Liebe in Gottes Licht zu führen, und gibt sich alle Mühe, erfolgreich zu heilen. Sie betet darum, eine bessere Heilerin zu werden, macht jedoch keine Fortschritte, so daß schließlich ihre eigene Gesundheit darunter leidet.

In unserer Zeit sind sich viele Menschen ihres medialen Sinnes höchst bewußt. Wir befinden uns nämlich im Übergang zum Wassermannzeitalter. In der Astrologie ist das Zeichen des Wassermannes ein Luftzeichen, welches den Verstand und das auf die Zukunft gerichtete Streben symbolisiert. Das Wassermannzeitalter wird also vom Verstand regiert werden, nicht von der Religion, wie es im vorangegangenen Fischezeitalter der Fall war.

Der Verstand kann kalt und logisch sein und die Emotionen ausschließen. Im Wassermannzeitalter wird der mediale Sinn also bewußt genutzt werden, um sicherzustellen, daß sich die Logik mit dem Frieden und der Harmonie des Geistes verbindet. Mit dem Wassermannzeitalter bricht eine Ära an, die ein Verständnis all dessen zu ermöglichen verspricht, was zuvor war, des Guten wie des Schlechten, und die dem Menschen bessere Lernmöglichkeiten und tiefere Einsichten für sein Wachstum auf der Erde bietet.

Je öfter man den medialen Sinn benutzt, desto schneller werden alte Gewohnheiten, Ängste und Muster abgelegt, und der Weg für die Verwirklichung neuer Bestrebungen wird frei. Das wird zu einer völlig neuen Lebensweise führen, die auf einem wahrhaft humanitären Verständnis beruht.

Die Einstimmung auf den medialen Sinn wird vor Naturkatastrophen und auch vor Fallen warnen, die sich der Mensch selbst gestellt hat; sie wird eine große Begeisterung für neue Techniken entstehen lassen und dadurch das Paranormale in die Wissenschaft integrieren helfen. Die Entwicklung dieses Sinnes wird auch den Tauben, Blinden und Kranken helfen, normaler zu leben. Vor allem aber wird sie Menschen untereinander in der Wahrheit verbinden, so daß sie für das gemeinsame Ziel des Friedens arbeiten.

Leider wird der mediale Sinn zunächst auch von vielen mißbraucht werden, denn es steht dem Menschen frei, im Licht oder im Dunkel zu experimentieren. Sind diese Spiele aber einmal zu Ende gespielt, so werden alle medialen Fähigkeiten konstruktiv verwendet, und die Welt wird ein angenehmerer Wohnort werden.

Dies wird weder das erste, noch das letzte Mal in der Geschichte der Menschheit sein, daß der mediale Sinn bei so vielen auf natürliche Weise entwickelt ist. Eine solche Zeit gab es auch in Atlantis, als die Medialität zur Auflösung der alten Lebensweise und zur Geburt einer neuen führte.

Im Fischezeitalter wurde die Medialität über die Gefühle ausgedrückt, da die Individuen den Schöpfer in sich fühlen wollten. Die Religion versuchte, das karmische Gesetz im Gleichgewicht zu halten, indem sie den Menschen Regeln und Leitlinien gab. Dabei versagte sie oft auf fatale Weise und vernichtete viele, die beispielhaft rein und aufrichtig lebten. Medial veranlagte Menschen hatten sehr unter denen zu leiden, die den Wandel fürchteten. Der Wille des Schöpfers konnte jedoch nicht unterdrückt werden; und viele, die aufgrund ihrer Medialität darauf eingestimmt waren, legten die Fundamente für die Akzeptanz der Medialität im Wassermannzeitalter.

Die wahrhafte Entwicklung der Medialität wird das Tor zu einem Verständnis vieler Dinge öffnen, wie der Telepathie, der Geistheilung, der spirituellen Philosophie, der Hellsichtigkeit, Hellhörigkeit, Hellfühligkeit, Psychometrie, dem Channeling, der Reinkarnation, Astralreisen und vielem anderen. Man kann dadurch die eigene geistige Gestalt erkennen und denjenigen begegnen, die sich bereits im Geiste befinden, kann in die Vergangenheit, Gegenwart und Zukunft reisen und sein physisches Leben erfolgreicher planen.

Man wird in die Lage versetzt, die Künste zu studieren, indem man auf Erfahrungen und Fertigkeiten vergangener Leben zurückgreift und sie in diesem Leben praktisch einsetzt. Ein Adept kann dann beispielsweise plötzlich ein Musikinstrument spielen oder zum Kräuterkundler werden. So kann sich ein ganz neues

Selbst verwirklichen, das es dem Individuum gestattet, sich von einer aufgezwungenen Karriere oder einem konditionierten Lebenslauf zu lösen.

Das Studium der Medialität wird viele Fragen beantworten können, auf die die Religion keine Antwort hatte.

Die Menschen werden nicht länger blind glauben müssen, sondern Antworten finden, indem sie sich mit der wahren Weisheit des Schöpfers verbinden, die in ihnen aufsteigt. Das wird schließlich zur »Erlösung« des Menschen führen.

Die Entwicklung der Medialität ist stets etwas sehr Individuelles und Persönliches. Man kann zwar viele Menschen in diese Richtung führen, doch wird man niemanden zur Entwicklung zwingen können. Die wirkliche Medialität entfaltet sich nur, wenn jemand das tiefe Verlangen hat, zu suchen und Antworten zu finden.

Ist ein Fragment, ein Geist, als Kind in die Welt geboren worden, so ist sich dieses Kind seines medialen Sinnes bewußt und in der Lage, die geistige Welt um sich herum wahrzunehmen. Es kommt nicht selten vor, daß kleine Kinder imaginäre Spielkameraden haben, die durchaus geistige Kinder sein können, die zu diesem Kind kommen, um es an seine Wurzeln im Schöpfer zu erinnern. Zuschauende Erwachsene meinen allerdings, das Kind würde phantasieren und müßte den Unterschied zwischen Wirklichkeit und Illusion lernen. In diesem Alter werden mediale Anlagen häufig zerstört. Die meisten Kinder verlieren diesen Sinn, bevor sie richtig sprechen können, was den Nachweis dieser medialen Fähigkeit erschwert. Leider unterstützt diese Tatsache den Rückschluß vieler Erwachsener, die ganze Sache sei unwichtig.

Wenn ein Kind die physische Welt und ihre Gesetze in sein Bewußtsein aufnimmt, wird das spirituelle Bewußtsein schwach und ist bald vergessen. Das Unterbewußtsein schließt es in das tief Unbewußte fort, wo es auf einen Stimulus wartet, um seine Informationen später im Leben wieder freizugeben. Die meisten Menschen verbringen die Jahre ihres Heranwachsens mit der materialistischen Lebensweise, die von Konditionierungen beherrscht ist.

Vielen wird eine ganz bewußte Angst vor dem Tode eingeflößt, und sie leben in der ständigen Hoffnung auf ewiges Leben, das ihnen von verschiedenen Religionen versprochen wird. Andere verlieren sich in der Wissenschaft, während noch andere philosophieren.

Vieles am menschlichen Leben ist spekulativ. Nichts, was der

Mensch tut, ist sicher. So läuft das Leben weiter, bis die Zeit seines Erwachens gekommen ist. Gewöhnlich wird das Erwachen des medialen Sinnes durch die Erfahrung eines traumatischen Ereignisses angeregt, wie den Tod eines nahen Angehörigen oder einen Selbstmordversuch aufgrund allgemeiner Unzufriedenheit mit dem Leben. Manche unternehmungslustige Individuen haben ein starkes Bedürfnis, die Religionen zu erforschen, und halten nach etwas Ausschau, was noch nicht ausgedrückt worden ist und ihnen Antworten geben könnte, bis sie sich schließlich der medialen Sensibilität öffnen.

Viele ältere Menschen suchen nach innerer Wahrheit, indem sie über den Tod nachdenken. Dabei finden sie oft – sehr zu ihrem eigenen Erstaunen – zu ihrer Medialität.

Manchmal bleibt auch ein drei- oder vierjähriges Kind noch bewußt in Kontakt mit der geistigen Welt und weigert sich, sich zur Unterdrückung dessen konditionieren zu lassen, was es aus dem Astralen sieht, hört und spürt. Wächst das Kind zum Jugendlichen heran, so wird seine private Welt der geistigen Freunde zu einem streng gehüteten Geheimnis. Es lernt schnell, daß andere es auslachen oder fürchten, wenn es von seinen medialen Erlebnissen erzählt.

Das Leben der meisten Teenager ist heutzutage mit so vielen Dingen angefüllt, die sie lernen müssen, daß der Kontakt zu den geistigen Freunden abnimmt, bis er schließlich fast verschwunden zu sein scheint. Während dieser Zeit entwickeln die Jugendlichen ihre medialen Fähigkeiten in Tagträumen oder im Schlaf.

Hat das Kind einmal seine Schulzeit abgeschlossen und tritt in die Welt der Erwachsenen ein, so kehrt die Medialität auf deutlichere Weise in sein Bewußtsein zurück. Der junge Erwachsene wird dann den Besuch von Freunden oder Telefonanrufe vorherahnen, lebhafte Träume haben, die sich auf die Zukunft beziehen, geistige Freunde im Raum sehr stark spüren oder bewußt Ereignisse vorhersagen können. Diese Vorfälle werden zunächst für Zufall gehalten; doch nach mehreren solcher »Zufälle« akzepiert der junge Erwachsene seine mediale Begabung und macht sich unerschrocken auf den Weg, den Gebrauch dieses Sinnes ganz bewußt zu lernen.

Zunächst spürt er einen unwiderstehlichen Drang, alle möglichen Bücher über Paranormales, alte Mysterien, Science fiction und ähnliche Themen zu lesen. Dies werden auch seine ständigen Gesprächsthemen werden, weil immer neue Fragen auftauchen, sobald die ersten einmal beantwortet sind. Nach und nach enthüllt jede Entdeckung neue Wahrheiten über das Selbst, was immer größere Begeisterung hervorruft und zu weiteren Entdeckungen anspornt.

Gleichzeitig entsteht ein neues Bewußtsein, eine Angst vor dem Unbekannten und vor der dunklen Seite des Geistigen. Manch ein junger Schüler der Medialität stellt sich auf Kontakte mit bösen Wesenheiten ein oder hat Vorahnungen des Todes oder der Zerstörung. In diesem Stadium ist es wichtig, daß der Schüler einen Adepten hat, der ihm die Dinge erklärt und ihm hilft. Auf dieser Entwicklungsstufe kommt nämlich auch noch der mediale Sinn des Fühlens, Psychometrie genannt, hinzu und das gelegentliche Öffnen des dritten Auges, was zur Hellsichtigkeit führt. Was sich dann dem Auge enthüllt, kann sehr schön oder sehr schrecklich sein.

Später entwickelt sich die Hellhörigkeit, ein inneres Hören, wodurch sich das Bild vervollständigt. Auf dieser Entwicklungsstufe ist es wichtig, Phantasien und Ängste auszumachen und zu überwinden. Die Hellfühligkeit entwickelt sich weiter, bezieht Geruch- und Tastsinn mit ein und vervollständigt so das Bewußtsein der fünf medialen Sinne.

In diesem Entwicklungsstadium sollte der Studierende dazu angeleitet werden, die dunklen Kräfte, ihre Formen und destruktiven Elemente zu zerstören. Der physische Körper muß dann völlig in Einklang mit dem spirituellen Körper und der höheren geistigen Welt sein, von wo er Licht und wahre Anleitung erhält. Viele Adepten entscheiden sich, in diesem Bereich zu arbeiten, auch wenn sie sich selbst dabei großen Gefahren aussetzen, da die wirkliche Negativität das Fleisch leicht überwinden und durch Besessenheit oder Absorption zum Wahnsinn führen kann.

Verfügt der Schüler erst einmal über sicheres Wissen um das Dunkel und fühlt sich davon nicht mehr bedroht, dann kann er sich tiefergehenden Studien zuwenden. Mit ständiger Praxis öffnet sich sein drittes Auge, um ihm wunderbare Dinge in der geistigen Welt zu enthüllen. Nun muß er sich der Angst vor dem Unbekannten, vor dem Guten, stellen. Indem er danach strebt, das Gute in sich anzunehmen, meistert er das Unbekannte und entwickelt sich so zum Metaphysiker und zum Lehrer derjenigen, die geleitet werden wollen. Jetzt wird es Zeit, daß das Individuum auf sein Ego achtet.

Viele Medien, Meister oder geistigen Führer hemmen ihre

Entwicklung dadurch, daß sie meinen, sie hätten nun ihr Ziel erreicht und wüßten alles. Sie genießen den Ruhm und das Glück, das sie zu Recht oder zu Unrecht verdient haben, und hören auf, sich weiterzuentwickeln. Sie suchen den Schöpfer außerhalb von sich.

Wer noch weiter streben möchte, sollte seinem Ego gratulieren und es weiterhin ermutigen. Ein Wunsch zu schreiben, zu lehren und zu reisen, sollte weitere Entwicklungen fördern, im Laufe derer die Betonung darauf gelegt werden muß, die Antworten für das Verständnis des Schöpfers im eigenen Inneren zu suchen. Im Laufe der Jahre fließt die Weisheit und verschmilzt mit der göttlichen Liebe. Das entwickelte Medium verbringt sein Leben nun in Kontemplation, Gebet und hilft anderen, ohne an persönlichen Gewinn zu denken. Die eigene Identität ist nun nicht mehr wichtig. Das Individuum trachtet nur noch danach, ein wahrer Weiser zu werden und einmal in einem vollendeten Verständnis allen irdischen Lebens sterben zu können und mit totaler Bewußtheit in die spirituelle Welt zurückzukehren.

Die fünf medialen Sinne

In den vorhergehenden Kapiteln wurde mehrfach darauf hinge-
wiesen, wie wichtig die Entwicklung des medialen Sinnes ist, um
zum spirituellen, emotionalen und mentalen Wachstum ein höheres Bewußtsein zu erreichen und die Ganzheit des Lebens zu
erlangen. Auf den folgenden Seiten werden die medialen Fähigkeiten und ihr Gebrauch Schritt für Schritt erklärt.

Wie bereits festgestellt wurde, ist der mediale oder sechste Sinn
eine Emanation des spirituellen Körpers, die sich physisch manifestiert. Der spirituelle Körper hat fünf Sinne, die die physische
Form übersteigen. Kurz zusammengefaßt handelt es sich um folgende:

Psychometrie ist eine Art Tastsinn, mit dem man sich in jeder
Hinsicht auf andere einstimmen kann. Man kann damit die physischen, emotionalen, mentalen und spirituellen Emanationen aller
Geschöpfe fühlen und auch die Emanationen nicht belebter Gegenstände und ihrer Umgebung wahrnehmen. Über das Gefühl
kann man sich tiefer mit anderen verbinden. Jeder Mensch wendet
diese Fähigkeit in seinem Leben unterschwellig an.

Durch Psychometrie werden die Emanationen der Aura ge-
spürt und gedeutet. Sitzen beispielsweise mehrere Personen zusammen, so verschmelzen ihre Auren, und sie können sich miteinander wohlfühlen.

Manchmal hat ein Individuum jedoch sehr schwierige Probleme und ist deshalb emotional und rational negativ eingestellt.
Solch ein Mensch kann in einer Gruppe ohne offenbaren Grund
isoliert werden, weil ein subtiles Bedürfnis besteht, sich von ihm
zu distanzieren.

Wenn Auren in Harmonie verschmelzen, werden Menschen,
die sich leicht und luftig fühlen, eine Schwere empfinden, wenn
sie neben einer negativen Person sitzen. Umgekehrt wird sich eine
negative Person automatisch leichter fühlen, wenn sie neben einer
positiven, hochgestimmten Person sitzt. Bewußt werden die meisten Menschen sich einen Stuhl etwas entfernt von anderen her-

aussuchen, wenn sie in einer Gruppe niemanden kennen und sich auch niemandem aufdrängen wollen. Die Wahrheit ist jedoch, daß sie sich tief im Inneren psychometrisch auf die Anwesenden einstimmen und sich aus Selbstschutz so verhalten, um das Eindringen der Negativität anderer zu verhindern.

Wer negativ eingestellt ist, sucht sich Menschen mit ähnlicher oder besserer Ausstrahlung, um getröstet und unterstützt zu werden, und wird sich möglichst näher zu jemandem setzen, der ihm helfen kann.

Wenn die Auren verschmelzen, kommen auch die Chakras ins Spiel. Jedes unabhängig funktionierende Chakra stimuliert das ihm nächst gelegene. In einer typischen Situation sitzen beispielsweise zwei Freundinnen nebeneinander und besprechen ihre Eheprobleme. Während sie sich unterhalten, strahlen ihre Gefühle von ihren Solarplexuschakras aus, so daß sie ihre individuellen Situationen gegenseitig verstehen können. Jede nimmt die Gefühle der anderen auf, woraus eine vertrauensvolle Stimmung entsteht. Sie teilen dieses Vertrauen auch mit, indem sie ihre persönlichen Situationen detailliert beschreiben. Die Emanationen beginnen dabei vom Solarplexuschakra zum Milzchakra auszufließen, wodurch ein neues Gleichgewicht im Energiefluß der fünf Körper angeregt wird. Manifestiert sich dieses Gleichgewicht, so lösen sich auch aus dem Wurzelchakra Emanationen vergangener Ereignisse, die den momentanen ähneln. Diese Ausstrahlungen fließen in den Solarplexus, um als emotionale Erinnerung an eine Lektion zu dienen, die noch verstanden werden muß. Während die beiden Individuen sich in ihrem Gespräch vertrauensvoll näherkommen, beginnen die geteilten Emanationen zum Herzchakra aufzusteigen, wo sich wirkliche Gefühle lösen können.

Die beiden beginnen nun, ihre wahren Gefühle auszutauschen; die Diskussion vertieft sich und löst einen intensiven Drang aus, einander zu verstehen und sich gegenseitig zu helfen. Indem sie ihre dunkelsten Geheimnisse miteinander teilen, wächst die Verbindung. Das Halschakra beginnt stark zu arbeiten und ermöglicht ihnen, ehrlich über ihr Leben zu reden. In diesem Austausch der Wahrheit öffnet sich das dritte Auge, um subtilere Lektionen zu enthüllen, die noch darauf warten, verstanden zu werden. Auf diese Weise bekommen die beiden Individuen neue Einsichten in ihre persönlichen Situationen. Während sie diese besprechen, öffnet sich das Scheitelchakra, um die göttliche Kraft zur Selbstheilung und die wahre Weisheit einzulassen.

Nach dem Gespräch fühlen sich beide Individuen leichter, sehen ihr Leben positiver und verstehen ihre jeweiligen Positionen besser.

Medien widmen sich der Psychometrie, um sich bewußt auf andere einstimmen zu können. Unsere Aura durchdringt unsere Kleidung und unsere persönlichen Gegenstände, die ihre Schwingungen ständig speichern. Deshalb ist es möglich, sich auf einen Menschen einzustimmen, indem man seine in einem Gegenstand gespeicherten Schwingungen in sich aufnimmt.

Diese Schwingungen werden vom Gehirn empfangen und mit ähnlichen Emanationen des interpretierenden Individuums verglichen. Ist beispielsweise jemand dafür geehrt worden, daß er einen Bestsellerroman geschrieben hat, so wird er in dem Augenblick, in dem er die Glückwünsche entgegengenommen hat, große Freude empfunden haben und das befriedigende Gefühl, daß sich seine Arbeit gelohnt hat. Die Ausstrahlung dieses Gefühls wird man in dem Schmuck wiederfinden können, den der Mensch bei diesem Anlaß getragen hat.

Ein Medium, das sich psychometrisch auf den Schmuck einstimmt, kann das Gefühl der Freude in sich aufnehmen und den Besitzer des Schmucks korrekt über seinen Erfolg informieren, indem es dieses Gefühl mit der Erfahrung einer eigenen ähnlichen Emotion verbindet. Ohne den Einsatz der anderen vier Sinne können jedoch weitere Details nicht enthüllt werden.

Die Psychometrie ermöglicht es einem Medium, eine emotionale Verbindung zu seinem Klienten herzustellen. Als Mittel zur Zukunftsvorhersage taugt sie nicht, da nur vergangene und gegenwärtige Ausstrahlungen zusammen mit den Bedürfnissen und Wünschen eines Individuums kraftvoll in seine Aura einfließen. Zukünftige Aspekte strahlen sehr subtil vom spirituellen Körper aus, den man nur mit allen fünf medialen Sinnen erfassen kann.

Wendet man die Psychometrie in der Meditation an, so kann man sich auf den eigenen Körper einstellen und seine schwachen und starken Punkte herausfinden. Man entdeckt beispielsweise verschobene Wirbel, erkrankte Organe oder Bakterien. Hat man solche Störungen einmal gefunden, so kann man sie durch Selbstheilung in Ordnung bringen. Selbstheilung in Verbindung mit Psychometrie ermöglicht es einem, die Kräfte der fünf Körper aufeinander abzustimmen und ins Gleichgewicht zu bringen.

Blinde und taube Menschen bedienen sich ständig der Psychometrie, um belebte und unbelebte Dinge in ihrer Umgebung besser spüren zu können. Mit Hilfe dieses Sinnes können sie sich beispielsweise besser in einem Raum orientieren, aber auch herausfinden, was andere Menschen ihnen gegenüber empfinden. Auch Archäologen bedienen sich nicht selten dieses Sinnes, wenn sie etwa Alter und Herkunft eines Fundstückes abschätzen, das sie in der Hand halten, noch bevor Tests diese Schätzung bestätigen.

Die Psychometrie gestattet es uns auch, uns auf die anderen vier Körper einzustellen. In der Meditation wird der spirituelle Körper häufig spürbar. Man fühlt beispielsweise die physischen und die spirituellen Hände gleichzeitig an verschiedenen Stellen. In diesem erhöhten Bewußtseinszustand ist es auch möglich, die Gegenwart geistiger Wesen zu fühlen, was aufregend oder erschreckend sein kann, wenn man die anderen medialen Sinne nicht zur Hilfe nimmt, um die Lage zu klären.

Hat man einige Erfahrungen mit der Psychometrie gemacht, entsteht der Wunsch, auch zu sehen, was man spürt. So kann sich der zweite mediale Sinn entwickeln: die Hellsichtigkeit, das geistige Sehen.

Hellsichtigkeit ist die am meisten begehrte mediale Fähigkeit, stellt jedoch keinesfalls das Höchste und Letzte in der medialen Entwicklung dar. Diese Art Gesichtssinn wird durch das dritte Auge angeregt, das sich in der Mitte der Stirn befindet.

Am Anfang der Entwicklung arbeitet das dritte Auge in Zusammenhang mit Tagträumen. In diesem Zustand bleiben die physischen Augen unbeschäftigt, während im Kopf schöne Bilder entstehen. Nur wenige erkennen dies als Hellsichtigkeit, so daß ein großer Schatz an Informationen verlorengeht.

Die Hellsicht ermöglicht es einem Medium, mehr Einzelheiten über bestimmte Lebenssituationen geistiger Freunde herauszufinden und so die erfühlten Informationen zu ergänzen. Wenn ein Medium beispielsweise die Enttäuschung einer Freundin fühlt und einen Gegenstand in die Hand nimmt, der ihr gehört, kann es eine vergangene Erfahrung dieser Freundin, etwa eine unglückliche Ehe, erfühlen. Die Annahme dieses Gedankens eröffnet ein Bild der Freundin, die mit ihrem Mann streitet. Diese Information teilt das Medium der Freundin mit, die den Vorfall bestätigt. Auf dieser Stufe werden noch keine Informationen über den Inhalt des Streites gegeben, da dem Medium, das seine Arbeit erst beginnt, der Sinn der Hellhörigkeit noch nicht verfügbar ist.

In den frühen Stadien der Entwicklung von Hellsichtigkeit

sieht man oft Bilder, die sich auf das Astrale und die Zukunft beziehen. Diese Emanationen empfängt das Individuum von seinen Schutzgeistern und von anderen Fragmenten mit der gleichen Seelenschwingung. Sie erinnern es an seinen medialen Sinn und an die Notwendigkeit, sich darauf einzustellen.

Hellhörigkeit entwickelt sich, wenn das Individuum nach größerem Wissen verlangt. Diese Sinneswahrnehmung beginnt mit subtilen Gedanken im Kopf, die sich mit dem Klang der eigenen Stimme manifestieren. Es hat nichts Beängstigendes an sich, die eigene Stimme reden zu hören. Hat sich das Individuum daran gewöhnt, hört es andere gewohnte Stimmen, wie die seiner Mutter oder seines Vaters, und später ungewohnte Stimmuster von Schutzgeistern und anderen Personen.

Die zweite Art der Hellhörigkeit manifestiert sich äußerlich und kann am Anfang recht erschreckend sein. Es ist nicht ungewöhnlich, daß Medien meinen, sie seien von einem Familienmitglied in ein anderes Zimmer gerufen worden, um dieses Zimmer dann leer zu finden. Auf diese Weise melden sich Schutzgeister und Astralwesen in Zeiten der Gefahr.

Die dritte Art der Hellhörigkeit ist ein fortgeschrittenes Stadium der Telepathie und führt das Medium ins eigentliche Zentrum der Kommunikation mit seinen Mitmenschen und mit der geistigen Welt. Jetzt werden die Emanationen nicht mehr physisch gehört. Das Gehirn interpretiert den Klang vielmehr als bekanntes und verstandenes Wissen. Beispielsweise denkt eine Person gerade darüber nach, sich eine Tasse Tee zuzubereiten. Eine Sekunde später springt eine andere auf, um eben diesen Tee aufzusetzen. Wenn sich ein Individuum mit dieser Hellhörigkeit auf einen Geistführer einstimmt, weiß es sofort, wer anwesend ist und zu welchem Zweck der Kontakt zustande gekommen ist.

Hellhörige Medien können weit entfernte Geräusche wahrnehmen, Ultraschall sowie die Schallwellen, die durch die Funktionen des Körpers entstehen.

Dieser Sinn gestattet es auch, geistige Musik zu hören, von Geistern erzeugte Klopfgeräusche und Gespräche von Geistwesen. In Meditation können Fremdsprachen gehört und verstanden werden.

Hellfühligkeit ist ein geistiger Geruchs- und Geschmackssinn, der den entsprechenden physischen Sinn erhöht, es aber auch ermöglicht, etwa Blumenduft zu riechen, obwohl keine Blumen in der Nähe sind. Mit Hilfe dieses Sinnes kann man Gerüche generell früher wahrnehmen und so eventuell Katastrophen verhindern. Medien können über diesen Sinn feststellen, ob Nahrungsmittel genießbar oder besser zu meiden sind, oder sie riechen Feuer, lange bevor es für andere in irgendeiner Weise wahrnehmbar ist. Umgekehrt kann dieser Sinn auch dazu dienen, einem Individuum bewußt zu machen, welche Nahrungsmittel ihm gut bekommen werden.

Kombiniert vermitteln uns diese medialen Sinne eine tiefe Einsicht in unser eigenes Leben und in das unserer Mitmenschen, in denen wir uns selbst wie in einem Spiegel wahrnehmen. Eine solche Einsicht bringt ein Individuum schließlich dazu, nach innen zu schauen und nach einem tieferen Verständnis der Einheit zu suchen. Wenn der Wunsch nach der Einheit mit dem Schöpfer bewußt wird, enthüllen sich die Emanationen der eigenen Schöpfung, und das Medium gewöhnt sich an seine medialen Sinne. Die physische Welt wird täglich mehr angenommen, und das innere Verständnis vertieft sich. So kann Wissen direkt vom Schöpfer in den bewußten Geist fließen und alle verfügbaren Entwicklungsebenen enthüllen.

Sehen wir uns nun an einem Beispiel an, wie die vollentwickelten medialen Sinne eingesetzt werden können. Nehmen wir an, eine Frau sei erstochen worden. Abgesehen von der Leiche gibt es keine Hinweise auf die Umstände der Tat. Sie hat keine Familie oder nahen Freunde, die der Polizei hilfreich sein könnten.

Zunächst könnte ein Medium die Kleidung und den Schmuck des Opfers in die Hand nehmen. Das Medium öffnet seine Aura, um die Ausstrahlungen aus der Kleidung der Verstorbenen aufzunehmen. Aus diesen Emanationen entnimmt das Medium ein Gefühl der Angst. Da unser Medium weiß, daß es selbst vor nichts Angst hat, stellt es sich nun näher auf dieses Angstgefühl ein, indem es die Psychometrie benutzt. Während die Angst in seinem eigenen Wesen stärker wird, beginnen sich auch physische Zeichen zu manifestieren: Kälte, Schweiß, Panik... Das Tiefenselbst des Mediums beobachtet diese Gefühle. Wenn es nach den Gründen für das Angstgefühl zu fragen beginnt, öffnet sich das dritte Auge und enthüllt die letzten Dinge, die die Verstorbene gesehen hat. Diese Bilder werden bruchstückhaft und unzusammenhängend sein. Es wird enthüllt werden, wohin die Verstorbene gelaufen ist, was sie berührt hat, wo sie sich versteckt hat – alles aus ihrem Blickwinkel und so, wie sie es mit eigenen Augen gesehen hat. Geräusche, die sie erschreckt oder ihre Angst vergrößert haben, werden hörbar. Sogar was der Mörder gesagt hat, kann gehört werden, falls es im Opfer genügend Angst erzeugt hat. Die optischen Eindrücke, die das Medium erhält, können sogar ein vollständiges Bild des Mörders zeigen. Während sich das Gesamtbild aufbaut, wird klar, daß das Opfer in seiner gewohnten Umgebung gejagt wurde und den Grund für seine Ermordung kannte: Es wußte zuviel. Die Einstimmung auf Gegenstände, die der Verstorbenen gehörten, die sie aber nicht bei sich trug, als sie starb, kann weitere Hinweise auf ihren Mörder geben. Das Medium kann sich auch auf die Aktivitäten des Opfers einstimmen, auf seine Hobbys, Lieblingslokale und so weiter.

In manchen Fällen ist es einem Adepten möglich, direkt mit dem Geist des Opfers zu sprechen und auf diese Weise Informationen zu bekommen. Aber nicht alle Ermordeten kommen deswegen auf die Erde zurück. In der geistigen Welt gibt es keine Rache, denn alles wird als Lernerfahrung gesehen. Verlangt der Mörder unbewußt nach einer stärkeren Lektion, dann wird ihm sein Opfer von der geistigen Welt aus dazu verhelfen. Ein anderer Grund für eine Rückkehr des Opfers könnte auch die Verhinderung weiterer Blutvergießens sein, wenn dies wahrscheinlich ist.

Trauernde Verwandte rufen manchmal nach den Verstorbenen, wenn ihnen etwas Wichtiges unbekannt ist. In solchen Fällen kommt der Geist des Verstorbenen zurück, um zu trösten und zu informieren. Wenn etwa die Leiche fehlt und nur die Umstände auf einen Tod hindeuten, könnte der Geist allgemeine Informationen geben, die zur Entdeckung der Leiche führen. Sollte der Verstorbene sich in der geistigen Welt noch auf dem Wege der Genesung befinden, könnte ein anderes verstorbenes Familienmitglied oder ein anderes Fragment der Seelenschwingung des Verstorbenen einem Medium helfen, die Wahrheit zu enthüllen.

Es gibt noch viele andere Möglichkeiten, wie der mediale Sinn zum Wohle des Menschen eingesetzt werden kann. Ein wahrer Adept kann Bedürftige emotional, mental, spirituell und praktisch beraten. Auch im Geschäftsleben kann Medialität eingesetzt werden, um einträglichen Gewinn zu sichern. Sie kann auch verwendet werden, um eine künstlerische Karriere zu vertiefen oder für Inspiration zu sorgen. Sie kann eine bessere Lebensweise fördern, indem sie Antworten auf ungelöste ökonomische Fragen gibt. Sie kann Nationen helfen, in Harmonie miteinander zu leben, miteinander zu teilen, statt zu konkurrieren, und vieles andere mehr. Leider ist der Mensch immer noch stark im rationalen Denken verhaftet. Doch bevor die Ausbildung der Medialität nicht Teil der ganz normalen Schulbildung wird, kann keine wirkliche Bewußtseinsveränderung stattfinden. Indem junge Menschen lernen, ihre medialen Sinne im täglichen Leben einzusetzen, können sie sich der Notwendigkeit von Veränderungen bewußt werden und so zu größerer Einheit in der Welt beitragen. Wenn sich jedes Volk sicher fühlt, wird es sich von anderen weniger bedroht sehen und daher auch eher in der Lage sein, mit anderen zu teilen.

Die folgenden Seiten geben eine Anleitung zum persönlichen Studium der fünf medialen Sinne.

Zunächst muß man sich daran erinnern, daß es in der Einheit sowohl dunkle als auch lichte Emanationen gibt, auf die man sich einschwingen kann. Deshalb muß man sich klarmachen, wie wichtig Selbstschutz und Hilfestellung sind. Ist einem Schüler einmal das Bedürfnis nach Weiterentwicklung bewußt geworden, so sollte er sich einen medialen Adepten als Lehrer suchen, der oder die ihn anleiten und ihm guten Lesestoff empfehlen kann. Ist ein guter Lehrer einmal gefunden, kann die Entwicklung beginnen.

Als erstes sollte der Schüler lernen, sich im Gebet auf das Licht des Schöpfers einzustimmen und andere Fragmente der eigenen Seele (Schutzgeister einer höheren Schwingung) zu bitten, zu kommen und mit ihm zu harmonisieren.

Diese Verschmelzung der Schwingungen gibt dem Schüler ein starkes Gefühl des Wohlbefindens und der Ruhe. Stellt sich der Schüler auf negative Kräfte oder gering entwickelte Fragmente der Seele ein, so kommt es zu einem deutlichen Gefühl des Unwohlseins und der Unruhe. Tritt so etwas auf, sollte der Schüler sich weißes Licht um sich herum vorstellen, welches eine Erhöhung der Schwingung sicherstellt. Bevor er seine medialen Studien weiterführt, sollte er sich zunächst von einem Meister und Lehrer anleiten lassen.

Verschmilzt der Schüler in der Schwingung mit den Schutzgeistern und Angehörigen der Astralsphären, bauen sich Vertrauen und Harmonie auf, die ihm den Mut zum Weitermachen geben.

Zur Entwicklung der Psychometrie sollte der Schüler den Geist entleeren und seine normalen Tagesaktivitäten beiseite lassen.

Dann sollte er einen Gegenstand in die Hand nehmen, der einem Bekannten gehört, und anfangen, ihn zu fühlen. Indem er damit spielt und ihn von einer Hand in die andere bewegt, werden die Ausstrahlungen des Gegenstandes durch die Handchakras in den Körper absorbiert. Während diese Ausstrahlungen durch den Körper laufen, beginnen sich außergewöhnliche Empfindungen zu manifestieren. Dies können Gefühle von Hitze oder Kälte oder von beidem sein, Kribbeln, Jucken, Schauer, Schmerzen, Druck und Emotionen.

Auf der ersten Ebene des Einschwingens ist es wichtig, zu notieren und mitzuteilen, was man in bezug auf die Person spürt, auf die man sich einstellt. Dadurch wird ein Gefühl der Kameradschaft und des Vertrauens aufgebaut. Beim Schüler können sich zum Beispiel plötzlich Rückenschmerzen manifestieren. Teilt er dies mit, wird der Zuhörer ihm bestätigen, daß er die meiste Zeit Rückenschmerzen hat.

Indem ein Schüler bewußt alle Ausstrahlungen des Fragenden aufnimmt, kann er auf der physischen Ebene in allen Gefühlen mit ihm eins werden. Je mehr von diesen Gefühlen er dem Fragenden mitteilt, desto mehr Bestätigung erhält er, und sein Selbstvertrauen wächst.

Durch Einstimmung auf andere kann sich eine Person dünner oder dicker fühlen, größer oder kleiner; die Kraft ihrer Augen kann stärker oder schwächer werden; die Gesichtszüge können sich an- oder entspannen; der Rücken kann sich versteifen oder lockern; Arme und Beine können bequeme oder unbequeme Positionen einnehmen. Auch emotional erlebt sich unser Medium anders als sonst. Depression, Unsicherheit, Hoffnungslosigkeit und Angst oder das totale Gegenteil davon können auftreten. All diese Gefühle sollten mitgeteilt werden, ob sie das angehende Medium nun versteht oder nicht. Für den Fragenden werden all diese Mitteilungen einen Sinn ergeben, denn auf dieser Ebene der Entwicklung wird nichts enthüllt, was ihm unbekannt wäre. In den frühen Stadien der Einstimmung sind die extremen Gefühle am leichtesten zu deuten. Die subtileren Schwingungen in der Ausstrahlung werden jedoch leicht verpaßt. Mit der Zeit lernt der Schüler jedoch, seine Einstimmung auf subtilere Empfindungsbereiche zu verfeinern.

Durch ständige Praxis verbessert sich auch die physische Empfindsamkeit. Die Berührung erhält einen ganz neuen Stellenwert. Dinge, die man anfaßt, sind jetzt nicht mehr einfach nur glatt oder rauh, heiß oder kalt. Die Finger beginnen nun, ähnlich wie die Finger von Blinden, die wahre Form eines Gegenstandes zu »sehen«, indem sie ihn sanft erkunden und Vorsprünge oder Rillen entdecken, die sie vorher nicht wahrgenommen haben. Was für selbstverständlich gehalten wurde, beginnt nun, eine ganz neue Bedeutung anzunehmen.

Der mediale Sinn inspiriert den Schüler, seine Abwehrmechanismen fallen zu lassen und seiner Umwelt bewußt in Mitgefühl und Sympathie zu begegnen. Dieses Bedürfnis, mit allem in Harmonie zu sein, läßt die Aura aufleuchten und mischt sich in andere aurische Ausstrahlungen, wodurch der innere Wunsch, andere zu berühren und mit ihnen zu kommunizieren, nach außen gebracht wird. Was die Hände früher gewohnheitsmäßig und ohne wirkliches Gefühl berührt haben, das halten sie nun, nähren und streicheln es im Bewußtsein all dessen, was hindurchgedrungen ist.

Wenn ein Schüler einen antiken Gegenstand in der Hand hält, enthüllt sich ihm dessen Geschichte. Solche Gegenstände enthalten wichtige Informationen über die Vergangenheit und können vieles enthüllen, was längst vergessen war. Ein so gewonnenes Verständnis der Antike kann sehr aufregend sein. Bei der psychometrischen Wahrnehmung eines Gegenstandes ist es wichtig, daß Vorstellungen, Illusionen oder bruchstückhaftes Vorwissen über die betreffende Zeit beiseite gelassen werden, damit der Schüler das Enthüllte richtig deuten kann.

Bei der Entwicklung der Hellsichtigkeit muß das Medium zunächst lernen, seinen Geist von irdischen Gedanken freizumachen und mit geschlossenen Augen still zu warten, bis sich das dritte Auge öffnet.

Am Anfang sieht er farbiges Licht mitten in der Dunkelheit und schließlich klare Bilder eines Auges, das ihn anschaut. Auf diese Weise setzt er sich selbst davon in Kenntnis, daß das dritte Auge offen ist und arbeitet. Mit zunehmender Konzentration und Einstimmung auf die Seelenschwingung entfalten sich vor dem Auge des Beobachters unbekannte Gesichter, Ausblicke und Szenen aus der Vergangenheit, der Gegenwart (und später) der Zukunft. Während dieser Entwicklungsphase fühlt sich das Medium sehr ermutigt und lernt, Psychometrie und Hellsichtigkeit zu einem größeren Verständnis zusammenzubringen.

Oft werden Symbole gesehen, die gedeutet und in den richtigen Zusammenhang gebracht werden müssen. Werden zum Beispiel einer Frau, die in Schwierigkeiten ist, ein Kreuz und eine Rose gegeben, so bedeutet dies, daß sie Frieden und Glück finden wird, sobald sie ihr Leid verstanden hat.

Um diese Entwicklungsphase zu erreichen, bedarf es innerer Ruhe und vieler Meditationen, die die normalen Schwingungen des Mediums auf eine höhere Ebene heben. In diesem Gnadenzustand werden die Ausstrahlungen zunächst gefühlt, und dann konzentriert man sich darauf, um sie sichtbar zu machen. Alle Dinge in der Form sind im Laufe der Zeit von einem Individuum erfahren worden, sei es in diesem oder in einem früheren Leben. Läßt das Medium dieses Bewußtsein zu, so fließen seine Ausstrahlungen ins Gehirn, um dort Anklänge an die Vergangenheit zu stimulieren und durch diese Annäherung neue Informationen über die Gegenwart zu enthüllen.

Möchte ein Medium wissen, wie ein Verwandter eines Klienten aussieht, den es noch nie gesehen hat, wird es sich an die Züge eigener Freunde und Verwandter erinnern. Aus verschiedenen Ähnlichkeiten läßt sich dann oft eine vollständige Beschreibung des Unbekannten herleiten.

Indem das Medium seine eigenen Erfahrungen als Teil des Ganzen akzeptieren lernt, weiten sich die hellsichtig empfangenen Bilder auch auf Dinge aus, die dem Klienten wie dem Medium unbekannt sind. Solche Informationen stammen von anderen Fragmenten der Seele. Zum Beispiel möchte ein Klient wissen, wie sein neues Haus aussehen wird. Da dieses Haus bereits in der Form oder im Geist seines Erbauers existiert, ist es auch in den Emanationen bestimmter Fragmente gespeichert, die zur Seelengruppe des Fragenden gehören.

Aus diesen Emanationen kann man ein vollständiges Bild erhalten, indem man sich auf die Schwingungen der anderen Seelenfragmente einstellt.

Wird die Hellsichtigkeit auf diese Weise verwendet, so entsteht ein wesentlicher Arbeitskreis: Da ist das Medium, das geistig auf die höheren Fragmente der Seele eingestellt ist, die als Schutzgeister bezeichnet werden; diese sind wiederum eingestimmt auf die Schutzgeister des Fragenden; und alle zusammen sind mit anderen Fragmenten der Seele oder der Seelen verbunden. Gemeinsam befinden sie sich in Verbindung mit dem Schöpfer, der durch die Einheit verbunden ist mit dem Medium und den Klienten und ihnen auf diese Weise seine Liebe und Weisheit schenkt, die über die Schutzgeister zu ihnen herabfließt.

Alle wahrgenommenen Bilder werden den Fragenden vollständig beschreiben. Doch wie sorgfältig sie auch beschrieben werden, können sie immer noch fehlgedeutet werden und es erforderlich machen, weiterzufragen. Dadurch entfalten sich neue Kommunikationsformen mit den Schutzgeistern. Das Medium beginnt nun, die verschiedenen Daseinsebenen jenseits dieser Welt in sich zu erkennen. Es ist nicht ungewöhnlich, daß es dabei Bilder des Astralen und der dort anwesenden Personen wahrnimmt.

Möchte ein Schutzgeist dem Medium mitteilen, daß dem Fragenden eine berufliche Veränderung bevorsteht, wird er das Medium mit dem Gefühl dieser Veränderung überfluten und ihm beispielsweise Bilder des Klienten in seinem neuen Büro zeigen.

Ein Medium, das diese Botschaft erhält, wird sofort nach dem veränderten Ort fragen und mehr wissen wollen. Der Schutzgeist wird dann weitere Bilder enthüllen, die den Klienten bei einem Bewerbungsgespräch mit einer unbekannten Person zeigen, die lächelt und ihn akzeptiert. Wenn das Medium wissen möchte, wo dies stattfindet, wird es ein Bild eines Ortes oder einen geschriebenen Namen erhalten, der ihm bekannt ist. Möchte der Klient Genaueres über den Zeitpunkt wissen, so könnten die Schutzgeister Bilder zeigen, die auf die Antwort hinweisen. Schnee wäre ein Hinweis auf die Wintermonate, Osterglocken auf den Frühling.

Weiterführende Fragen und die Beobachtung der enthüllten Bilder können zu einer vollständigen Beratung zusammengefügt werden. Zu Beginn seiner medialen Entwicklung wird der Schüler einen großen Teil solcher Anleitungen übersehen, verwirrt umhertreiben und sich aus seinen konditionierten Erfahrungen nicht befreien können. Verständnis wird oft durch harte Lektionen erreicht, die meist erst im nachhinein begriffen werden. Wird die Hilfe aus den astralen Ebenen erst einmal bereitwillig angenommen und begriffen, so öffnet sich der Weg zu einem besseren Leben, und alle Dinge werden in ihrer Wahrheit erkannt.

Auch hier macht Übung den Meister. Je öfter ein Medium eingestimmt in Meditation sitzt, desto besser kann es mit seinen Schutzgeistern kommunizieren. Da der Mensch vor dem anscheinend Unbekannten Angst hat, werden ihm die Schutzgeister niemals eine Kommunikation aufdrängen. Das am Anfang seiner Entwicklung stehende Medium wird immer nur Teile von Gesichtern wahrnehmen und genug Raum haben, über sich und seine Fähigkeiten nachzudenken. Solange der bewußte Geist nämlich noch zweifelt, kann er rationalisieren und sich schützen.

Ein Schüler verkündete einmal, er habe einen Engel gesehen,

und war darüber ebenso begeistert wie verängstigt. Später nahm er diese Behauptung zurück. Sein Verstand beschrieb ihm diese Vision als Bruchstück einer Phantasie in einer Zeit emotionalen Ungleichgewichts. Nach weiteren Studien konnte er andere ungewöhnliche Wesenheiten beobachten, und daraufhin war er in der Lage, auch die erste Vision besser zu akzeptieren, die sich ihm später noch einmal viel deutlicher zeigte. Natürlich war er sehr froh über diese Mitteilungen, die seine Zweifel aufklärten und beseitigten.

Indem wir mehr Mitgefühl und Sympathie für die diesseitige und die jenseitige Welt entwickeln, können wir uns der hellen wie der dunklen Emanationen bewußt werden. Für jede positive Wahrnehmung gibt es nämlich auch eine negative. Derselbe Medienschüler, der den Himmel gesehen hatte, beschrieb seinem Lehrer einen seltsamen dunklen Energiefleck, der ihn zu erdrükken versuchte. Als er diesen Fleck sah, hatte er ernstlich Angst bekommen und das starke Bedürfnis empfunden, aus dem Zimmer zu rennen. Ihm wurde erläutert, daß er die negativen Ausstrahlungen von Gedankenformen beobachtet hatte, die von seiner Familie ausgingen. Eine nähere Besprechung ergab, daß seine Familienmitglieder aufgrund ihres Egoismus ständig miteinander in Fehde lagen. Solche negativen Ausstrahlungen, wurde ihm erläutert, könnten ihm allerdings nicht schaden, wenn er selbst nicht daran glaube. Sein Wunsch wegzulaufen war ein deutliches Zeichen dafür, daß er diese negativen Emanationen nicht akzeptierte. Hätte er sie akzeptiert, hätte er keine Angst gehabt und wäre egoistisch und selbstgerecht geworden wie der Rest seiner Familie. Mit beiden Erfahrungen, der positiven und der negativen, ging er in den folgenden Monaten dazu über, Licht in sein Heim zu bringen und die Negativität zu zerstreuen. Seine Familienmitglieder begannen, sich weniger egoistisch zu verhalten und einander mehr zu beachten. Außer dem Schüler selbst wußte niemand, was da auf so subtile Weise vor sich ging.

Eine andere Schülerin behauptete, einen Teufel im Zimmer gesehen zu haben. Eine ausführliche Beschreibung desselben klärte, daß dieser Teufel ein genaues Abbild der Phantasien ihrer Kindheit war. Ihr wurde erläutert, daß es sich dabei um ein Fragment ihrer eigenen Seele handle, das eine niedere Schwingung hatte und diese Form annahm, um ihre helfende Aufmerksamkeit auf sich zu ziehen. Sie konnte dies nicht akzeptieren und blieb bei ihrem Glauben, sie hätte den Teufel gesehen. Als sie viele Jahre später ein fortgeschrittenes Medium war, beobachtete sie in der Meditation, wie ihre inzwischen vertrauten Schutzgeister von den höheren Ebenen zu ihr kamen. Sie sah sie im Kreis stehen, der sich plötzlich öffnete, um den Teufel zu zeigen, den sie vor langer Zeit gesehen hatte. Sie beobachtete, wie die Schutzgeister Liebe und Lächeln auf diesen armen Teufel ergossen, der knurrte und sie unwillig anschnauzte. Dann begann der Teufel zu weinen und währenddessen seine Gestalt zu verändern. Er verwandelte sich in Männer und Frauen verschiedenen Alters, bis er schließlich verzweifelt schluchzend zu Boden fiel. Die ganze Zeit über schauten die Schutzgeister ihm liebevoll dabei zu. An dem Punkt spürte sie, wie von ihr selbst eine starke Liebe zu diesem armen Geschöpf ausfloß, während direkt aus ihrer Seele die Worte zu kommen schienen: »Erhebe dich und folge mir.« Goldene Lichtstrahlen schienen von überall her auszustrahlen, als sie die arme Kreatur aufstehen sah. Sie sah ihn nun bescheiden und still dastehen und erklärte ihm, er solle mit den Schutzgeistern mitgehen und ganz werden. Damit endete ihre Vision. Sie hatte die Erhebung eines Fragmentes ihrer eigenen Seele erlebt und war darüber äußerst beglückt.

Während einer geistigen Entwicklung wird man das Negative viele Male herausfordern und meistern müssen. Man wird sich daran erinnern müssen, daß Furcht Illusionen und Phantasien erzeugt. Kein Schüler sollte deshalb in einem ängstlichen Zustand an seiner Entwicklung arbeiten. Das letzte Ziel der Hellsicht besteht nämlich darin, alle Dinge neutral beobachten zu können. Erst dieser Zustand ermöglicht es, die wahre Weisheit zu verstehen.

Durch die Entwicklung der Hellhörigkeit ist es möglich, sich auf allen Daseinsebenen zu verständigen. Als erstes muß ein Schüler die Fähigkeit erlangen, still zuzuhören. Bald wird er feststellen, daß das, was der Mensch für Schweigen hält, mit Geräuschen angefüllt ist, die jenseits dessen liegen, was er mit seinen normalen Sinnen wahrnehmen kann. Das macht ihm deutlich, daß er bis dahin nur auf einer Wahrnehmungsebene bewußt war. Er ist mit einem Menschen zu vergleichen, der immer nur einen Radiosender hört. Irgendwann lernt er, die Senderwahl zu betätigen, und stellt fest, daß man auch andere Radioprogramme empfangen kann.

Einmal geschah es einer Schülerin in Meditation tatsächlich, daß sie sich (ohne Radio) auf verschiedene Radiowellen einstimmen konnte. Zu diesem Zeitpunkt war sie allein im Haus, und es gab auch in der Nachbarschaft keine Radios. Eine andere Schülerin hörte den Wind in den Bäumen, als stünden sie im gleichen Raum mit ihr, während ihr bewußtes Wissen ihr sagte, daß der nächste Baum einen Kilometer entfernt stand. Außerdem war es in dieser Nacht nicht windig.

Während man diesen ungewöhnlichen Klängen zuhört und sie akzeptiert, öffnet sich der paranormale Sinn, das Tor des Bewußtseins, für neue Klangschwingungen. Klänge senden eine Farbe aus, die man gleichzeitig mit dem dritten Auge sehen kann. Längst beendete Gespräche kann man wieder hören, wie sie zwischen den Wänden hin und her hallen. Eine magische Welt des Klangs eröffnet sich. Auf ähnliche Weise kann man die Schwingungen des niederen Astralbereichs und des Hades hören, wie Hilfeschreie, Heulen, Donner. Diese Schwingungen schaden nicht, können jedoch aufschrecken, wenn man sie nicht erwartet hat. Geister benutzen oft Klänge wie Klopfen oder Knallen, um ihre Anwesenheit anzuzeigen. Geister können leicht eine feste Kraft in Schwingung versetzen und dadurch einen Klang erzeugen.

Während der Schüler diese seltsamen neuen Geräusche akzeptiert, beginnen die Schutzgeister, mit Stimmen zu kommunizieren. Anfangs hört man oft nur einfache Worte. Mit zunehmender Meditationspraxis entwickelt sich die Hellhörigkeit immer weiter. Während dieser Zeit sind die meisten lernenden Medien verwirrt, denn es ist schwierig, die geistige Stimme und die eigene auseinanderzuhalten. Alle Kommunikationen finden nämlich im Kopf, mit der Stimme des zuhörenden Individuums selbst statt.

Es ist jedoch leicht, eine echte Kommunikation zu erkennen: Wenn wir in körperlicher Gestalt reden, beenden wir jeweils einen Satz und warten dann auf die Antwort. Wenn wir uns mit Geistern verständigen, hören wir die Antworten auf unsere Fragen, bevor wir die Fragen zu Ende formuliert haben. Ein Schüler fragt beispielsweise seinen Schutzgeist, wo er sein sollte. Die Antwort erscheint als eine Unterbrechung seiner Frage: »Wo sollte ... Geh nach New York.« Mit der Zeit geht diese Art der Hellhörigkeit in Telepathie über und führt zu einer völlig neuen Bewußtseinsweise. Sobald Gefühle zu einer bestimmten Situation auftauchen, zu der es noch Fragen gibt, weiß man auch schon die Antworten, ohne daß Worte gesprochen werden müßten. Statt dessen entsteht ein positives Gefühl des unmittelbaren Wissens, welches das Medium richtig zu deuten weiß.

In der geistigen Welt finden alle Unterhaltungen über Telepathie statt. Auf der Erde muß man laut sprechen, um jemandes Aufmerksamkeit zu erhalten. In der geistigen Welt wird ein Gefühl zu dem Individuum ausgesendet, mit dem man in Kontakt kommen möchte. Der Empfänger fühlt den Ruf in seine Ausstrahlungen eindringen, deutet diese Schwingung und antwortet, indem er sich dem Rufenden durch einen einfachen Wunsch zuwendet. Wenn Angehörige ins Astrale übergegangen sind und wir sie in der Not rufen, funktioniert es auf diese Weise. Viele, die gerufen haben, wissen leider nie, daß ihre Angehörigen tatsächlich zu ihnen gekommen sind, weil sie nicht mit dem medialen Sinn wahrnehmen können.

Äußere Hellhörigkeit wird nur selten genutzt, weil sie zu viel Zeit in Anspruch nimmt. Diejenigen Medien aber, die damit arbeiten, können den Beweis für ein Leben nach dem Tode erbringen, indem sie die Worte der Geister wiederholen. Solche Medien kann man mit einem Telefon vergleichen. Sie hören etwas von dem Geist und wiederholen es laut, um die Botschaft weiterzugeben. Dann warten sie auf eine Antwort und geben sie an den Geist zurück. Dies ist eine sehr langsame Kommunikationsmethode, jedoch sehr effektiv, um den Typ des ungläubigen Thomas zu überzeugen.

Sie funktioniert, weil die Geister in der Lage sind, die vorhandenen Schwingungen im Bereich der Erde zu manipulieren.

Diejenigen Schüler, die die äußere Hellhörigkeit erleben möchten, sonst auch als Kommunikation mit direkter Stimme bekannt, müssen einen äußerst stillen Ort finden, wo niemand eintreten und nichts stören kann. Die Verdunklung des Raumes hilft, das irdische Bewußtsein auszuschließen, ist jedoch nicht unbedingt notwendig. Man sollte in stiller Meditation in diesem Raum sitzen und sein Gehirn anschließend völlig zum Schweigen bringen. Jede Art des inneren Dialogs verhindert, daß man die geistigen Botschaften aufnehmen kann. Man sollte sich in einem Zustand der Erwartung und der höchsten Freude befinden und weder Angst noch irgendwelche vorgefaßten Erwartungen über das zu Hörende haben. Bei manchen kann es Jahre dauern, bis sie eine solche Ebene der Akzeptanz erreichen, bei anderen klappt es fast sofort.

Schüler, die ihr Wissen vertieft und die Telepathie als Verständigungsweise akzeptiert haben, ziehen sich oft von übereifrigen Gesprächen zurück und suchen die innere Stille. Telepathie ermöglicht ein Verständnis aller Lebensformen auf allen Daseins-ebenen. Die Emanationen des Schöpfers fließen nun aus der Einheit in den Schüler, der alle Dinge fühlt, sieht, hört und versteht. So entfaltet sich ein ständig waches Bewußtsein. Man sieht dann, daß alle Inspirationen, jeder Ausdruck und alle Handlungen zu einem selbst gehören, daß niemand mehr leidet oder sich mehr freut als man selbst. Man lernt, sich als allen Dingen gleich anzusehen und sieht alle Dinge als dem Selbst und dem Schöpfer gleich. An diesem Punkt des Bewußtseins wird der Adept zum lebendigen Beispiel des Weges, der Wahrheit und des Lebens, und das Individuum wird ins Licht gebracht, wo es mit der Seele vereint und verbunden wird, die nach Vollendung sucht.

Die Hellfühligkeit, der geistige Geschmacks- und Geruchssinn, wird sich von Zeit zu Zeit ebenfalls manifestieren. Es wird jedoch niemals genau festzustellen sein, warum und wann. Dieser Sinn muß im Menschen noch erweckt werden. Bislang benutzt er selbst seinen physischen Geruchs- und Geschmackssinn, etwa verglichen mit manchen Tieren, noch sehr wenig. Möchte ein Schüler mit dem geistigen Bewußtsein schmecken oder riechen, so braucht er die Schutzgeister nur um diese Erfahrungen zu bitten. Die Bitte stimuliert eine unmittelbare harmonische Schwingung zwischen Schüler und Schutzgeistern, wodurch jeder Geruch, Duft oder Geschmack durch die fünf Körper in die physische Form dringen kann.

Hellfühligkeit kann benutzt werden, um das Gleichgewicht im Körper zu stärken. Durch Geruch und Geschmack kann man die für den Körper schädlichen oder nützlichen Nahrungsmittel erkennen. Die Hellfühligkeit vermittelt dem Individuum automatisch ein Gespür für die Pflege seines Körpers. Physische Gerüche werden bemerkt und korrigiert, falls nötig, weil ein Wunsch nach stärkerer äußerer und innerer Reinigung entsteht. Viele Schüler entdecken, daß bestimmte Nahrungsmittel oder Getränke, die sie ihrem Körper jahrelang zuführten, Gifte und Schleim erzeugt haben, woraus wiederum Allergien und körperliche Ungleichgewichte entstanden sind, die zu Krankheit und Unwohlsein führen. Wenn man auf die innere Stimme hört, die zu einer richtigen Ernährung rät, entwickelt sich automatisch ein Bedürfnis nach Reinigung des körperlichen Systems und ein Verlangen nach gesunder Nahrung. Der Körper wird wieder gesund, wenn das Individuum diesem Verlangen folgt.

Die geistigen Führer werden ein Individuum oft durch bestimmte Gerüche oder Geschmacksempfindungen seelisch dazu anregen, sich für eine gesündere Ernährung zu öffnen. Daraus entsteht ein Bedürfnis nach bestimmten Nahrungsmitteln, so wie schwangere Frauen Appetit auf bestimmte Nahrungsmittel empfinden, die ihnen oder dem in ihnen wachsenden Kind fehlen.

Manchmal sind Gerüche auch symbolisch zu verstehen, wie etwa der Geruch von frisch gebackenem Brot. Brot ist ein Symbol des Lebens und des Körpers Christi und deshalb eine Botschaft der Liebe und der Hingabe an den Schöpfer. Rosenduft kann daran erinnern, Liebe zu geben und zu empfangen. Manchmal schicken die Geister einen verstärkten Geruch, wie von Feuer, als Warnung vor anstehender Gefahr. Zum Beispiel erwachte eine Frau morgens um drei Uhr durch den Geruch von etwas Brennendem. Sie ging durchs ganze Haus und konnte nichts finden. Der Geruch verschwand. Zwei Tage später erwachte sie wiederum von dem gleichen Geruch und fand immer noch nichts. Eine Woche später wurde in ihrem Haus aufgrund eines elektrischen Defektes ein Brand ausgelöst. Wieder konnte sie nicht schlafen und roch den inzwischen vertrauten Brandgeruch. Dieses Mal jedoch fand sie ein kleines Feuer im Schrank unter der Treppe und konnte eine Tragödie verhindern. Solche Erfahrungen sind selten, kommen jedoch vor.

Bittet ein Schüler um Einsicht in das Wesen und den Charakter eines Schutzgeistes, so kann er einen bestimmten Geruch oder ein Verlangen nach bestimmten Nahrungsmitteln als Antwort erhalten. Ein Schutzgeist, der ehemals ein Eingeborener war, könnte etwa den Geruch eines Lagerfeuers in Verbindung mit Kräuterduft schicken oder den Geschmack eines bestimmten Getränkes, das er gern getrunken hat.

Während das inkarnierte Fragment lernt, die fünf medialen Sinne zu verschmelzen, ändert sich auch die Erfahrung seines Alltagslebens. Seine Freunde erscheinen ihm plötzlich anders, da es ein tieferes Verständnis ihres Aussehens, Geruchs, Gefühls und des Klanges ihrer Stimme bekommt. Diese Erkenntnisweise kann auch auf das Tierreich und auf niedere Formen des Lebens ausgedehnt werden, sobald das Fragment diese Fähigkeit einmal akzeptiert und verstanden hat. Das heißt, daß das Fragment wahrhaftig fühlen kann, daß es teilweise selber Tier, Vogel oder Insekt ist. Einem weit fortgeschrittenen inkarnierten Geist ist es auch möglich, mit unbelebten Objekten eins zu werden. Kann der Schüler die Dinge soweit akzeptieren, ist er in Kontakt mit dem Schöpfer und beginnt deshalb, die Einheit zu erfahren und zu verstehen. Er öffnet in seinem bewußten Geist ein Tor und läßt den Durchfluß der Wahrheit von den höheren Fragmenten seiner eigenen Seele zu. Am Anfang ist es wichtig, viel zu meditieren, denn in der Meditation erhebt der Schüler seine Schwingung und unterwirft sich dem Willen der Seele. In einem derartigen Zustand der Harmonie verbinden die höheren Fragmente (Schutzgeister) ihr Schwingungsdasein mit dem des Schülers. Der Schüler wird ihre Gegenwart anfangs als ein warmes, einhüllendes Gefühl der Liebe wahrnehmen, das in ein leichtes Frösteln übergeht, wenn die geistigen Kräfte sich vermischen.

An diesem Punkt spürt der Schüler, wie sich seine eigene Form verändert, als bekäme er einen neuen Körper. Dieser kann größer oder kleiner, männlich oder weiblich, alt oder jung, kahlköpfig oder behaart sein. Sobald er sich in dieses neue Gefühl hineingefunden hat, beginnen die Schutzgeister auch ihre Gefühle mit denen des Schülers zu verschmelzen, der nun den Charakter des Geistes fühlt, der zum Beispiel streng oder sanft, fest oder weich sein kann, ihn jedoch niemals überwältigt. Ist einmal eine emotionale Verbindung aufgebaut, können die Emanationen der Seele des geistigen Führers in die Seele des Schülers eintreten, der plötzlich spürt, wie sich sein Wissen vermehrt. Dieses Wissen beginnt, in das tief Unbewußte einzufließen, wird ins Unterbewußtsein weitergegeben und tritt schließlich in den bewußten Verstand ein, von wo aus es mündlich mitgeteilt werden kann. Oft wird dieses Wissen vom Verstand verzerrt, wobei viel davon verlorengehen kann. Durch allmähliche Übung kann der Verstand lernen, das Empfangene zu akzeptieren, bis die Wahrheit schließlich vollständig ausgedrückt werden kann.

Wenn sich der Schüler physisch, emotional, mental und spirituell völlig dem Schutzgeist oder dessen Willen ergeben hat, kann dieser mit seinem eigenen Charakter und seiner eigenen Persönlichkeit durch den Schüler sprechen und als eigene Wesenheit in Erscheinung treten. In manchen Fällen kann das Medium den eigenen Körper völlig dem Schutzgeist übergeben, indem es ihn zeitweilig verläßt, so daß der Geist zum Zweck des Lehrens darin wohnen kann. Nur wenige Schüler erreichen diesen Zustand der Hingabe. Kommt es dazu, so glauben sie, geschlafen zu haben, sind jedoch eigentlich ins Astrale gegangen, um sich auszuruhen und weitere Anweisungen zu empfangen, oder sie befinden sich irgendwo anders im Zimmer. Edgar Cayce bot ein gutes Beispiel für diese Art von Trance.

Bei der üblicheren Art Channeling in Trance verschmilzt der Geist des Mediums so weit mit dem Geist des sprechenden Schutzgeistes, daß sich beide in Harmonie mit dem Seelenfragment in der Einheit befinden. Auf diese Weise kann der sich mitteilende Schutzgeist die Wahrheit klar weitergeben. Sind die beiden wieder voneinander getrennt, so behält das Medium das Gesagte in seinem tief Unbewußten, von wo es, angeregt durch bestimmte Lebensumstände, später wieder ins Bewußtsein gelangen kann. In der Einheit sind Vergangenheit, Gegenwart und Zukunft gleichzeitig. Alle Dinge sind Teil des Schöpfers, der kein irdisches Konzept von Zeit kennt. Da wir aber in einer Zeitstruktur leben, ist es für uns wichtig, die Form des Schöpfers in Vergangenheit, Gegenwart und Zukunft entdecken und unterscheiden zu lernen.

Es ist unter Medien allgemein bekannt, daß Zeit schwer einzuschätzen ist, besonders was zukünftige Entwicklungen angeht. Das Zukünftige manifestiert sich nur, wenn das jeweilige Individuum den Dingen die Erlaubnis zur Manifestation gibt; und da ein jedes Individuum dafür unterschiedlich lange braucht, ist es nicht möglich, präzise Daten für zukünftige Entwicklungen zu nennen. Ein Beispiel: Nehmen wir an, ein Individuum hat sich auf eine Veränderung eingelassen. Es möchte jetzt wissen, wann es seinen Beruf wechseln wird. Es kann jedoch die genaue Zeit dafür nicht erfahren, bis sein Bedürfnis nach Veränderung am richtigen Punkt angekommen ist. Dann verändern sich seine Emanationen, und es wird angeregt, nach einer neuen Arbeit Ausschau zu halten, die es dann auch bald finden wird.

Verbindung mit Schutzgeistern
und anderen Wesenheiten

Im Laufe seiner seelischen Entwicklung verstärkt sich das Verlangen des Schülers, die höheren Aspekte seines Selbst kennenzulernen. Er beginnt, sich außerhalb seiner normalen Tagesaktivitäten dafür zu interessieren. Als erstes entsteht gewöhnlich ein Bedürfnis, Menschen zu finden, die auf der gleichen Entwicklungsebene stehen. Durch bewußtes Suchen nähert sich der Schüler an Gleichgesinnte an. Gemeinsam bemühen sie sich darum, einen Menschen mit höherem Verständnis zu finden, der ihr Lehrer der Metaphysik werden kann. Mit dem richtigen Lehrer fühlen sich solche Schüler durch ein starkes Band der Liebe verknüpft, und sie haben das Bedürfnis, möglichst viel für ihr persönliches Wachstum von ihm aufzunehmen. Der Lehrer wächst gleichzeitig, indem er sein Wissen an die Schüler weitergibt. Schüler und Lehrer bleiben zusammen, bis der Schüler in seiner Entwicklung an einem Punkt angekommen ist, von dem aus er allein weiter auf die Reise nach innen gehen kann. In diesem Moment öffnet sich eine Schranke, und der Schüler bekommt die Gelegenheit, von nicht inkarnierten Fragmenten seiner eigenen Seele zu lernen. Solche Fragmente bezeichnet man als Schutzgeister.

Die Art, wie sich Menschen auf der Erde miteinander verständigen, hängt von ihrem jeweiligen Bildungsniveau ab. Nicht anders ist es auch in der Welt des Geistes. Die Schutzgeister, die dem irdischen Bewußtsein am nächsten stehen, werden als Hilfsgeister bezeichnet. Ihre Aufgabe ist es, im täglichen Leben durch inspirierte Botschaften, Ermutigung und Mitgefühl zu helfen. Ihr Wissen vom Schöpfer ist ebenso begrenzt wie das des Schülers. Ihre Ideen und Anweisungen sind grundlegend und unterstützend. Ein Schüler, der den Tarot studiert, kann einen Schutzgeist haben, der in seinem letzten Leben auf der Erde ein Zigeunermedium und in der Kunst des Tarotlesens bewandert war. Ein Yogaschüler kann einen orientalischen Geistführer haben, der diese Kunst in einem früheren Leben gemeistert hat und sein Wissen nun mit dem Schüler teilt. Gleiches zieht immer Gleiches an. Jedes Fragment neigt Gleichartigem zu, sowohl in diesem als auch im jenseitigen

Leben. Mit einem Geistführer, der seine Lehren auf die vom Schüler erwünschte Weise erteilt, fühlt sich der Schüler wohl. Solche Hilfsgeister können streng oder beeindruckend sein wie Lehrer auf der Erde, wollen in ihrem Herzen jedoch stets das Beste für den Schüler. Ihr Wille ist stark, und sie beeindrucken den Schüler oft damit, daß sie ihm Gefühle von Angst und Schuld bewußt machen, was ihn zu intensiveren Bemühungen anregt. Da die Hilfsgeister selbst noch auf dem Weg zur Einheit sind, ist ihr Verständnis oft begrenzt. Nicht selten hat man festgestellt, daß sich aus der geistigen Welt kommende Informationen sogar widersprechen und die Schüler nicht wissen, wem sie glauben sollen. Letztlich sind alle Antworten richtig, weil sie den Schüler dazu anregen, in sich selbst nach der Antwort zu suchen.

Alle in diesem Wachstumsstadium empfangenen Informationen werden vom Unterbewußtsein gebremst und sind für das Fragment nur dann akzeptabel, wenn sie seiner persönlichen Sicht der Wirklichkeit entsprechen. Was ein Fragment sieht, ist nicht unbedingt dem gleich, was ein anderes sieht. Ein entwickeltes Seelenfragment sieht in der Einheit alle Aspekte zugleich und ist der Wahrheit deshalb näher. Nehmen wir als Beispiel eine blühende Wiese am Waldrand. Ein krabbelndes Insekt dürfte diese Umgebung als groß und gefährlich empfinden, während ein Kaninchen sich nur vor den Dingen fürchten wird, die größer sind als es selbst. Ein Mensch wird die Wiese betrachten und sich über alles freuen, was er sieht.

Erhebt sich der Schüler über seine Furcht, so erreicht er ein höheres Bewußtsein und zieht Schutzgeister mit ebenfalls höherem Bewußtsein an. Solche Geister sind Fragmente, die die Inkarnationen schon lange hinter sich gelassen haben. Sie teilen ihr Wissen über das Leben in der Einheit mit, um die Begrenzungen des irdischen Lebens zu überwinden und damit auch die Angst vor dem Unbekannten. Der Geist des Schülers vermischt sich nun mit dem Geist dieser Führer, die ihn in allen Aspekten seines Wachstums unterstützen. Dadurch, daß sich seine Energien mit denen des Schutzgeistes vermischen, finden große emotionale, spirituelle und mentale Veränderungen im Schüler statt, und sein Körper wird zunehmend gesünder. Solche Schutzgeister lehren die Liebe und die Hingabe an den Schöpfer. Sie beseitigen Vorurteile, Egoismus, Beschränkungen und Gier und ersetzen sie durch die Freiheit des Ausdrucks, durch Selbstlosigkeit und Liebe. So bringen sie den Schüler der Vollendung ein wenig näher.

Ist die Verbindung einmal zustande gekommen, gibt sich der Schüler völlig der Einheit hin und kommt leicht mit den Fragmenten der Seele in Kontakt, die schon vollendet sind und von uns als Wesenheit bezeichnet werden. Alle Fragmente, die sich zur Erschaffung einer Wesenheit entwickelt haben, sind nun vereint, und alle Erfahrungen, die ein jedes Fragment im Laufe der Zeit gemacht hat, werden nun als eine Erfahrung in der Seele geteilt.

Dem Schüler ist es daher möglich, mit allem eins zu werden und alle Erfahrungen als seine eigenen zu erleben. Dies kann jedoch nur durch völlige Hingabe der eigenen Identität und durch Auslöschung des Eigendünkels erreicht werden. Die meisten Menschen erreichen diesen Bewußtseinszustand nur zeitweilig, da ihnen das Enthüllen leicht zu viel wird.

Erreicht ein Schüler jedoch einen solchen Gnadenzustand, in welchem das reine »Ich bin« des Seelenraumes akzeptiert und aufgenommen werden kann, so bezeichnen andere ihn automatisch als Heiland oder Propheten, wie es bei Christus der Fall war.

Den meisten Schülern jedoch genügt es, ab und zu mit der Wesenheit ihrer Seele zusammenzuarbeiten und spirituelle Lehrer zu werden, die trotz ihres Wissens noch immer um Gleichgewicht in der Einheit ringen.

Während sich der Schüler zur Einheit hin entwickelt, sind die Schutzgeister stets an seiner Seite, um zu helfen, zu lieben und zu unterstützen. Kein Schutzgeist wird einem Individuum je Ungemach bereiten. Dennoch nehmen die Schüler die Gegenwart des Geistes manchmal als beängstigend wahr und steigern sich in eine Angst hinein, die Illusionen und Phantasien erzeugen kann. Eine Dame behauptete zum Beispiel, in ihrem Zimmer seien Schlangen. Ständig schaute sie in allen Schränken und unter ihrem Bett nach, bevor sie ins Bett ging. Im Bett war sie sich ständig sicher, daß die Schlangen überall um sie herum seien. Als sie mit der medialen Entwicklung begann, wurde ihr offenbart, daß in ihrem Zimmer drei wunderschöne Schutzgeister waren, einer am Fuß ihres Bettes, einer am Schrank und der andere an der Tür. Nun konnte sie sehen, daß diese sie beschützten und Schlangen natürlich überhaupt nicht ähnlich waren. Es braucht nicht betont zu werden, daß sie über sich selbst und die in Angst und Illusion verschwendeten Jahre lachte. Man muß natürlich den Unterschied zwischen selbsterzeugter und wirklicher Angst verstehen. Wirkliche Angst entsteht als Folge negativer Erlebnisse, die nicht verstanden wurden. In jedem Fall aber muß die Angst gemeistert werden, bevor eine weitere Entwicklung stattfinden kann.

Als kleine Kinder lernen wir, daß Gott die Liebe und immer bei uns ist. Leider wird bei unserer Erziehung wenig darauf geachtet, uns beizubringen, wie wir diese Liebe Gottes fühlen, damit umgehen und ruhig werden können. Dagegen wird die dunkle Seite viel stärker betont. Ständig werden wir vor den bösen Dingen gewarnt, die uns in dieser und der jenseitigen Welt umgeben. Wir lernen, das Schlimmste zu erwarten und uns ständig davor zu hüten, selbst böse zu werden. Dadurch werden die Voraussetzungen für Verurteilungen und Vorurteile geschaffen.

Vorurteile bestätigen sich leicht, weil es zum Wesen der Dinge gehört, daß Gleiches Gleiches anzieht. Und das Böse wird im Verstand und in den Herzen aller ständig unterstützt. Da sich vor unseren Augen ein übles Beispiel nach dem anderen manifestiert, beginnen wir, die Kraft des Guten in Zweifel zu ziehen und doch ständig weiter danach zu suchen. Solange der Mensch das Böse unterstützt, indem er verurteilt und Angst hat, wird das Böse existieren und es dem Guten schwermachen, sich durchzusetzen. Das Böse ist eine Realität, die im Bewußtsein eines jeden individuellen Fragmentes existiert und dort überwunden werden muß, bevor die Hingabe an den Schöpfer erreicht werden kann. Man muß aber auch wissen, daß das Böse in seinen vielen Gestalten vom Menschen erschaffen wird, um das eigene Bewußtsein für eine falsche Macht zu öffnen und es so stagnieren zu lassen.

»Das Böse ist negative Energie. Das Gute ist positive Energie. Das Böse ist alles Falsche. Das Gute ist alles Richtige.« Solche Behauptungen stellen in sich Urteile dar und bieten einen guten Ausgangspunkt. Negative Energie ist schwer. Positive Energie ist leicht. Der gesunde Menschenverstand läßt uns leicht erkennen, daß wir mit etwas Schwerem nicht so leicht umgehen können wie mit etwas Leichtem.

Da sich der Mensch für das Licht des Körpers, des Verstandes und Geistes hält, ist jedes schwere Hindernis eine Drohung und etwas Ängstigendes, während jedes lichte Objekt als ein Zeichen bewertet wird, sich mehr anzustrengen und größeren Schmerz zu ertragen, um diesem Licht näherzukommen. Deshalb wird es für recht und nicht für böse gehalten, zu leiden und sich zu verleugnen, während es als egoistisch und böse gilt, den leichten Weg zu wählen. Beziehen wir dies auf eine bestimmte Situation, etwa eine zerbrochene Ehe, in der die Frau mehrere Kinder hat und von ihrem Mann nicht geliebt wird, so gibt es zwei Alternativen: Entweder sie verläßt die Familie und geht allein weiter, oder sie bleibt und leidet für das Wohl der Kinder. Die Frage ist dann, welche Handlung die richtige und welche die böse ist.

Natürlich ist keine von beiden böse oder gut. Wird die Entscheidung im Schmerz getroffen, dann bringt der Schmerz negative Energie mit sich, die zu sogenannten bösen Handlungen führt. In einem solchen Fall könnte die Frau sich schuldig fühlen, wenn sie geht, was dazu führen würde, daß sie für sich niemals etwas erreicht. Oder sie bliebe und würde ihre Schuld den Kindern auferlegen, indem sie ihre hoffnungsvollen Freiheitsträume auf den Sankt-Nimmerleins-Tag verschiebt. Die Umwelt beurteilt ihre Entscheidung, und sie beurteilt sich selbst. Sie gerät in eine Zwickmühle. Ihr Schuldgefühl führt zu negativer Energie, die von ihrer Umwelt als böse beurteilt wird und dazu führt, daß sie selbst sich sündig und allein fühlt.

All das führt zu negativem Denken, das mit und ohne Worte zum Ausdruck kommen kann. Solche Energieausstrahlungen fließen aus der Aura in die Atmosphäre, wo sie darauf warten, von anderen aufgenommen zu werden. Andere nehmen diese negative Energie auf, da Gleiches Gleiches anzieht, und verstärken und projizieren diese negativen Gedanken und Gefühle wiederum hinaus in die Atmosphäre.

Die Welt wird durch diesen ständigen Kreislauf der Absorption und Entladung mit einer Schicht negativer Gedankenmuster umgeben, vom Haß zum Mord, von der Herrschsucht zur Zerstörung. Zu Beginn der medialen Entwicklung stellt sich der Schüler häufig auf diese negativen Gedankenformen ein, die Angst in ihm erzeugen, weil er nicht versteht, worauf er sich da eingelassen hat. Seine Imagination verleiht den Gedankenformen physische Gestalt, welche die Angst verstärkt und den Schüler oft dazu verleitet, auf dem Weg zur Wahrheit und zu höherem Bewußtsein umzukehren. Manche lehnen in einem solchen Zustand ihre medialen Sinne völlig ab, während andere diesen Bewußtseinszustand als Botschaft der Schutzgeister akzeptieren.

Einige Individuen haben Angst vor dem Wachstum und halten sich deshalb am Negativen fest. Solche Leute ziehen negative Gedankenformen auf sich, die sie dann benutzen, um Bilder von Monstern als ihre Verbündeten zu beschwören. Diese Verbündeten nehmen Gestalt an und werden von ihren Schöpfern zu üblen Zwecken manipuliert. Wenn sie einem Opfer ihren Willen aufgezwungen haben, öffnet sich dieses Opfer für die Erwartung von etwas Bösem. An diesem Punkt nehmen die negativen Gedankenformen in der erschaffenen Gestalt des Monsters zu und werden ausgeschickt, um sich in das Opfer einzuschleichen, das sich voll Angst dem Willen der negativen Gedankenformen unterwirft und von ihnen überwältigt wird. Auf diese Weise funktioniert Voodoo. Eine so erschaffene Gedankenform ist für das Opfer ein wirkliches Monster.

Negative Gedankenformen können aufgelöst werden, indem man sie zunächst als das sieht, was sie sind, und ihnen dann positive Energie in Form von Liebe schickt. Will ein Individuum dagegen ankämpfen, muß es die negative Gedankenform als einen Teil seines eigenen Wesens akzeptieren, um sie umzuprogrammieren und zu ihrem Erzeuger zurückzuschicken. Dies ist ein Akt der Vergeltung, welcher den Erzeuger der Gedankenform lehren wird, anderen nicht den eigenen Willen aufzuzwingen. Danach sollte eine besondere Reinigungszeremonie durchgeführt werden, um die aufgenommene Negativität zu beseitigen. Hexen und Zauberer arbeiten gewöhnlich auf diese Weise, tragen damit aber meist zu ihrer eigenen Zerstörung bei, weil Rachsucht nur weitere böse Gedankenformen erzeugt. Schüler sollten sich ständig vor negativen Gedankenformen schützen, indem sie innerlich ihre eigene Lichtgestalt aufbauen und vom Schöpfer reine Liebe und positive Energie beziehen, die ihnen hilft, emotional und mental positiv eingestellt zu bleiben. Auf diese Weise können alle negativen Gedankenformen aufgelöst werden, sobald sie mit den äußeren Rändern der Aura in Kontakt kommen. Wenn sie die Aura berühren, wird sich der Schüler ihrer bewußt, fühlt sich jedoch nicht von ihnen bedroht.

Dadurch, daß der Schüler durch Meditation und spirituelles Bewußtsein eine immer größere Lichtgestalt entwickelt und Lichtstrahlen aussendet, zieht er unsichtbare Kräfte aus dem Dunkel an, wie eine Lampe in der Nacht die Motten anzieht. Diese unsichtbaren Kräfte gehören entweder zu Wesen der Erde, der Luft, des Feuers und des Wassers, oder es sind verlorene Fragmente der Seele, die nach Erlösung suchen. Solche Wesen können einem Individuum Licht entziehen, es in die Dunkelheit werfen und so dafür sorgen, daß es negativ wird und sogenannte böse Taten begeht.

Wie der Mensch tragen auch andere Geschöpfe Böses in sich. Elementarwesen sind Naturgeister, deren Aufgabe es ist, die Erde im Gleichgewicht zu halten. Jedes Elementarwesen ist ein Individuum und kommt entweder auf der Erde, in der Luft, im Feuer oder im Wasser vor. Elementarwesen werden stets die Gestalt ihres wirklichen Elementes annehmen, wenn sie in Wahrheit und Positivität arbeiten. Sie werden ihre Identität jedoch in der Gestalt eines anderen Elementes verstecken, wenn sie in Negativität arbeiten. Der Grund dafür ist, daß man sie leicht kontrollieren, neutralisieren und korrigieren kann, wenn sie ihr wirkliches Element zeigen. Zum Beispiel sieht man Elementarwesen der Luft im Nebel und im Wind, Elementarwesen des Feuers in der Sonne oder um ein Holzfeuer, während man Elementarwesen der Erde in Gras und in Blumen sieht und Elementarwesen des Wassers natürlich in der Nähe von Wasser.

Ein negatives Elementarwesen wird sich in das Element einmischen, welches es kontrolliert. Ein Luftwesen kann zum Beispiel Radiowellen stören, und ein Erdwesen kann einen Menschen dazu bringen, zu stolpern und hinzufallen. Ein Feuerwesen wird Feuer hervorrufen, von emotionaler Leidenschaft bis zu wirklich brennendem Feuer, während ein Wasserwesen uns mit ängstlichen Leidenschaften und körperlichen Störungen im Zusammenhang mit Wasser überfluten wird.

Stellt sich ein Medium auf solche Wesen ein, werden sie alles mögliche zeigen, nur nicht ihre wahre Gestalt. Nur durch Beobachtung und Eingrenzung kann man ihre wirkliche Identität herausfinden. Ist die erst einmal bekannt, kann der Schüler Gedanken ihres Grundelementes zu den Wesen schicken. Zu einem Feuerwesen sendet man zum Beispiel Bilder von Flammen, die es umgeben. Erinnern wir uns, daß Gleiches Gleiches anzieht. Ein so entdecktes Wesen kann nichts anderes tun, als sein wahres Selbst zu akzeptieren und seine wirkliche Natur zu offenbaren. Jetzt ist es schwach und hat Angst. Deshalb sendet man ihm Liebe und freundliche Gedanken und erinnert es an sein wahres Selbst. Man befiehlt ihm dann, zur Sonne oder ins Feuer zurückzugehen, und es wird dies tun.

In Negativität verstorbene Menschen haften nach ihrem Tode noch an der Erde. Ihre zuletzt gedachten Gedanken bleiben bei ihnen. In den meisten Fällen suchen diese verlorenen Menschen, die nun als entkörperte Geister oder Fragmente bezeichnet werden, weiterhin nach Alkohol, Drogen, verlorenen Angehörigen, Besitz usw. Sie halten sich für immer noch lebendig und glauben, noch immer in ihrem Körper zu sein. Manche Selbstmörder sind davon überzeugt, daß ihr Selbstmordversuch nicht erfolgreich war, und suchen weiterhin den Tod, während andere sich für tot halten und meinen, sie seien für immer zwischen den Welten verloren, obwohl sie die Erde immer noch durch ihre irdischen Gedanken und Bedürfnisse wahrnehmen können. Solche entkörperten Geister brauchen Energie, um ihre Lebenskraft aufzufrischen, wie wir für unsere Körper Nahrung brauchen. Sie sind der Meinung, daß die einzige für sie verfügbare Energiequelle auf der Erde sei, wo Menschen und Tiere sind. Am meisten Energie ist von einem Menschen zu holen, der Licht ausstrahlt.

Es ist wichtig, daß sich der Schüler solcher entkörperten Geister bewußt ist, ob er nun wacht oder schläft. Diese Geister ziehen ihm Energie ab, indem sie ihm telepathisch Angst einflößen. Oft senden sie ihm ihre Bedürfnisse nach Alkohol oder Drogen, die der Schüler als seine eigenen Gedanken deutet, um dann selbst nach Alkohol oder Drogen zu verlangen. Nimmt ein inkarnierter Geist solche Dinge in sich auf, empfindet der verlorene Geist die Befriedigung telepathisch und fühlt sich dadurch gestärkt.

Bleibt ein solcher Zustand unbeachtet, kann es schließlich passieren, daß Verstand, Körper und Geist des Mediums von dem eindringenden Geist besessen werden. Dabei handelt es sich um eine negative Bindung eines Fragmentes an die Form.

Man erinnere sich daran, daß Besessenheit zustande kommt, weil Gleiches Gleiches anzieht, und daß alle Fragmente einer Seele sich in Sympathie miteinander befinden. Wenn ein entkörpertes Fragment nach Hilfe sucht, wird es automatisch in seine eigene Gruppe inkarnierter Fragmente gezogen, sofern sie miteinander in Kontakt kommen. Zum Glück finden nur wenige entkörperte Geister passende Personen, und die meisten derzeitigen Besessenheitsfälle enden mit einer Zurückweisung. Bei einem Medium, in das ein Geist eingedrungen ist, kann man eine Persönlichkeitsspaltung wie bei Dr. Jekyll und Mr. Hyde beobachten.

Durch Liebe aus dem spirituellen Bewußtsein können beide Fragmente voneinander gelöst werden. Dem entkörperten Geist wird in den Astralbereichen geholfen, während das Bewußtsein des inkarnierten Geistes wieder aufgebaut wird, so daß er ein erfülltes Leben führen kann.

Entkörperte Fragmente, die allgemein als verlorene Seelen bekannt sind, nehmen gewöhnlich die Gestalt an, die sie in ihrem letzten Leben hatten. Gelegentlich kann sich jedoch eine verlorene Seele an ihr spirituelles Selbst erinnern und deshalb auch an vergangene Leben. Da die verlorene Seele sich in einem negativen Geisteszustand befindet, treten aber nur Erinnerungen an negative frühere Leben auf. Während die verlorene Seele diese Erinnerungen durchlebt, verändert sich ihre Gestalt passend zu den Erinnerungen häufig. Dieses kann bewußt oder unbewußt geschehen.

Beobachtet ein Medium eine verlorene Seele mit Hilfe des dritten Auges, so kann es sein, daß es eine ständige Transfiguration zu sehen bekommt, etwa einen modernen Mann, eine Frau aus dem 16. Jahrhundert, einen ägyptischen Pharao, einen schwarzen Sklaven oder eine Tänzerin. Für den Beobachter kann das verwirrend sein, denn der Mensch ist daran gewöhnt, mit einem stabilen Gegenüber zu kommunizieren. Der Schüler kann dadurch verängstigt werden, daß eine Person schnell ihre Form verändert. Aus dieser Angst bezieht das entkörperte Fragment Nahrung, um die Verbindung offenzuhalten.

Entkörperten Geistern oder verlorenen Seelen begegnet man am besten, indem man sie mit Liebe umgibt und alles, was offenbar wird, ohne Urteil oder Kritik akzeptiert. Der Schüler sollte dabei stets ruhig und entspannt bleiben, ganz gleich, was die verlorene Seele zeigt. Manchmal wenden verlorene Seelen auch Gewalt an, indem sie zum Beispiel mit Messern auf den Schüler werfen. Diese Messer erscheinen sehr real, sind jedoch aus Energie und lösen sich sofort auf, wenn sie die Aura des Schülers berühren. Je ruhiger der Schüler ist, desto besser schützt ihn seine Aura vor solchen Eindringlingen. Doch auch wenn der Schüler ängstlich reagiert und sich vor den Messern duckt, wird sein physischer Körper keinen Schaden nehmen.

Nur wenn er mit Panik reagiert und sich selbst für verletzt hält, kann es zu selbstinduzierten Schmerzen kommen, wie im Voodoo. Normalerweise verläßt dabei die durch die Überraschung oder den Schreck erzeugte Angst den menschlichen Körper in Form von Energie und schwächt dadurch seine Schwingungen, während der entkörperte Geist diese Schwingungen aufsaugt und stärker wird. So kann er die Verbindung besser aufrechterhalten.

Der Schüler sollte dem Geist anfangs persönliche Fragen stellen und dann auf telepathische Antworten warten. Die Fragen sollten sehr einfach formuliert sein: Wie ist dein Name? Welches Jahr ist jetzt? Wie bist du gestorben? Was willst du? Hat der Schüler die Situation der verlorenen Seele verstanden, sollte er sie über die gegenwärtige Zeit, das Jahr, den Ort informieren, um ihr dabei zu helfen, ihren entkörperten Zustand zu akzeptieren. Sobald die entkörperte Seele ihre Lage begreift, entsteht in ihr eine Welle von Selbstmitleid. An dieser Stelle sollte ihr der Schüler Gedanken der göttlichen Liebe senden, die sie fühlen kann.

Dann wird der Schüler sich Angehöriger der verlorenen Seele bewußt werden, die geduldig darauf gewartet haben, daß sie ins Astrale erhoben wird. Der Schüler sollte die verlorene Seele dann über die Gegenwart dieser Angehörigen informieren und ihr dabei helfen, sie durch seine eigenen Schwingungen zu fühlen und zu sehen. Sobald die verlorene Seele diese Art der Einheit fühlt, wird ihr Verlangen nach Liebe stärker.

An diesem Punkt verbinden sich die Schutzgeister oder aufgestiegenen Fragmente mit der verlorenen Seele und erheben sie ins Astrale, wo ihr Ermutigung, Liebe und Verständnis zuteil wird. Schließlich wird sie auf ein neues Leben auf der Erde vorbereitet. Während dieser ganzen Zeit strahlt die Aura des Schülers in weißem Licht. Dieses weiße Licht ist alles, was der Schüler als Schutz vor dem Dunkel braucht.

Es zeigt sich oft als eine weiße Säule. Der Schüler sollte in diese Säule eintreten und die zu erhebende entkörperte Seele mit sich nehmen. Indem er sich in den Strahlen dieser Lichtsäule sonnt, wird seine Schwingung erhöht, während der verlorenen Seele beim Aufstieg geholfen wird. Alle Negativität wird beseitigt. Der Schüler sollte jedoch eine Regel stets beachten: »Suche den entkörperten Geist nicht wieder auf.« Möchte dieser dem Schüler persönlich danken, so wird er zu einem späteren Zeitpunkt zurückkehren. Wenn man einen entkörperten Geist ruft, um herauszufinden, ob er aufgestiegen ist und ob es ihm gutgeht, erinnert man ihn nur wieder an die Erde und an seine alten Bedürfnisse. Das kann dazu führen, daß er wieder an die Erde gebunden wird und verlorengeht.

Die letzte Form der Negativität, vor der man sich hüten muß, ist die Angst und der Zweifel an sich selbst. Diese Angst kann in drei Kategorien eingeteilt werden:

Die erste manifestiert sich als Folge einer negativen Erfahrung. Ist man zum Beispiel von einem Hund gebissen worden, so folgt daraus der bewußte Gedanke, daß alle Hunde gefährlich sind, was zu einer Phobie führen kann.

Die zweite Art der Angst entsteht als Folge von Konditionierungen, etwa der von den Eltern erhaltenen Lektionen über all die negativen Folgen, die ganz bestimmte Dinge nach sich ziehen können. So kann sich eine lebenslange Angst vor Situationen entwickeln, in denen eben diese Dinge eintreten könnten. Es kann sogar sein, daß ein Individuum, das sich vor bestimmten Ereignissen fürchtet, genau dadurch immer in Situationen gerät, in denen das Gefürchtete eintritt – ganz nach dem karmischen Gesetz, nach dem Gleiches Gleiches anzieht. So etwas kann zu einer tiefen Lebensangst führen.

Die dritte Art Angst ist die vor dem Unbekannten. Da der Mensch die Fähigkeit besitzt, Dinge zu erschaffen, manifestiert er im Geist alle möglichen Formen, die für die Gefühle, den Körper und die Seele bedrohlich sind. Dadurch wird er unfähig, sich selbst oder jemandem um sich herum zu trauen. Treffen diese drei Arten von Angst in einem Individuum zusammen, wird es nicht stabil sein können. Seine Persönlichkeit verändert sich von Augenblick zu Augenblick.

Solche Persönlichkeiten sind nur sehr schwer zu erreichen. Gewöhnlich werden sie zu Außenseitern, die ein einsames und verbittertes Leben führen. Die Einsamkeit kann jedoch gelegentlich auch zum Schlüssel werden, um die Ängste zu lösen. Kein Fragment ist gern isoliert, und schließlich sehnt sich ein jedes nach Harmonie mit anderen. Ist die Sehnsucht stark genug, so überwindet sie die Angst und regt das Individuum an, nach Hilfe zu suchen.

Das Fragment findet sein Gleichgewicht schließlich, indem es negative und positive Ereignisse praktisch, emotional und mental erlebt. Solche Erfahrungen können verschiedener Art sein und wiederholen sich, bis sie ganz verstanden worden sind. Dadurch wird ein Fragment in die Lage versetzt, angesichts eines negativen Ereignisses neutral zu bleiben. Es ist zum Beispiel unvermeidlich, daß eine Ehe zerbricht, in welcher die beiden Partner vorgefaßte Meinungen voneinander haben. Sie stehen täglich vor der wirklichen Identität ihres Partners, die ihren zuvor festgelegten Erwartungen nicht entspricht. Schließlich wird einer der Partner begreifen, daß sie sich viele Male ergebnislos darum bemüht haben, sich gegenseitig ihren Willen aufzuzwingen. Ihnen wird dann klar, wieviel Energie und Zeit sie verschwendet haben. An so einem Punkt beginnt das Individuum, sich wieder stärker um sich selbst zu bemühen. Dann kann es den Partner sehen, wie er oder sie wirklich ist und die Beziehung loslassen, indem es neutral wird.

Im Bewußtsein der positiven und negativen Faktoren einer Beziehung kann das Individuum nun mit einem völligen Verständnis dessen weiterschreiten, was es während der Ehe gelernt hat. Leider flüchten viele aus Beziehungen, ohne jemals etwas zu verstehen, weil ihr eigener Ärger oder ihre Frustration sie davongetrieben haben. Sie müssen die gleiche Lektion mit anderen Partnern so lange wiederholen, bis sie schließlich etwas gelernt haben. Gerade in Beziehungen gibt es viele negative und positive Lektionen zu lernen.

In allen Situationen, die in diesem Kapitel diskutiert wurden, kann man sich selbst am besten dadurch schützen, daß man sich stets seines Verstandes, seines Körpers und seiner Emotionen bewußt bleibt. Um diesen Schutz durch Bewußtheit zu gewährleisten, sollte man:

- immer beide Seiten der Medaille sehen, die gute und die schlechte;
- alle Ereignisse als Lernmöglichkeiten annehmen;
- Beurteilungen und Konditionierungen ausschalten;
- akzeptieren, daß alles nach Gottes Plan geschaffen wurde und so ist, wie es sein sollte;
- sehen, daß nichts umsonst geschieht und daß alle guten und schlechten Erfahrungen zur Entwicklung der Seele beitragen;
- den wahren Wert vergangener Erlebnisse schätzen lernen, um das Selbst wahrhaft zu verstehen;
- Rechtfertigungen, Erwartungen und Einschränkungen über Bord werfen und statt dessen Liebe, Frieden und Verständnis in sich selbst und mit anderen zu finden;
- sich dem Schöpfer in bedingungsloser Liebe hingeben;
- im Herzen spüren und wissen, daß das eigene Dasein das Dasein des Schöpfers ist;
- verstehen, daß das eigene Schicksal das des Schöpfers ist, daß alle Träume, Hoffnungen und Wünsche und alles, was im Leben eines Individuums geschieht, zum Schöpfer gehört und deshalb so ist, wie es sein sollte.

Wer diese Regeln beachtet, kann mit seinen Mitmenschen in Frieden leben und weiß, daß Gottes Liebe in allem ist. Jedes Individuum sollte es sich gestatten, das zu nehmen, was Gott ihm gibt, und sollte Gott andererseits das geben, was er wünscht, damit sich sein Wille manifestieren kann. Jedes auf diese Weise gelebte Leben wird erfüllt sein, denn in ihm manifestiert sich gleichzeitig der Wille des Individuums, der Seele und Gottes.

Viel Zeit, Geduld und Übung sind nötig, damit der Mensch mit Gott eins werden kann. Doch können die Augenblicke, in denen dieses Gefühl vom Herzen empfunden wird, viel Mut machen und die innere Entwicklung vorantreiben. Wenn es dazu kommt, strahlt das betreffende Individuum immer mehr Harmonie aus, die sich in positiven Emanationen weißen Lichts zeigt, das alle Negativität von sich weist. Ein inkarniertes entwickeltes Fragment wird niemals vom Dunkel bedroht, sondern heißt es vielmehr willkommen als Herausforderung und Hilfe für sein Wachstum. Das Fragment bekommt die Gelegenheit, sich auszudehnen und mitzuteilen in der Hoffnung, dem Negativen bei der Veränderung zum Positiven zu helfen und im Laufe der Zeit das Dunkel auszulöschen.

Meditation als Mittel
zur Förderung medialer Fähigkeiten

Nachdem wir im letzten Kapitel darüber gesprochen haben, wie wichtig es ist, Frieden in Körper, Seele und Geist zu erlangen, müssen wir nun Möglichkeiten finden, diesen Zustand andauern zu lassen, damit wir uns selbst und die Welt meditativ beobachten können.

Wer sich für den Weg der Meditation entschieden hat, sollte wissen, daß es auf diesem Weg keine Abkürzungen gibt und daß man auch nicht mehr umkehren kann, hat man sich erst einmal aufgemacht. Zeiten, in denen nicht meditiert wird, sind zwar gestattet, doch mache man sich von Anfang an klar, daß Selbstdisziplin und Einsatz von jetzt an zu einer Notwendigkeit werden und daß zu Anfang viele Fehlschläge zu erwarten sind.

In der Meditation sucht der Schüler eine Begegnung mit seinem Selbst. Er muß darauf gefaßt sein, daß er auf allen Ebenen seines Seins vielen Ängsten begegnen wird. Er sollte aber auch wissen, daß er schließlich eine Transformation erleben wird, die seine Einstellung sich selbst, seinen Besitztümern und anderen Menschen gegenüber verändern wird. Von Anfang an muß er die Bereitschaft mitbringen, sich flexibel zu entwickeln und auch jene Dinge loszulassen, an denen er sich im alltäglichen Leben festhält. Das kann bedeuten, daß er den Partner wechseln, seine Angehörigen verlassen oder sich ein völlig anderes häusliches oder berufliches Umfeld suchen muß.

Jahrhunderte gehen dahin, und die Welt verändert sich offensichtlich mit der Zeit; der menschliche Geist jedoch bleibt stets derselbe. In Zeiten großer Beanspruchung oder großer Freude fühlt der Mensch tief in sich, daß all dies eine Lektion enthält, die erkannt und verstanden werden muß. Immer wieder wird er über den Sinn seines Daseins nachdenken. Die Wege, die er dabei geht, sind vielfältig, die Pfade verschlungen, doch führen sie schließlich alle zu dem Verständnis, daß der Mensch ein Teil Gottes und mit ihm eins ist.

Schon immer hat der Mensch meditiert. Ein Platz in der Natur, eine Kirche, ein ruhiges Zimmer – all diese Orte dienen einem

Zweck: Sie schaffen den Raum, in dem der Mensch mit sich und seinen Gedanken allein sein kann. An solchen Orten lernt er, nach innen zu schauen und sich selbst kennenzulernen.

Die rein verstandesmäßige Kontemplation kann produktiv und destruktiv zugleich sein. Da diese widersprüchlichen Faktoren eins sind, entsteht große Verwirrung. Viele kommen vom Weg ab, weil sie dem Druck der irdischen Kräfte nicht standhalten können. In der Meditation lernt man , die Wirklichkeit und den Sinn all dessen zu sehen, was in der Person und um sie herum ist. In diesem Zustand kann man die Probleme des Lebens sehen und fühlen und sich gleichzeitig davon distanzieren und beobachten.

Man kann mit verschiedenen Zielen meditieren, indem man sich beispielsweise Übungsfolgen zusammenstellt, die der Selbstheilung, der Rückführung in frühere Leben, der medialen Entwicklung, der Philosophie, dem Astralwandern, der Beobachtung der Körperfunktionen, der Beseitigung von Ängsten und Schmerzen, der Entwicklung eines höheren Bewußtseins und vielem mehr dienen. Der Entwicklung im Geist sind nämlich keine Grenzen gesetzt.

Wenn man mit der Meditationspraxis beginnt, kann man sich einer Gruppe anschließen, die von einem Adepten geleitet wird, der die Schüler auf dem ersten Stück des Weges begleitet. Sitzungen, in denen nur ein einzelner Schüler mit einem Adepten meditiert, verlaufen weitaus intensiver.

Hat der Schüler einmal die Lästigkeiten des Körpers überwunden und seinen Verstand kontrollieren gelernt, dann kann er allein meditieren. Anschließende Diskussionen mit den Adepten sind jedoch weiterhin notwendig, denn es wird immer wieder Zeiten geben, in denen dem Schüler bestimmte übernatürliche Dinge nicht klar sind. Auf jeder Meditationsstufe wird es Zeiten der Erleuchtung und Zeiten der Bedeutungslosigkeit geben, ja sogar Zeiten, in denen selbst der Adept Gefahr läuft, sein klares Verständnis zu verlieren. Solche Tiefen müssen anschließend rational reflektiert werden.

Die ersten Meditationsstufen haben nur mit dem physischen Körper und seinen Funktionen zu tun. Der Schüler muß jeden Zentimeter seines Körpers kennenlernen und erkennen, welchen Wert dieser als heiliger Tempel seines Geistes hat.

Die zweite Stufe hat mit der Einsicht in den Verstand zu tun, der oft gegen das Selbst rationalisiert. Der Schüler muß lernen, die aus dem Verstand aufsteigenden Gedanken zu kontrollieren, bis dieser still wird. Ist die Stille einmal erlernt, so kann er sich als nächstes auf das tiefe Unbewußte oder den Geist einstimmen, in welchem die Wahrheit des Selbst liegt. Hat die Psyche das erste und zweite Stadium gemeistert, so wird sie von selbst die Einstimmung auf den Geist finden und dabei das Gleichgewicht von Verstand, Körper und Geist praktisch unterstützen.

Wenden wir uns nun dem Verständnis des physischen Körpers zu. Wie alle erschaffenen Dinge funktioniert der Körper nur gut, wenn gut für ihn gesorgt wird. Fährt man ein Auto konstant mit Höchstgeschwindigkeit, so wird es bald zusammenbrechen. Ebenso ist es mit dem Körper. Man muß lernen, Aufmerksamkeit auf den Körper zu lenken und auf seine Warnsignale zu hören. Da reichen keine rationalen Gründe und Ausreden, denn wenn man die Warnungen nicht beachtet, wird eine Krankheit folgen, sei es eine Erkältung oder Krebs. Deshalb ist es wesentlich, Nahrung, Übung, Schlaf, Arbeit und emotionale Verbindungen bewußt zu handhaben.

Man kann sich mit all diesen Situationen in der Meditation beschäftigen und sie korrigieren, falls man darin fehlgeht. Der Verstand ist ein Betrüger und Lügner. Er wird Unsicherheitsfaktoren oft durch negative Gedanken und falsche Weisheiten verdecken, um Veränderungen zu vermeiden. Das führt dazu, daß sich jemand aus für das Selbst wichtigen Tätigkeiten herausredet und die eigenen Möglichkeiten der Meditation behindert. Deshalb ist es wichtig, dem Verstand beizubringen, daß er fehlgeht, indem man dem Selbst täglich eine gewisse Zeit widmet, eine Zeit, die mit den Dingen verbracht werden kann, die den größten Nutzen haben, zum Beispiel lesen oder Musik hören. Dadurch kann der Körper sich zu einem gewissen Maß entspannen. Neigt man dazu, sich ständig Sorgen zu machen, dann sollten die Tätigkeiten eine Konzentration des Verstandes mit sich bringen, wie Lesen oder Kreuzworträtselraten. Indem der Verstand von nur einem Gedanken geleitet wird, lernt er zu ruhen und die Kontrolle abzugeben.

Da der erste Eindruck eines Individuums von seinem Körper ausgeht, sollte man einen Teil des Tages mit Körperpflege verbringen. Wenn man hübsch aussieht, fühlt man sich besser; und wenn man sich besser fühlt, lösen sich mehr Spannungen. Ein Vollbad ist ideal, um Spannungen zu lösen und einfach da zu sein.Vielen Menschen fällt es schwer, sich selbst zu lieben, zu mögen oder zu bewundern. Auch dem sollte man einen Teil des

Tages widmen. Man sollte sich zum Beispiel gründlich im Spiegel anschauen. Die Augen sind der Spiegel der Seele und werden das wahre Selbst enthüllen. Wenn Sie sagen können: »Ich freue mich, ich zu sein!«, und zwar ohne Einschränkung, dann werden Ihre Augen die Liebe zeigen, die Sie für sich selbst empfinden, und wirkliche Zufriedenheit. Sich selbst bewundernd anzuschauen, ist egoistisch und sinnlos. Schauen Sie also nach innen auf Ihr wahres Ich und lieben Sie sich spirituell, mental und physisch, so wie Gott Sie mit all ihren Fehlern und Vorzügen liebt. Lieben Sie das Kind in sich und lassen Sie es spielen.

Der Körper braucht Nahrung. Über- oder Unterernährung sind Zeichen von Spannung und Streß als Folge eines Ungleichgewichtes. Ist man in sich glücklich und zufrieden, dann wird der Körper sein natürliches Gewicht finden, und es wird nicht nötig sein, Diät zu halten. Was für den Körper schädlich ist oder was ihm fehlt, wird dem Individuum von seinem inneren Selbst enthüllt.

Der bewußte Geist hat einen starken Willen. Bevor Sie mit der Meditation beginnen, notieren Sie sich, was Sie täglich essen und wie Ihr Körper darauf reagiert. Wer zum Beispiel Rindfleisch ißt und anschließend ständig Verstopfung hat, sollte aufhören, Rindfleisch zu essen. Der Körper wird im Laufe der Zeit nach der Nahrung verlangen, die er wirklich braucht. Eine schwangere Frau kann zum Beispiel mitten in der Nacht Lust auf Früchte bekommen. In einer solchen Situation lassen der schlafende Körper und der ausgeruhte Verstand Raum für das tief Unbewußte, das den Willen über die Bedürfnisse des Körpers informiert.

Es dauert einige Zeit, bis sich ein solches Bewußtsein für die Ernährung entwickelt, und man sollte Geduld mit sich haben. Nichts kann im Handumdrehen erreicht werden. Nur Entschlossenheit kann uns wirklich weiterbringen. Hat man einen schwachen Willen, so wird man schnell in den alten Trott zurückfallen. Geben Sie aber trotzdem nicht auf. Übung macht den Meister, und zur Vollendung braucht man Disziplin.

Abhängigkeiten von Drogen, wie Alkohol und Zigaretten, sind Zeichen dafür, daß der Mensch unter Streß und Spannung steht. Obwohl diese Drogen natürlich schädlich sind, stellen sie auch eine Stütze für den Körper dar und sind Teil seiner Struktur geworden. Sie sollten ihm daher nicht abrupt entzogen werden, sondern nach und nach, bis der Körper sie nicht mehr braucht. Der Verstand wird sehr darum kämpfen, daß der Mensch diese

Stützen weiterhin benutzt. Sollte es ihm tatsächlich unmöglich sein, darauf zu verzichten, wird ihn die Meditation an die Wurzel des Problems führen und ihm eine Erklärung für seine Abhängigkeit liefern. Ist die Ursache dann erst beseitigt, fällt das Bedürfnis nach Stützen automatisch weg.

Außerdem braucht der Körper Bewegung, an die man ihn langsam gewöhnen sollte. Jeden Morgen ein paar Minuten Yoga oder leichte Gymnastik reichen am Anfang aus. Wenn der Körper kräftiger geworden ist, kann man mehr trainieren.

Auch ein erfüllendes, interessantes und produktives soziales Leben ist wichtig. Neue Bekannte bringen neue Ideen, und das Gehirn benötigt ständig neue Anregungen. Ein Leben, das nur von Routine und Gewohnheit bestimmt wird, führt zu Langeweile und Streß. Neue Hobbys können uns mit anderen Menschen zusammenbringen. Auch die Liebe macht einen wesentlichen Teil unseres Daseins aus. Es ist daher wichtig, zu lieben und geliebt zu werden. Lebt man mit einem Partner zusammen, sollte man sich alles anvertrauen können, was einen bewegt.

Ist man in der Partnerschaft unglücklich, weil bestimmte Ursachen ein Erfülltsein verhindern, dann sollte man über diese Ursachen meditieren.

Oft zeigt der rationale Geist nur Symptome auf der bewußten Ebene. Viele Ehen zerbrechen jedoch aus tieferliegenden Gründen, etwa weil einer der Partner seine Fehler auf den anderen projiziert und sich selbst nicht wirklich sehen kann.

Ist man einsam und isoliert, muß man lernen, sich anderen ohne Angst vor Zurückweisung zuzuwenden und sich an dem zu freuen, was man erhält, wie wenig es auch sei. Einsamkeit ist immer selbstgemacht; niemand muß allein sein. Ist jemand dennoch allein, so einfach deswegen, weil er oder sie sich weigert, wirklich mit anderen zu teilen. Manchmal will man aber auch absichtlich allein sein, um nachzudenken; und dafür sollte man sich Zeit nehmen.

Auch ein erfülltes Sexualleben ist wichtig, damit sich der Mensch wohlfühlen kann. Hier sollte man sich von anerzogenen Moralvorschriften freimachen, die unnötige Schuldgefühle hervorrufen.

Unsere Emotionen wandeln sich stets. Je nachdem, was aus der Außenwelt zu uns gelangt, fühlen wir uns gut oder niedergeschlagen. Zu Beginn der Bewußtseinsentwicklung kommt es nicht darauf an, ob wir schreien, weinen oder lachen.

Wichtig ist, daß wir unsere Gefühle zeigen. Unterdrückte Gefühle führen nämlich zu Spannungen und Streß. Gestatten wir uns also den Luxus eines gelegentlichen Gefühlsausbruchs. Nur wer mit seinen Emotionen ständig in Fehde liegt, sagt sich in jeder Situation, daß es besser sei, die Dinge auf möglichst freundliche Weise zu klären. Das ist nicht immer möglich. Manchmal ist es nötig, andere zu verletzen, damit auch sie wachsen können.

Eine grundlegende Bewußtheit sollten wir täglich einüben. Wer sich auf tiefere Meditationsebenen begibt, wird feststellen, wie wichtig die Bewußtheit während der inneren Wandlungsprozesse ist.

Die folgende Grundmeditation kann täglich praktiziert werden, wobei man die Dauer einer Sitzung allmählich verlängern kann. Anfangs sollte man etwa zehn Minuten lang meditieren, nach einigen Wochen bis zu einer Stunde oder noch länger. Manchen fällt das leicht, anderen nicht. Seien Sie auf jeden Fall immer geduldig und freundlich mit sich selbst. Diese Meditation ist zur Entspannung gedacht oder als Vorbereitung auf den beginnenden Tag. Sie wird am besten am frühen Morgen oder abends vor dem Schlafengehen durchgeführt. Es schadet auch nicht, zweimal täglich zu üben.

Grundmeditation zur Entspannung

1. Suchen Sie sich ein Zimmer, in dem Sie nicht gestört werden.
2. Legen Sie beengende Kleidungsstücke ab.
3. Sitzen Sie aufrecht mit abgestütztem Rücken, die Hände locker auf dem Schoß oder neben sich auf dem Stuhl. Oder legen Sie sich flach auf den Rücken, die Hände neben dem Körper.
4. Schließen Sie die Augen, und fühlen Sie das Gewicht Ihres Körpers. Bewegen Sie sich so lange, bis Sie das Gefühl haben, daß das Gewicht überall gleichmäßig verteilt ist, das heißt, bis das Gewicht auf beiden Gesäßhälften gleichzeitig ruht.
5. Korrigieren Sie Ihre Lage, wenn nötig, noch einmal und sagen Sie sich, daß Sie sich nicht bewegen werden, auch wenn unangenehme Empfindungen, wie etwa Juckreiz, auftreten. Auf diese Weise manifestieren sich störende Gedanken, um Sie von Ihrem Fortschritt abzuhalten. Der Grund dafür ist, daß der Verstand Angst vor dem Unbekannten hat.

6. Stimmen Sie sich jetzt auf Gott ein, indem Sie in einem Gebet Ihrer Wahl um Schutz bitten.
7. Nehmen Sie alle Spannungen in Ihrem Körper wahr. Fühlen Sie die Schmerzen in den angespannten Muskeln.
8. Stellen Sie sich ein weißes Licht vor, das sich über Ihren Kopf ergießt und von dort durch Ihren ganzen Körper bis zu Ihren Fußsohlen läuft. Dieses weiße Licht beseitigt allen Streß und alle Spannungen. Beobachten Sie es, wie es langsam über Sie hinwegläuft. Sehen Sie dieses Licht ständig, und sagen Sie sich, daß Ihre Spannungen Sie durch Ihre Fußsohlen verlassen und sich von Ihnen fort in den Boden bewegen, wo sie von Mutter Natur benutzt werden, um die Erde zu verjüngen.
9. Beobachten Sie, wie Ihr Körper sich entspannt. Beobachten Sie, wie Schmerzen und Spannungen Sie verlassen.
10. Wenn Sie sich leicht fühlen, bleiben Sie noch eine Weile in diesem Zustand liegen. Sobald Sie genug haben und sich körperlich gut fühlen, kehren Sie zum Normalzustand zurück.
11. Verändern Sie ihre Lage langsam und öffnen Sie die Augen, wenn Sie dazu bereit sind. Setzen Sie sich langsam mit angewinkelten Knien auf oder bewegen Sie sich auf Ihrem Stuhl.
12. Sprechen Sie wieder ein Gebet Ihrer eigenen Wahl, danken Sie dem Schöpfer und gratulieren Sie sich dann selbst.

Denken Sie immer daran, daß Sie keine Angst zu haben brauchen und alle Dinge als normal akzeptieren können. Während der Meditation können Sie folgende Dinge spüren oder erleben, die jedoch völlig normal sind.

– Zu Beginn der Meditation wird eine starke körperliche Unruhe auftreten und das Bedürfnis, irgendwie herumzuzappeln.
– Ihr Verstand wird pausenlos weiterschwatzen.
– Zu gewissen Zeiten werden wahrscheinlich folgende Erscheinungen auftreten: Jucken, Niesen, Schmerz, Atemprobleme, Schlucken, Panik, Kribbeln, Prickeln, Schweregefühl, Müdigkeit und Schwindel. Sagen Sie sich, daß all dies Ablenkungsmanöver sind. Geben Sie ihnen nur nach, wenn sie zu zwingend auftreten. Denken Sie aber auch daran, daß Übung den Meister macht. Seien Sie geduldig und liebevoll mit sich.
– Akzeptieren Sie widersprüchliche Gefühle und Gedanken, die in Ihnen aufsteigen. Aufsteigende Angst vor dem Unbekannten führt zu Energieschüben im Bereich des Magens und des Her-

zens. Wenn Sie das Bedürfnis haben, die Meditation in einem solchen Fall abzubrechen, dann tun Sie es. Können Sie allerdings die Gefühle beobachten, so werden sie sich zerstreuen, und Sie können weitermachen.

- Atmung: Es ist ganz normal, daß Sie sich selbst atmen hören. Es kann sich anhören, als würde jemand in Ihr Ohr atmen. Das ist der Klang Ihres eigenen Atems im Kopf. Bleibt Ihnen die Luft weg und bekommen Sie Angst davor, brechen Sie die Meditation sofort ab. Können Sie objektiv bleiben und durch die Angst hindurchgehen, dann stellen Sie sich ihr weiter, bis sie verschwindet.
- Körperliche Geräusche wie Magenknurren sind normal. Bei guter Meditation nehmen sie zu. Der Herzschlag sollte langsamer werden. Wird er schneller, so müssen Sie entscheiden, ob Sie sich der Angst stellen wollen oder die Meditation abbrechen.
- Empfindungen von starker Kälte oder Hitze sind normal. Entweder Sie begeben sich in diesen Wahrnehmungsbereich und bleiben darin, oder Sie gehen durch ihn hindurch.
- Kribbelnde Hände und Füße sind ebenso ein Anzeichen dafür, daß Streßenergie den Körper verläßt, wie auch andere Empfindungen auf der Haut, etwa Spannungen und Taubheit.
- Haben Sie während der Meditation das ungute Gefühl, beobachtet zu werden, so deutet das auf die Anwesenheit unfreundlicher Kräfte hin. Beenden Sie die Meditation langsam.
- Das Gefühl, herumgewirbelt zu werden, weist auf Energiebewegungen in den fünf Körpern – physischer, ätherischer, spiritueller, Geist- und Seelenkörper – hin, wenn diese nicht im Gleichgewicht sind. Stellen Sie sich die Körper als eins vor, dann müßte das Wirbeln aufhören. Steigert es sich bis zur Übelkeit, dann sollten Sie die Meditation abbrechen.

Ziel dieser Meditation ist, daß Sie mit echtem Wohlbefinden in den Normalzustand zurückkehren. Vergessen Sie nicht, daß es Zeit braucht, sich zu entspannen. Nehmen Sie sich diese Zeit.

Haben Sie bewußte Entspannung erreicht, während der Körper unbeweglich bleibt, werden Sie sich der Tätigkeit Ihres Gehirns bewußt werden. Die nächste Meditation ist dazu angelegt, den Verstand zu benutzen, um sich selbst ein wenig besser zu verstehen.

Zunächst aber beschäftigen wir uns mit dem Gehirn und seinen

Funktionen. Das Gehirn ist das physische Heim des Geistes. Dieser Geist kann in das Bewußtsein, das Unterbewußtsein und das tief Unbewußte unterteilt werden. Jeder dieser Teile funktioniert unabhängig von den andern.

Der bewußte, wache Geist ist darauf angewiesen, daß er von außen mit Informationen versorgt wird, die er dann rational verarbeitet. Er ordnet und definiert Worte, Handlungen, Gefühle und Erlebnisse. Muß er zu viele Erlebnisse einordnen, entsteht Verwirrung. Je mehr wir diesen Teil des Geistes benutzen, um so mehr verkomplizieren wir die Dinge. Ein Entschluß zu einer Ehescheidung zum Beispiel wird durch zahlreiche sogenannte Bedürfnisse von uns und anderen Beteiligten kompliziert gemacht. Das führt die betroffenen Parteien zu vielem Warum und Wofür. Die ursprüngliche Frage, ob es richtig ist zu gehen oder nicht, ein klares Ja oder Nein, verliert sich in den unzähligen Fragen, die aus dieser einen hervorgehen.

Das Unterbewußtsein ist unsere persönliche Datenbank. Es zeichnet alle gefühlten und erfahrenen Dinge des Lebens auf. Diese Informationen werden zu weiterer Verwendung gespeichert und nur abgerufen, wenn sie dazu angeregt werden. Spricht man zum Beispiel über die Spanienreise eines Freundes, so kann einen dieses Gespräch an Einzelheiten einer eigenen Reise erinnern, die man bislang vergessen hatte.

Das Unterbewußtsein kontrolliert auch die unwillkürlichen Bewegungen des Körpers, wie den Pulsschlag, die Atmung und die Muskelbewegungen. Das Bewußtsein wird den Wunsch zur Bewegung anregen, doch ist es das Unterbewußtsein, das uns bewegt. Daran kann man sehen, wie stark die beiden in Wechselwirkung stehen, obwohl sie voneinander getrennt sind.

Das tief Unbewußte ist das innere »Ich« oder die Vernunft unserer Seele. Es liegt unter den Schichten des Unterbewußtseins und des Verstandes verborgen und kann in Zeiten eines Traumas oder Schmerzes oder in der Meditation erreicht werden. Auch durch den Instinkt kann es in der Psyche Anweisungen manifestieren, wie bereits festgestellt wurde.

Das tief Unbewußte enthält alle Wahrheiten über unser jetziges Leben, über das Astrale und über die früheren Leben. Es kennt den richtigen Weg, dem zu folgen ist, und die richtige Art, Dinge zu tun. Es wird nur dann Wissen ins Unterbewußtsein und in den Verstand entlassen, wenn die Zeit dazu reif ist, den Geisteszustand auf allen Ebenen zu erhöhen.

Kein Schüler kann das tief Unbewußte direkt und unmittelbar erreichen. Es braucht Jahre, um auf dem Weg über das Unterbewußtsein ein wirkliches Bewußtsein des tief Unbewußten zu erreichen. Während dieser Zeit wird das tief Unbewußte zu einem Teil des bewußten Geistes. Manche Schüler haben Hilfsmittel wie Hypnose oder Drogen ausprobiert. Diese gestatten jedoch nur eine Lockerung des fixierten Bewußtseins, um einen kurzen Blick auf etwas zu werfen, was weiter erforscht werden muß. Und auch dieser kurze Blick wird nur möglich, wenn das Individuum für eine Erweiterung des Bewußtseins empfänglich ist. Deshalb haben viele versagt und unter Hypnose nur über Trivialitäten gesprochen. Der letztliche Weg zur Einheit besteht darin, das Bewußte, Unterbewußtsein und tief Unbewußte zu einem Ganzen zu verschmelzen, durch welches man alle Dinge auf allen Ebenen wissen kann und wahrhaft zu einem Meister wird.

Wir kehren nun zum Bewußtsein zurück, wo wir uns sicher fühlen und lernen, es zu unserem Vorteil zu benutzen. Die folgende Meditation ist dazu angelegt, auf verschiedene Weise mit dem Körper zu arbeiten, wobei mit körperlicher Entspannung begonnen wird, die die notwendige Grundlage bildet.

Meditation zur Kontrolle des Verstandes

Entspannen Sie sich durch die Grundmeditation. Beobachten Sie in diesem entspannten Zustand, wie oft Ihre Gedanken in tägliche Sorgen und andere Ablenkungen abtreiben, in Tagträume oder in Schlaf. Fließen Ihre Gedanken in Sorgen und Befürchtungen, denken Sie nicht darüber nach, sondern nehmen Sie sie als etwas Interessantes und beachten Sie Ihre Körperreaktionen, wie zum Beispiel Anspannung der Muskeln in bestimmten Bereichen. Erkennen Sie den Streß, den Sie durch das Nachdenken über diese Sorgen angesammelt haben, und senden Sie ihn durch Ihre Füße in die Erde hinaus. Beobachten Sie auf diese Weise Ihre sorgenvollen Gedanken und die entsprechenden Körperreaktionen weiter. Entspannen Sie sich dann erneut und bewußt und erinnern Sie sich an das, was Sie entdeckt haben. Sind Sie sicher, daß Sie wieder klar sind, so lassen Sie Ihren Geist zum Licht Gottes zurückkehren und visualisieren einen sicheren Ort im Sonnenschein, wo Sie über das eben Erlebte nachdenken können.

Treiben Sie in ziellose Tagträume oder Schlaf ab, so bringen Sie Ihren Verstand zurück zum Körper und beachten Sie die Spannungen, die dadurch im Körper erzeugt worden sind. Widmen Sie diesen angespannten Bereichen Ihre Aufmerksamkeit und fragen Sie sich, warum Sie angespannt sind. Warten Sie und beobachten Sie die aufsteigenden Antworten. Sie werden anders ausfallen, als Sie erwartet haben. Tagträumen ist eine Art des Abschaltens und des Ausweichens vor uns selbst. Schlaf bedeutet völliges Abschalten. Mit regelmäßiger Übung werden Sie feststellen, daß es möglich ist, konzentriert zu bleiben und sich selbst zu erkunden.

Beachten Sie weiterhin den emotionalen Streß und die aufsteigenden Spannungen und finden Sie neue Faktoren, die mit dieser Spannung zu tun haben. Haben Sie genug davon, bringen Sie ihr Bewußtsein ins Licht Gottes an den sicheren Ort zurück. Denken Sie darüber nach, was Sie entdeckt haben und kehren Sie in den normalen Wachzustand zurück.

Die Menschen lassen sich allgemein in zwei Gruppen unterteilen: die »Frager« und die »Lässigen«. Die Frager müssen Fragen stellen und dann die Antworten finden. Die Lässigen müssen zuerst die Antworten spüren und dann die Fragen dazu finden. Beides führt zum gleichen Ergebnis, zur Suche nach der Wahrheit über sich selbst. Die oben beschriebene Meditation sollte Ihnen helfen, zu entdecken, in welche Gruppe Sie gehören. Dies zu wissen, wird es Ihnen erleichtern, die für Sie beste Technik der Selbsterfahrung zu finden.

Regeln für diese Meditation

- Beobachten Sie auf distanzierte Weise.
- Fließen Sie mit allem Aufsteigenden mit.
- Seien Sie freundlich zu sich.
- Lieben und achten Sie sich.
- Sehen Sie Ihre Schwächen und akzeptieren Sie sie als Sprungbretter für späteres Gutes.
- Sehen und akzeptieren Sie Ihre Qualitäten.
- Genießen Sie den Meditationszustand.
- Bemitleiden Sie sich nicht.
- Denken Sie nicht über Pros und Contras nach.
- Übernehmen Sie sich nicht.
- Fürchten Sie sich nicht vor Schmerz oder ähnlichen Erfahrungen, sondern beobachten Sie sie.

- Unterlassen Sie die Meditation, wenn Sie dafür nicht empfänglich oder in der richtigen Stimmung sind.
- Meditieren Sie nicht, falls Sie gestört werden können, denn Störungen der Meditation können traumatische Folgen haben.

Mögliche negative und positive Folgen der Meditation

Optische Bilder in Ihrem Kopf werden klar.

Empfindungen wie Geruch, Geschmack, Taubheit, Schmerzen, Berührung, können äußerst stark werden. Denken Sie immer daran zu beobachten. Fühlen Sie sich mit einer Empfindung unwohl, dann brechen Sie die Meditation ab, indem Sie an Ihren sicheren Ort gehen, bevor Sie zum Normalbewußtsein zurückkehren.

Gute und schlechte Erinnerungen werden sich vor Ihren Augen entfalten. Schauen Sie sich diese auf distanzierte Weise noch einmal an und sehen Sie, wie es wirklich war. Werden Sie dabei unruhig und haben das Bedürfnis aufzuhören, so tun Sie dies.

Denken Sie daran, daß lästige Empfindungen auf der Haut oder das Gefühl zu fallen Anzeichen von Spannung sind. Folgen Sie diesen Empfindungen, um zu sehen, wohin sie führen. Beispielsweise kann Sie ein Zwicken im Knie an einen Moment der Anspannung vor zehn Jahren erinnern, dessen Streß Sie noch immer in sich tragen. Der einzige Zweck dieser Meditation ist, sich zu beobachten und verborgene Wahrheiten über sich selbst zu entdecken. In dieser Meditation arbeiten Sie mit dem bewußten und dem unbewußten Geist. Verläuft sie gut und produktiv, so wird sie eine Menge an vorausgegangenen Erfahrungen enthüllen, die der Verstand versteckt gehalten hatte. Achten Sie darauf, wie sehr vergangene Erfahrungen die Gegenwart beeinflussen. Lassen Sie die Vergangenheit los, damit Sie sich nach vorn bewegen können.

In den fortgeschritteneren Stadien kann man sich in dieser Meditation mit offensichtlichen Problemen auseinandersetzen. Dann sollte man sich für jede Sitzung ein bestimmtes Thema aussuchen, etwa:

- unmittelbar drängende Probleme,
- unangenehme Erfahrungen der Vergangenheit,
- körperliche Schmerzen der Vergangenheit,
- emotionale Schmerzen der Vergangenheit,

- mentale Schmerzen der Vergangenheit,
- vergangene Traumata,
- Unterdrückung des spirituellen Bewußtseins in der Vergangenheit,
- Nachdenken über das Entdeckte und dessen Bezug auf gegenwärtige Probleme,
- Nachdenken über Erwartungen,
- feste Entschlüsse für Neuanfänge.

Beschäftigen Sie sich immer nur mit einem Aspekt Ihres Problems zur selben Zeit und grenzen Sie das Problem auf die oben beschriebene Weise ein. Wenn Sie etwa vorhaben, sich beruflich zu verändern, würde das bedeuten, daß Sie sich erst die unangenehmen beruflichen Erfahrungen der Vergangenheit vor Augen führen und die körperlichen, emotionalen und mentalen Schmerzen, die dadurch verursacht wurden. Damit nähern Sie sich einem Verständnis Ihrer spirituellen Bedürfnisse. Von da an sollten Sie sich damit beschäftigen, diese Bedürfnisse zu verstehen.

Nehmen Sie sich nun fest vor, etwas für die Befriedigung dieser Bedürfnisse zu tun. Entscheiden Sie, wann und wie Sie daran arbeiten möchten. Der nächste Schritt ist eine positive Handlung in der entdeckten Richtung. Sie sollten Ihr Leben allgemein auf diese Weise betrachten. Denken Sie auch daran, daß Übung den Meister macht und daß es für Sie viel zu entdecken gibt. Lassen Sie sich also genug Zeit und bleiben Sie geduldig.

Sie können über folgende Themen meditieren: Arbeit, Hobbys, Freunde, Feinde, Sexualpartner, Ehe, Kinder, Gesundheit, Bedürfnisse, Wünsche oder Ängste. Mit Meditationen zu bestimmten Themen sollten Sie sich anfangs nicht öfter als ein- bis zweimal pro Woche beschäftigen. Der Rest der Woche sollte in leichter, entspannender Meditation verbracht werden. Manchen Menschen hilft es auch, sich in bestimmten Disziplinen zu üben, die den Verstand allmählich verlangsamen. Erstaunlich vielen Menschen ist es unmöglich, sich zu entspannen und die Entfaltung ihrer Gedanken zu genießen oder sie bewußt in Erinnerung zu behalten.

Die folgenden Übungen werden es Ihnen ermöglichen, den Fluß Ihrer Gedanken zu verlangsamen und das Herausquellende auszukosten.

Übung 1

Nehmen Sie ein Bild oder einen Gegenstand, den Sie mögen. Setzen Sie sich bequem davor hin und bewegen Sie Ihren Körper nicht. Lassen Sie Ihre Augen auf den Gegenstand starren und folgen Sie seinen Umrissen, zeichnen Sie ihn geistig. Jedesmal, wenn Ihr Geist auf einen Gedanken abschwenkt, zum Beispiel »Ich habe die Wäsche vergessen«, lachen Sie innerlich nur über diese Ablenkung und sagen sich laut: »Ich drifte ab.« Folgen Sie dann wieder den Umrissen des Gegenstandes. Anfangs werden Sie sicher häufig abgelenkt. Seien Sie geduldig – Übung macht den Meister. Wenn Sie es laut aussprechen, hören Sie sich selbst; und Ihr Verstand lernt bald, wie schnell er abdriftet, und verhält sich ordentlicher.

Übung 2

Zünden Sie eine Kerze an und setzen Sie sich davor, so daß sich Ihre Augen auf gleicher Ebene mit der Flamme befinden. Halten Sie Ihre Augen auf die Flamme fixiert, blinzeln Sie aber, wenn es nötig ist. Nehmen Sie aufsteigende Gedanken zur Kenntnis und werfen Sie sie hinaus, indem Sie laut sagen: »Sei still!« Fahren Sie damit fort, bis die Perioden der Stille immer länger werden.

Übung 3

Setzen Sie sich bequem hin, schließen Sie die Augen und zeichnen Sie mit Ihrem geistigen Auge eine Figur, etwa einen Stern oder ein Kreuz. Nehmen Sie keinen Kreis und kein Quadrat, weil diese Figuren hypnotisch wirken und Sie einschläfern könnten. Immer wenn ein Gedanke auftritt, sagen Sie laut: »Ich drifte ab«, und fahren mit dem Zeichnen der Umrisse fort. Ihr Gehirn wird schnell begreifen, worum es geht, und sein Reden einstellen. Wie immer macht Übung den Meister. Bleiben Sie während dieser Übung stets ruhig und ausgeglichen.

Schließlich werden sich Ihre Gedanken- und Körperbewegungen auch im Wachbewußtsein verlangsamen. Sie werden langsamer und weniger heftig sprechen. Ihre Stimme wird sanfter. Körperliche Betätigungen werden Sie weniger ermüden, und Sie werden leichter einschlafen können. Jetzt können Sie anfangen, sich und das Leben um Sie herum mit Genuß zu beobachten. Während dieses Verlangsamungsprozesses werden sich Ihre medialen Fähigkeiten stabiler manifestieren und nicht mehr seltsam und ungewohnt sein, sondern nun zu einer Quelle neuer Ideen, Hoffnungen und Träume werden. In der Vergangenheit mögen Angst und Schmerz mediale Erfahrungen hervorgerufen haben, die nur zu oft unklar und schwer verständlich waren. Nun manifestieren diese Erfahrungen sich in Wahrheit und Weisheit und geben Schutz und Vertrauen.

Jetzt beginnt das sich entwickelnde Fragment, sich nach wahrer Erleuchtung zu sehnen, und macht sich auf den Weg des spirituellen Lernens. Alles, was es erlebt, wird zu einer Lektion auf diesem Weg. Nichts wird mehr als selbstverständlich angesehen.

Im Laufe der Zeit versteht das Individuum die Wichtigkeit des Gleichgewichts in Verstand, Emotionen und Körper und beginnt, nach größerem spirituellem Wissen zu verlangen. Nun nimmt die Meditation eine neue Form an.

Die folgende Meditation wird dem Individuum helfen, ein Bewußtsein seines spirituellen Körpers oder seines tief Unbewußten zu erlangen, indem es sich zunächst in den ätherischen Körper (niedere Emotionen und Verstand) begibt.

Meditation für den ätherischen Körper

Sprechen Sie ein Schutzgebet. Entspannen Sie sich dann durch die Grundmeditation. Machen Sie sich die sieben Hauptchakras im Körper bewußt. Beginnen Sie mit dem Empfinden des Wurzelchakras um die Genitalien und den After. Visualisieren Sie, wie das Chakra sich von der Größe einer Nadelspitze bis zur Größe einer geschlossenen Faust öffnet. Wenden Sie Ihre Aufmerksamkeit nun dem Solarplexus zu und visualisieren Sie eine kleine Öffnung, die sich bis zur Größe eines kleinen Tellers ausdehnt. Achten Sie nun auf das Herzchakra und visualisieren Sie eine kleine Öffnung, die sich bis zur Größe des menschlichen Herzens öffnet. Inzwischen werden Sie sich sehr entspannt fühlen, und Ihr Atem wird sich verlangsamen, wobei die Einatmung und Ausatmung in längeren Spannen verläuft.

Wenden Sie Ihre Aufmerksamkeit nun dem Kehlchakra zu und visualisieren Sie eine kleine Öffnung, die sich bis zur Größe eines Zweimarkstückes öffnet. Sie werden dabei das Bedürfnis bekommen zu schlucken; tun Sie dies, bis das Bedürfnis nachläßt. Achten Sie dann auf das dritte Auge. Geben Sie ihm geistig die Erlaubnis, sich zu öffnen, und visualisieren Sie, wie sich das Augenlid groß öffnet und die Iris freilegt. Das Scheitelchakra ist immer offen und wird sich nun erweitern. Um diese Erweiterung zu unterstützen, visualisieren Sie einen chinesischen Fächer, der sich bis zu seiner vollen Halbkreisgröße öffnet. Bringen Sie die Konzentration Ihres Geistes nun zum Milzchakra. Sehen Sie, wie es sich von einer kleinen Öffnung zur Größe einer geschlossenen Faust öffnet, und geben Sie ihm den geistigen Befehl, ein Gleichgewicht zu finden. Visualisieren Sie dazu ein Anzeigeinstrument mit einer Skala von 0 bis 100, bei dem die Nadel auf 50 steht.

Jetzt sind Sie bereit, die wahre Weisheit aus dem tief Unbewußten und der geistigen Welt zu empfangen. Indem Sie sich auf die Chakras konzentrieren und sie auf die genannte Weise von der Wurzel bis zum Scheitel öffnen, können Sie sich nun auf alle fünf Körper einstellen.

Der zweite zu entdeckende Körper ist der ätherische. Bleiben Sie einfach in diesem erhöhten Bewußtseinszustand und spüren Sie Ihren Körper. Sie werden feststellen, daß von den normalen Empfindungen des physischen Körpers keine mehr vorhanden sind. Statt dessen werden Sie beginnen, die Emanationen des ätherischen Körpers zu fühlen, die aus Licht und Klang bestehen. Zunächst werden Sie sich taub fühlen, dann wird ein pulsierendes, kribbelndes Empfinden in Ihnen auftreten, während Sie pfeifende, wirbelnde Geräusche hören und verschiedene Farbschattierungen auf sich zu und von sich weg pulsieren sehen.

Liegen Sie einfach da und genießen Sie diese Empfindungen. Treten irgendwelche Ängste auf, so bringen Sie sich automatisch zurück ins Wachbewußtsein. Sie können sich sogar gleichzeitig atmen und schnarchen hören. Sie werden demgegenüber, was Sie hören, erstaunlich gleichgültig sein, jedoch sehr interessiert an dem, was Sie fühlen und sehen.

Wenn Sie sich auf diese Emanationen einstellen, werden starke Emotionen und irrationale Gedanken durch Sie hindurchfließen. In einem solchen Zustand können starke Spannungen, Ängste und Haß gelöst werden.

Wenn Sie genug davon haben, bringen Sie Ihre Aufmerksamkeit zurück zu Gott. Visualisieren Sie das weiße Licht, das als seine heilende Hand Ihren Körper streichelt und ihn verjüngt, während Sie sich auf die Visualisierung vorbereiten, mit der Sie alle Chakras wieder schließen. Sie beginnen mit dem Wurzelchakra und lassen am Schluß das Scheitelchakra teilweise offen. Wenden Sie dann wiederum Ihre Aufmerksamkeit dem Milzchakra zu, visualisieren die Anzeige in Mittelstellung und schließen Sie es. Warten Sie, bis Ihre normalen Körperfunktionen wiederkehren. Legen Sie sich dann auf die Seite und denken Sie über das Erfahrene nach. Stehen Sie später auf und schreiben Sie alles nieder, was Sie erlebt haben.

Wenn Sie Ihre eigenen Energien kennenlernen möchten, müssen Sie Ihren ätherischen Körper in verschiedenen emotionalen, physischen und mentalen Stadien sorgfältig studieren. Meditationen dazu sollten auf distanzierte Weise durchgeführt werden. Haben Sie zum Beispiel einen Streit gehabt und möchten dessen Wirkungen auf sich feststellen, dann meditieren Sie, indem Sie alle Rechtfertigungen und Begründungen beiseite schieben und sich nur beobachten, als würden Sie einen Film ansehen.

Die Meditation für den ätherischen Körper hat das Ziel, Verstand und Gefühle in Harmonie zu bringen. Zur Selbstprüfung eignen sich besonders die Zeiten, in denen Sie sich sehr niedergeschlagen oder sehr begeistert fühlen. Sie werden den Unterschied zwischen beiden Zuständen deutlich wahrnehmen können. Im negativen Zustand werden die Energien sich gestört und unausgeglichen anfühlen. Dies kann soweit gehen, daß Sie das Gefühl haben, daß Ihr Körper kribbelt und sich dreht. Im positiven Zustand jedoch werden Sie sich höchst angenehm fühlen und in einem fließenden, nährenden Meer der Sicherheit treiben.

Sie sollten der Angst niemals nachgeben. Angst führt zur Aussendung von abgerissenen Energieimpulsen durch den physischen und ätherischen Körper, die Sie wirbelnd in ein unruhiges Wachbewußtsein zurückschicken. Gehen Sie in einem solchen Fall ein paar Stunden lang Ihren normalen Geschäften nach und führen dann noch einmal die Grundmeditation durch. Das wird Sie in den Normalzustand zurückbringen.

Sollte sich während der Meditation Angst manifestieren, so erinnern Sie Ihren Verstand daran, daß alles in Ordnung ist, daß er nur etwas Neues erlebt und dies mit Abenteuerlust tun sollte. Denken Sie daran, daß der Verstand eine Herausforderung niemals ablehnen, sondern Ihnen vielmehr beistehen wird, Ihrer Angst Herr zu werden. Regelmäßig durchgeführt, wird diese Meditation Ihnen helfen, viele Ängste, Schmerzen und negative Programmierungen der Vergangenheit aus Ihrem Unterbewußtsein zu entfernen. Sie werden in Ihrem täglichen Wachbewußtsein gelassener, ruhiger und ausgeglichener sein.

Da Sie sich nun im sogenannten Alpha-Zustand wohlfühlen, wird Ihr Bedürfnis, weiterzuforschen, wachsen. Nun wird es Zeit, daß Sie Ihr Bewußtsein für das tief Unbewußte öffnen, indem Sie sich auf den spirituellen Körper einstellen.

Meditation für den spirituellen Körper

Entspannen Sie sich auf gleiche Weise wie zuvor durch die Grundmeditation. Sprechen Sie ein Schutzgebet. Beginnen Sie damit, die Öffnung des Scheitelchakras zu visualisieren. Hat es sich vollständig erweitert, so visualisieren Sie die Öffnung des dritten Auges und gestatten Sie ihm zu sehen. Stellen Sie sich nun auf das Herzchakra ein, fühlen Sie, wie Ihre Atemzüge tiefer werden, und visualisieren Sie die Öffnung des Chakras, das jetzt die Liebe einläßt. Ein wundervolles Gefühl des Wohlbefindens wird Sie durchströmen. Beobachten Sie die Öffnung des Solarplexuschakras und bleiben Sie entspannt. Bringen Sie als nächstes das Wurzelchakra und schließlich das Milzchakra durch Visualisierung ins Gleichgewicht.

Spüren Sie nun, wie sich die kleineren Chakras an Ihren Handflächen und Fußsohlen öffnen. Erlauben Sie Ihren Schwingungen und Ihrem Bewußtsein, sich an diesen Stellen in den spirituellen Körper zu erheben. Sie werden sich schnell durch das Kribbeln und die Klänge des Ätherischen hindurch zum spirituellen Körper bewegen. Vielleicht haben Sie dabei das Gefühl, daß Sie plötzlich anders liegen oder daß ein Teil von Ihnen dünner oder dicker ist. Das ist ganz normal. Vergessen Sie nicht, daß Ihr spiritueller Körper vollkommen ist, was auf Ihren physischen nicht zutrifft. Liegen Sie da und genießen Sie diese neue Erfahrung.

Laden Sie nun die Energie des Schöpfers in Ihr Wesen ein und lassen Sie sich von ihr berühren und erheben. Dies ist eine unverwechselbare Erfahrung, und nur wenige Menschen erleben sie auf genau die gleiche Weise. Es genügt zu sagen, daß man sich dabei wundervoll fühlt. Geben Sie dann Ihren Schutzgeistern (anderen Fragmenten Ihrer Seele) die Erlaubnis, sich mit Ihnen zu verbinden, und warten Sie ab, was geschieht. Vielleicht sehen Sie nur Gesichter und bekannte und unbekannte Orte. Vielleicht haben

Sie auch das Gefühl, jemand anders zu werden. Dies kann eine Gestalt aus Ihrem eigenen früheren Leben sein oder wahrscheinlicher die Gestalt Ihres Schutzgeistes.

Es ist immer sehr interessant, wenn man als Frau plötzlich einen männlichen Körper spürt oder umgekehrt, denn ein solcher Austausch ist eine einzigartige Erfahrung. Vielleicht manifestieren sich in Ihrem Kopf oder um Sie herum Worte der Weisheit. Haben Sie keine Angst, sondern genießen Sie das Erlebnis. Wenn Sie genug davon haben, kehren Sie zur Heilung ins göttliche Licht zurück. Schließen Sie wie zuvor die Chakras und kehren Sie ins Wachbewußtsein zurück. Denken Sie über alles nach und schreiben Sie es auf, bevor es Ihnen entfällt. Dadurch werden die Meditationserlebnisse im Verstand verankert, der während der wachen Stunden des Tages darüber nachdenken und sie auf Ihre Lebenserfahrungen beziehen kann.

Dadurch, daß bei dieser Meditation das Scheitelchakra als erstes geöffnet wird, kann das Individuum sein irdisches Bewußtsein loslassen und, vom niederen Selbst ungehindert, mit der geistigen Welt in Kontakt treten. Diese Meditation kann mehrmals in der Woche durchgeführt werden, denn man wird niemals müde, mit dem zuvor Unbekannten zu kommunizieren. Während man die Dinge verdaut und versteht, öffnen sich schon neue Türen, um weitere Lektionen zu enthüllen. Mit der Zeit kann man sich an außerkörperliche Erfahrungen in dieser und der nächsten Welt erinnern und an Gespräche mit Schutzgeistern und Angehörigen. Mit diesen Erinnerungen kann man im Wachbewußtsein arbeiten.

Es wird natürlich auch Zeiten geben, in denen man erfolglos versucht, zu meditieren und ein höheres Bewußtsein zu erreichen. Lassen Sie sich dadurch nicht irritieren, sondern denken Sie daran, daß es dunkle wie helle Erfahrungen geben muß. Das Dunkle kommt in vielen Erscheinungsformen und muß verstanden werden. Manchmal kann man aufgrund von Ablenkungen nicht meditieren oder weil man bei einer außerkörperlichen Erfahrung auf eine negative Gedankenform gestoßen ist. Was auch immer geschehen ist, denken Sie stets daran, daß es nur geschieht, weil Sie bereit sind und die innere Fähigkeit haben, damit umzugehen.

Wenn Sie sich erst mit Ihrem spirituellen Körper wohlfühlen, wenn Sie seine Liebe und seinen Ausdruck spüren, dann beginnt die Weisheit der höheren Emanationen des Geistkörpers durch Sie hindurchzudringen.

Meditation für den Geistkörper

Zur Einstellung auf den Geistkörper meditieren Sie zunächst wie zur Einstellung auf den spirituellen Körper und gehen zuerst durch die Emanationen des Ätherischen. Trachten Sie dann nach Gottes Liebe und ergeben Sie sich seiner göttlichen Weisheit, so daß Ihre Schwingungen erhoben werden können. Stellen Sie sich dann auf Ihren Geistkörper ein, indem Sie sich sagen, daß Sie in einen sehr klaren Gedankenzustand eintreten möchten. Empfinden Sie ihr Bewußtsein, ihr Unterbewußtes und tief Unbewußtes als eins. Sie werden ein Gefühl der Taubheit erleben und Ihre Gedanken treiben lassen können, wohin Sie wollen. Sie können sich dabei mit vielen gedanklichen Konzepten auseinandersetzen, die Sie zuvor nicht kannten. Bleiben Sie in diesem Zustand, solange Sie möchten. Sie werden dabei kein körperliches Bewußtsein mehr haben, sondern nur im sich weiterentwickelnden Geist der Weisheit weilen.

Wenn Sie davon genug haben, werden Sie auf ganz natürliche Weise in das Bewußtsein Ihres spirituellen Körpers zurückkehren und von dort weiter durch den ätherischen in den physischen Körper. Denken Sie nun über alles nach, woran Sie sich noch erinnern können, obwohl die meisten Erfahrungen verlorengegangen sein werden. Erfrischen Sie sich im Licht des Schöpfers, schließen Sie die Chakras, bewegen Sie sich, wenn Sie bereit sind, und schreiben Sie alles auf, was Sie noch wissen.

Der bewußte Zugriff auf die enträtselte Weisheit ist ohne erhebliche Übung nicht möglich. Alles, was aus dem tief Unbewußten befreit wird, wird jedoch durch äußere Anregungen über das Unterbewußtsein ins Bewußtsein gebracht. Denken Sie stets daran: Übung macht den Meister. Wenn diese Meditationen fester Bestandteil Ihres Lebens werden, wird es Ihnen immer leichter fallen, wirkliche Weisheit ans Licht des Bewußtseins zu holen.

In den Meditationen mit dem Geistkörper ist es manchmal möglich, einen kurzen Blick auf den Seelenkörper zu erhaschen. Dieses Gefühl der bedingungslosen göttlichen Liebe und absoluten Weisheit ist unvergeßlich. Es kann auch niemals ganz erklärt werden. Manche Schüler haben es als das Gefühl beschrieben, ein Stern oder ein Universum zu sein. Das hilft aber denen wenig, die noch nach diesem Gefühl suchen. Der Weg dorthin ist ein sehr persönlicher und oft ein einsamer, doch ist er der Mühe stets wert.

Ist jemand einmal in der Meditation durch die fünf Körper gereist, beginnt sich sein Leben in der ganzen Fülle zu entfalten. Solche Menschen werden als Meister oder geistige Lehrer bezeichnet, obwohl auch Sie sich immer noch weiter entwickeln und sich selbst als Schüler betrachten.

Durch diese Meditationen kann sich das höhere Bewußtsein entfalten, und die mediale Entwicklung kann beginnen. Früher niemals wahrgenommene Dinge werden dem Geist, den Emotionen und dem Körper nun offenbar. Vergangene, gegenwärtige und zukünftige Ereignisse sind bekannt und werden akzeptiert. Im Laufe der Zeit manifestieren sich auch Heilungsfähigkeiten, die man bei sich selbst und anderen anwenden kann. Mit Geduld und Übung wird das Individuum zu einem Metaphysiker, einem lebenden Beispiel dessen, wonach viele Menschen noch in sich suchen.

Channeling

Ein Individuum, das sich darüber bewußt ist, ein Fragment einer Seele zu sein, wird versuchen, mit anderen Fragmenten seiner Seele in Kontakt zu kommen. Es wird sich von Fragmenten mit ähnlichem Wissen angezogen fühlen, weil es sich in ihnen gespiegelt sieht und sich von ihnen verstanden fühlt.

In letzter Zeit ist das Channeling als Methode der Kommunikation mit Schutzgeistern und höher entwickelten Fragmenten der eigenen Seele sehr populär geworden. Viele Menschen empfangen auf diese Weise Botschaften und Informationen aus anderen Ebenen. Daher ist es wichtig, daß sich jeder mit den verschiedenen Methoden des Channeling vertraut macht. Es gibt vier Arten von Channeling: bewußtes, unterbewußtes, unbewußtes und Channeling durch Assimilation.

Beim bewußten Channeling kommt man durch Konzentration in einen Alphazustand des Bewußtseins, in dem es möglich ist, in Kontakt mit dem tief Unbewußten zu treten und angeborenes, in vielen Leben gesammeltes Wissen heraufzuholen. Diese Art von Channeling ist nicht mit unterbewußtem Channeling zu verwechseln. Es handelt sich dabei vielmehr um einen ganz bewußten Schritt, den das Individuum macht, um sich besser kennenzulernen. Es ist eine Vorbereitung auf das unterbewußte Channeling.

Im unterbewußten Channeling tritt das Individuum in einen tiefen Alphazustand ein, der dem Traum entspricht. In diesem ruhigen Zustand wird der Geist empfänglich für das Paranormale. Hier muß das Individuum lernen, seine Kontrolle aufzugeben, damit andere Fragmente der Seele sich über das emotionale Selbst mit ihm verbinden können. Das Individuum wird sich ihrer Worte und Handlungen bewußt, während es seltsame Körperempfindungen hat: Stimme und Körperhaltung verändern sich, und ungewohnte Worte werden benutzt. In solchen Augenblicken läßt das ausgewählte Seelenfragment, Schutzgeist genannt, seine Charakter- und Persönlichkeitsemanationen in Verstand und Emotionen des Mediums fließen. Das Medium versteht, daß es nicht allein ist, und kann so für sich und andere zu einem Mittler in der

Kommunikation mit der geistigen Welt werden. Wenn das Individuum ins Normalbewußtsein zurückkehrt, hat es von seinem seelischen Gegenüber eine Menge an Informationen aufgenommen, die nun in seinem Unterbewußtsein liegen und auf Impulse warten, um an die Oberfläche zu kommen. Das Individuum selbst fühlt sich nach diesem Erlebnis etwa so, als würde es mit vagen Erinnerungen aus einem Traum aufwachen. Wenn ihm andere mitteilen, was es in diesem »Traum« gesagt hat, wird es sich besser an seine Erlebnisse erinnern können. Häufig praktiziert, führt diese Art des Channeling schließlich zum unbewußten Channeling.

Edgar Cayce ist ein sehr gutes Beispiel für das unbewußte Channeling. Dabei überläßt das individuelle Fragment die Kontrolle über seinen Körper in Liebe und Vertrauen dem Schutzgeist, seinem seelischen Gegenüber, das den Körper übernimmt und ihn wie seinen eigenen benutzt, während das Medium schläft oder sich außerhalb seines Körpers befindet. Wenn das Fragment sich dem Schutzgeist überläßt, indem es schläft, bleibt der Geist in seinem Körper in neutraler Position. Das niedere Selbst oder Ego verhindert jedoch oft die Neutralität, was zu einem gestörten Channeling führt. Ein Außenstehender beobachtet dann, wie die Charakterstärke des Schutzgeistes zu- und abnimmt und er schließlich seinen Zugriff auf das channelnde Individuum aufgibt.

Natürlich ist es besser für den Schutzgeist, wenn das individuelle Fragment oder der Geist des Mediums sich völlig zurückzieht. Dies gestattet dann ohne Einmischungen eine klare Kommunikation, in der tiefe Weisheit mitgeteilt werden kann. Beim Erwachen hat das Medium keine Vorstellung davon, was geschehen ist, und fühlt sich oft etwas verloren, besonders wenn es nach dem Ereignis gefragt wird. Für einen Beobachter kann es keinen Zweifel über die Authentizität der weitergegebenen Weisheit oder den Charakter des Schutzgeistes geben.

Aus dem unbewußten Channeling entwickelt sich das Channeling durch Assimilation. Wenn das individuelle Fragment alles Wissen der Schutzgeister bewußt aufgenommen hat und ihnen in Verstand, Körper und Geist gleich geworden ist, beginnt die wirkliche Arbeit. In einem Trancezustand begibt sich das individuelle Fragment in die Emanationen der Seele, wo es von der Seele absorbiert wird und sich eins mit ihr fühlt. An dieser Stelle löscht das individuelle Fragment seine eigene Wichtigkeit und seine persönliche Geschichte aus. Es unterliegt keinen Einschränkungen mehr. Der Körper, der sich nun im vollen Alphazustand befindet, wird sowohl von dem Fragment, zu dem er gehört, als auch von vielen Schutzgeistern kontrolliert, die die Wesenheit oder den höheren Seelenteil ausmachen. Das Medium teilt dann alles aus sich heraus mit, ob es nun mit dem Charakter der Schutzgeister identisch ist oder nicht. So wird das Channeling etwas ganz Normales, und das Medium wirkt dabei, als sei es wach. Solche Medien werden selbst zu Schutzgeistern und können ihren Zuhörern große Wahrheiten enthüllen.

Beim Erwachen erinnert sich das Medium nicht bewußt an das Gesagte, kann die Erinnerungen jedoch unmittelbar in den bewußten Geist heraufholen, um weitere Fragen rückwirkend zu beantworten. Diese Art Channeling führt zu einer Verbindung mit den höheren Fragmenten und den Schutzgeistern. Dadurch entsteht auch im bewußten Geist des Mediums innere Weisheit, die sich als Teil seines normalen Wissens manifestiert. Auf diese Weise wird das Medium zu einem wahren Lehrer, der durch inspirierte Telepathie Worte der Weisheit übermitteln kann, ohne in Trance gehen zu müssen.

Zur Zeit channeln viele Individuen Geistwesen. Nur eine genaue Beobachtung vieler solcher Begebenheiten macht es möglich, zwischen den verschiedenen Channelingmethoden zu unterscheiden. Diejenigen, die sich der Seele wirklich unterworfen haben und Weisheit aus der Einheit vermitteln, werden auf alle gestellten Fragen zu antworten wissen, sich niemals entziehen oder die Antwort an den Fragenden zurückgeben, wie verwirrt die Frage auch klingen mag. Ein bewußtes Medium dagegen wird Fragen mit Gegenfragen beantworten oder wird unverbindliche Antworten geben, die nicht wirklich befriedigen. Auf die Frage »Was ist wahre Liebe?« würde dann etwa die Antwort gegeben: Die Antwort darauf liegt in Ihnen selbst. Diese Antwort ist zwar richtig, doch hilft sie dem Fragenden nicht wirklich weiter und läßt ihn im unklaren. Eine wirklich gechannelte Antwort wird eine Erklärung geben, die im Geist des Fragenden keinen Zweifel mehr hinterläßt.

Solange es die Lektionen der bedingungslosen Liebe und Hingabe nicht ganz gelernt hat, wird ein Medium durch kein Training zur Einheit mit der Seele gelangen. Deshalb ist es wichtig, daß alle Fälle von Channeling beobachtet und bezüglich ihrer Wahrheit überdacht werden.

Es ist bekannt, daß manche Medien beim Channeling von Schutzgeistern falsche Informationen gegeben haben. Solche Schutzgeister sind oft niedere Wesenheiten der Seele, die dadurch Aufmerksamkeit suchen, daß sie vorgeben, Schutzgeister zu sein. Es gibt auch Channeling-Medien, die in ihrem Ego bleiben und einen großen Teil spielen. Für jemanden, der nach Wissen sucht, kann das sehr verwirrend sein, um es vorsichtig auszudrücken. Wer beurteilen möchte, was die Wahrheit ist, muß auf die Stimme seines seines Herzens hören. Ihr inneres Selbst kennt die Wahrheit und wird Ihnen ein gutes Gefühl vermitteln, wenn Sie etwas Richtiges gehört haben, und natürlich das Gegenteil, wenn es falsch war.

Jeder Mensch, der zu einem Medium wird, trägt eine tiefe Sehnsucht nach Hingabe an die Seele in sich. Dies kann auch bei Menschen der Fall sein, die über kein bewußtes metaphysisches Wissen verfügen. Man kann jedoch sicher sein, daß das Wissen im tief Unbewußten liegt und darauf wartet, auftauchen zu können. Dieses Wissen ist durch außerkörperliche Erfahrungen (Schlaf, Träume) aus der Seele in das tief Unbewußte aufgenommen worden, während man sich zwischen verschiedenen Leben im Astralen befand und sich dort auf die nächste Inkarnation vorbereitete.

Wer ein Channeling-Medium werden möchte, sollte sich in den bereits beschriebenen Meditationen darauf vorbereiten. Der Schüler muß lernen, seinen Geist zu beruhigen, seinen Körper zu disziplinieren und sich in bedingungsloser Liebe hinzugeben. Kann das Individuum einmal stillsitzen, ohne zu zappeln und ohne über das momentane Dasein hinaus Gedanken zu haben, dann werden sich die Schutzgeister nähern, die bisher geduldig gewartet haben.

Meditation zum Channeling

1. Suchen Sie sich einen bequemen Stuhl. Setzen Sie sich so darauf, daß Ihr Rücken gut gestützt ist. Die Beine stehen ein wenig auseinander, die Knie sind rechtwinklig gebeugt, die Füße stehen schulterbreit voneinander entfernt. Lockern Sie enge Kleidung.
2. Sprechen Sie ein Schutzgebet, in dem Sie darum bitten, daß verlorene Geister und Elementarwesen erhoben und negative

Gedankenformen und Emotionen von ihnen fortgenommen werden. Entspannen Sie sich und atmen Sie einige Male tief durch.

3. Visualisieren Sie das Licht Gottes, wie es vom Himmel über Ihren Kopf und Körper herabströmt und gleichzeitig durch Ihren Körper hindurchläuft, wo aller Streß des Tages aus Ihnen heraus in den Boden gewaschen wird.

4. Öffnen Sie die Chakras wie auf Seite 142 f beschrieben. Beginnen Sie mit dem Scheitelchakra und arbeiten Sie sich bis zum Wurzelchakra durch. Öffnen Sie dann das Milzchakra und bringen Sie es ins Gleichgewicht. Öffnen Sie die Hand- und Fußchakras.

5. Bitten Sie Ihre Schutzgeister, sich Ihnen zu nähern und sich durch ein Gefühl bemerkbar zu machen. Erlauben Sie sich selbst gleichzeitig, die Geister zu fühlen.

6. Sitzen Sie still, warten Sie und beobachten Sie eventuelle Veränderungen Ihres Körpers. Fühlt er sich größer, kleiner, dicker oder dünner an? Beachten Sie Ausstrahlungen von Hitze und Kälte, Schauer und Frösteln, die durch die Wirbelsäule, die Hände und die Füße laufen. Gewöhnen Sie sich an diese seltsamen Gefühle und sagen Sie sich, daß sie normal sind.

7. Erlauben Sie Ihren Schutzgeistern, in Ihren Körper einzutreten und ihn mit Ihnen zu teilen, und warten Sie.

8. Wenn die Geister eindringen, sollten sich die Körpergefühle deutlich verändern. Beachten Sie, wie sich Ihr Atemrhythmus verändert. Lassen Sie es geschehen.

9. Kontrollieren Sie nervöse Gedankenformen und den fragenden Verstand. Sagen Sie sich, daß alles in Ordnung ist. Seien Sie einfach anwesend. Alle selbstgemachten Ängste werden verschwinden. Bleiben sie dennoch, dann sollten Sie die Meditation unterbrechen; Sie sind dann noch nicht bereit weiterzumachen. Schließen Sie die Chakras und baden Sie in weißem Licht.

10. Ist alles in Ordnung, wird sich tiefe Ruhe in Ihnen ausbreiten. Jetzt wird der Schutzgeist Sie unterhalten, indem er Ihre Gedanken teilt. Er zeigt Ihnen Bilder von seinem Besitz oder von fremden Ländern, in denen er das letzte Mal gelebt hat. Genießen Sie die Show.

11. Jetzt beginnen die Gedanken weiterzufließen. Es wird sich ein Bedürfnis einstellen zu sprechen. An dieser Stelle wird Ihr

bewußter Geist versuchen, Sie zu unterbrechen. Übergehen Sie ihn. Versuchen Sie, die Worte laut auszusprechen, wenn Sie dazu bereit sind.

12. Der Schutzgeist wird nun Ihren Körper bewegen wollen. Sie selbst werden dazu nicht in der Lage sein. Geben Sie sich selbst und Ihrem Schutzgeist die Erlaubnis, Ihren Körper zu bewegen. Warten Sie. Zunächst werden sich Ihre Hände und Ihr Kopf bewegen. Sie werden dabei das starke Gefühl haben, von jemand anders bewegt zu werden, denn Ihr Bewußtsein übt keine Kontrolle mehr aus. Es wird Sie deshalb davon zu überzeugen versuchen, den Vorgang abzubrechen. Übergehen Sie das. Als nächstes werden Sie falsche Informationen darüber bekommen, was geschieht. Sie werden etwa das Gefühl bekommen, Sie hätten sich zwanzig Zentimeter bewegt; in Wirklichkeit waren es jedoch nur Millimeter. Analysieren Sie nicht, ignorieren Sie Ihren Verstand und genießen Sie den Vorgang.

13. Lassen Sie den Atem tiefer fließen, während die Schutzgeister Sie stärker in Besitz nehmen. Geben Sie sich hin und beobachten Sie die auftretenden Bilder. Denken Sie daran, daß es genau das ist, worauf Sie gewartet haben.

14. Wenn Sie in die Einheit einfließen, wird Ihr Bewußtsein die Kontrolle verlieren. Haben Sie an diesem Punkt das Bedürfnis, Ihren Körper zu verlassen, werden Ihre Schutzgeister Ihnen dabei helfen, indem sie Ihnen ein Bild geben, auf das Sie sich konzentrieren können. Lassen Sie Ihr ganzes Sein in dieses Bild fließen und gehen Sie, wohin es Sie führt. Wenn Sie sich entschließen, in Ihrem Körper zu bleiben, werden Sie sich in einer neuen Position auf Ihrem Sitz befinden – ein bißchen höher, ein bißchen weiter vorn, links, rechts oder weiter hinten. Das ist ein deutlicher Hinweis darauf, daß Sie in ihrem Körper Platz für den Schutzgeist gemacht haben.

15. Während Ihr Schutzgeist nun stärker die Kontrolle übernimmt, werden Sie ein starkes Bedürfnis fühlen zu sprechen. Ihr Mund wird seltsame Dinge tun, wird sich öffnen und schließen, ohne etwas mitzuteilen. Dabei lernt Ihr Schutzgeist, Ihren Körper zu steuern. Lassen Sie dies weiterlaufen. Es ist Teil des Spieles; beobachten Sie nur.

16. Dann werden Geräusche aus Ihnen aufsteigen, die Sie selbst für sehr laut halten werden. Ein Zuhörer wird sie aber lediglich als ein Wispern wahrnehmen. Machen Sie weiter.

17. Worte beginnen durch Ihren Geist zu fließen. Sprechen Sie diese Worte aus. In diesem Stadium ist Ihr Körper noch mehr unter Ihrer Kontrolle als unter der der Schutzgeister. Machen Sie es ihnen leicht, öffnen Sie sich und sprechen Sie.

18. Während Sie die Worte sprechen, wird Ihr Geist mit dem Geist der Schutzgeister verschmelzen. Reflektieren Sie nicht, was Sie sagen. Fließen Sie einfach mit der Kommunikation. (Die ersten Worte sind gewöhnlich Botschaften an das Medium. Es ist gut, wenn jemand anwesend ist und diese Worte aufschreibt.)

19. Wenn Sie genügend erfahren haben, wird der Schutzgeist sich zurückziehen und Ihnen langsam die Kontrolle über Ihren Körper zurückgeben. Ihre Atemzüge werden sich nun normalisieren, und Sie werden sich schläfrig fühlen.

20. Schließen Sie nun die Chakras von der Wurzel aufwärts und lassen Sie das Scheitelchakra offen. Senden Sie überschüssige Energie durch die Fußchakras in den Boden. Überprüfen Sie, ob Sie sich normal fühlen. Geben Sie dem Milzchakra den Befehl, sich auszugleichen, falls Ihnen übel ist. Sobald Sie sich normal fühlen, schließen Sie Hand- und Fußchakras. Ziehen Sie das Scheitelchakra ein. Entspannen Sie sich.

21. Erwachen Sie mit einem erfrischten Gefühl. Sie sollten alle Erlebnisse aufschreiben oder aufnehmen, um darauf zurückkommen zu können.

Regeln für das Channeling

Unterlassen Sie das Channeling,
- wenn Sie Negativität irgendwelcher Art spüren,
- wenn Sie sich krank fühlen,
- wenn Sie die Gegenwart von verlorenen Seelen oder Elementarwesen spüren,
- wenn Sie müde sind,
- wenn Sie Angst haben oder unsicher sind,
- wenn andere Sie dazu drängen,
- wenn Sie damit die Aufmerksamkeit oder Beachtung anderer auf sich ziehen wollen.

Channeln Sie

- wenn Sie sich in der richtigen Stimmung fühlen und Ihre Schutzgeister um sich spüren,
- wenn Sie in ruhiger und gelassener Atmosphäre Anweisungen suchen,
- um anderen zu helfen (doch nicht auf Ihre Kosten),
- um erleuchtet zu werden und in Verbindung mit der Seele zu kommen,
- nur in Anwesenheit eines Lehrers oder einer spirituellen Person, die Sie schützen und bewußt leiten kann.

Es braucht viel Zeit und Übung, um ein gutes Channeling-Medium zu werden. Seien Sie nicht enttäuscht, wenn Sie viele Male sitzen und nichts geschieht. Das bedeutet nur, daß Sie noch nicht bereit sind. Die geistige Welt wird es Sie deutlich wissen lassen, wenn Sie soweit sind. Aber trotzdem werden Ihnen diese Meditationen viel geben, unter anderem Heilung.

Meditation für bewußtes Channeling

1. Führen Sie die vorige Meditation bis zu Schritt 4 durch.
2. Bitten Sie Ihre Schutzgeister, Ihnen telepathisch Worte einzugeben, die Sie wiederholen. Warten Sie ab.
3. Wenn Sie Worte hören, sprechen Sie sie laut aus. (Denken Sie nicht über das Gesagte nach.)
4. Lassen Sie die Sätze sich bilden und teilen Sie sie mit.
5. Machen Sie das so lange, bis es wieder still wird.
6. Schließen Sie die Chakras und beenden Sie die Meditation wie die vorige.
7. Schreiben Sie auf, so viel Sie erinnern können, oder nehmen Sie es auf Band auf, damit Sie darauf zurückgreifen können.

Anfangs werden Sie viele wirre Worte sagen, denn Ihr Verstand vermischt Ihre eigenen Worte mit denen des Geistes. Wenn Sie mehr Übung haben, werden die Worte sinnvoll fließen. Wenn Sie alles aufgeschrieben haben, werden Sie im Rückblick feststellen können, daß Sie oft Worte benutzen, die Sie im Wachbewußtsein nicht verwenden. Das wird Ihnen beweisen, daß Sie nicht schauspielern. Auch hier macht Übung den Meister. Wenn Sie danach streben, ein Assimilationsmedium zu werden, sollten Sie versuchen, mit aufgestiegenen Meistern in Kontakt zu kommen.

Aufgestiegene Meister sind Fragmente, die sich bis in die Einheit entwickelt haben und deshalb miteinander in Verbindung stehen. Jeder von ihnen ist in der Lage, von den anderen getrennt und gleichzeitig Teil der Einheit zu sein. Das heißt, Jesus oder Buddha könnten sich individuell vor Ihnen manifestieren und zur gleichen Zeit an tausend anderen Stellen manifest sein und auf diese Weise das Wesen des Schöpfers in seiner physischen und spirituellen Form ausdrücken. Es ist ganz in Ordnung, sich mit ihnen zu unterhalten. Das einzig Hinderliche ist der Selbstzweifel, der auf der irrtümlichen Meinung beruht, ein normales Individuum sei es nicht wert, etwas von ihnen zu empfangen.

Aufgestiegene Meister sind Fragmente, die nicht mehr inkarnieren müssen. Ihre Aufgabe ist es, Wissen und Weisheit durch die Liebe in die Seele hinabzubringen und in jedes Fragment, das sich noch in der Trennung befindet. Sie können einen Kontakt aber nur herstellen, wenn sich das betreffende Fragment danach sehnt, in die Harmonie einzutreten und aufzusteigen. Zu diesem Zeitpunkt wird ein aufgestiegener Meister mit dem betreffenden Fragment auf die am besten geeignete Weise in Verbindung treten. Wenn also jemand daran glaubt, er müsse eine Lichtkugel sehen, dann wird der Meister ihm auf diese Weise erscheinen. Wünscht der Mensch, Jesu Gesicht zu sehen, wie er es sich von den Bildern her vorgestellt hat, dann wird der Meister so erscheinen. Ihre wirkliche Form enthüllen sie denen, die keine vorgefaßten Ideen haben.

Es gibt keine Abkürzungen auf dem Weg zu den aufgestiegenen Meistern. Viele behaupten, dieses Ziel in kurzer Zeit erreicht zu haben, doch ist das meist nicht der Fall. Oftmals nimmt ein niederer Schutzgeist die spirituelle Gestalt eines aufgestiegenen Meisters an, um einen Menschen zum Wachstum zu ermutigen. In seltenen Fällen werden Menschen von einem aufgestiegenen Meister besucht. Die für einen solchen Besuch ausgewählten Individuen sind in jedem Fall selbst bereits spirituell erleuchtete Wesen, obwohl sie sich auf bewußter Ebene noch nicht dafür halten. Gewöhnlich werden später große spirituelle Lehrer oder Führer aus ihnen. Der Besuch dient dann hauptsächlich dazu, sie an das in der Einheit gegebene Versprechen zu erinnern, damit sie das tun, wozu sie gekommen sind.

Um zum Kanal für einen aufgestiegenen Meister zu werden, muß das betreffende Medium selbst schon aufgestiegene Emanationen haben. Ein aufgestiegener Meister hat nämlich sehr hohe spirituelle Schwingungen, mit denen ein normales Wesen nicht umgehen kann. Es ist, als legte man seine Hand ins Feuer. Aus Angst und mangelndem Verständnis kann man sich dabei verbrennen. Ein weitentwickeltes Medium, das keine Angst hat und mit dieser Schwingung leicht umgehen kann, könnte, um bei dem Beispiel zu bleiben, seine Hand ins Feuer legen, ohne sich dabei zu verbrennen.

Um die Aufgestiegenen erreichen zu können, muß das Medium selbst Gelassenheit, Frieden, Ruhe, Ehrenhaftigkeit, Wahrheit, bedingungslose Liebe und das Verständnis der Einheit von Körper, Seele und Geist erreicht haben und nach besten Kräften ein lebendes Beispiel dieser Eigenschaften sein. Es darf keinen Egoismus und kein Ego mehr haben, sondern nur noch die Bereitschaft, sich Gottes Willen hinzugeben, getröstet von dem Wissen, daß Gottes Wille auch der Wille des Individuums ist. Das bedeutet jedoch nicht, daß ein Medium schon perfekt ist. Es heißt nur, daß der betreffende Mensch sein Bestes versucht, nach oben strebt und praktiziert, was er predigt. Allein dies qualifiziert ihn dafür, daß die Kommunikation ohne Bedingungen gewährt werden kann.

Ist es Ihnen vergönnt, die Aufgestiegenen zu erkennen und Kontakt mit ihnen aufzunehmen, dann sollten Sie verstehen, daß Sie sich das wohl verdient haben und aufgrund Ihrer natürlichen Fähigkeiten dazu erwählt sind. Setzen Sie sich ganz für diese Aufgabe ein und machen Sie sich die Arbeit der Meister zu eigen, spielen Sie ihr Spiel, erschaffen Sie ihre Schöpfung. Auf diese Weise werden Sie Ihr persönliches Ziel des Aufstieges erreichen und die Weisheit der Meister als Saat auf der Erde zurücklassen.

Viel Material aus dem verbalen Channeling geht verloren, weil die nötige Organisation und die Mittel fehlen, es der Öffentlichkeit zugänglich zu machen. Deshalb ist es wichtig, das spirituelle Wissen für die Nachwelt aufzuzeichnen. Viele aufstrebende Medien haben angeborene Talente zum Schreiben, für Musik oder zum Malen entdeckt, als sie ihre Schutzgeister kennengelernt haben, sei es in Trance oder im Wachbewußtsein. Jeder Schüler hat natürliche, aus der Liebe geborene Talente. Eine Musikschülerin zum Beispiel war beim Erlernen des Klavierspielens gescheitert und hatte, nachdem sie sechs Jahre geübt hatte, voll Verachtung für sich selbst aufgegeben. Sie schien immer völlig ausdruckslos zu spielen und fand das Üben langweilig. Nachdem sie Jahre später gelernt hatte, ein medialer Kanal zu sein, saß sie am Klavier und spielte mit großem Geschick Chopin, sehr zum Erstaunen ihrer Familie. Als sie gefragt wurde, wo sie dieses Stück gelernt habe, war sie erstaunt, sich sagen zu hören: »Ich habe es immer gekannt, es kam einfach so.« Nach diesem Vorfall übte sie häufig und stellte fest, daß ihre Schutzgeister ihr jedesmal etwas mehr lehrten. Heute ist sie ein in England wohlbekanntes Medium, doch wissen nur wenige von ihren musikalischen Fähigkeiten, da sie diese lieber zu ihrem eigenen Vergnügen verwendet. Es gibt viele Musiker, die sagen, daß sie beim Schreiben und Spielen von Musik besessen sind. Die Musik tanzt aus ihren Köpfen auf das Papier. Solche Musik wird immer gut aufgenommen, obwohl sich nur wenige Menschen Gedanken darüber machen, wie sie entstanden sein mag.

Jede Art von Musik enthält eine emotionale Botschaft, sei es Wut oder Liebe, Selbstbehauptung oder Traum. Musik dient der Heilung und Erbauung. Wenn Sie eine musikalische Neigung und ein Musikinstrument haben, versuchen Sie einmal, sich Ihren Schutzgeistern hinzugeben, und schauen Sie dann, was passiert. Denken Sie daran, zunächst einen Kassettenrekorder laufen zu lassen, sonst verpassen Sie die Botschaft vielleicht.

Meditation zum Channeling von Musik

Die folgende Anleitung zeigt Ihnen, wie Sie sich Schritt für Schritt der Musik hingeben können.

1. Wählen Sie eine Zeit, in der Sie allein sind.
2. Bereiten Sie sich geistig ein paar Stunden lang vor.
3. Setzen Sie sich mit Ihrem Instrument hin und segnen Sie es liebevoll. Fühlen Sie sich eins damit.
4. Sitzen Sie mit Ihrem Instrument ruhig da und stellen Sie sich auf Ihre Schutzgeister und den Schöpfer ein. Bitten Sie sie um Hilfe.
5. Öffnen Sie Ihre Chakras vom Scheitelchakra bis zum Wurzelchakra. Fühlen Sie den veränderten Bewußtseinszustand.

6. Bitten Sie Ihre Schutzgeister, durch Ihren Verstand und Ihre Gefühle mit Ihnen zu spielen.

7. Empfinden Sie das Bedürfnis zu spielen. Streicheln Sie Ihr Instrument, während Sie die Schutzgeister in Ihren Körper kommen lassen.

8. Beginnen Sie zu spielen, indem Sie sich ganz vom Gefühl leiten lassen. Denken Sie nicht über Melodien oder Tonarten nach. Lassen Sie die Finger von sich aus fühlen und ergründen. Lassen Sie die Schutzgeister die Finger kontrollieren. Lassen Sie Ihren Atem kontrollieren und entspannen Sie den Körper.

9. Spielen Sie die Noten, wie Ihre Hände es wollen. Lassen Sie sich auf das Spiel ein und genießen Sie es, kreativ zu sein. Seien Sie einfach da.

10. Lassen Sie die Beklommenheit von sich abfließen und Ihre musikalische Begabung auftauchen.

11. Spielen Sie weiter, bis Sie und die Schutzgeister davon genug haben.

12. Legen Sie Ihr Instrument nieder. Danken Sie Ihren Schutzgeistern und versprechen Sie, es ein anderes Mal wieder zu versuchen.

13. Fühlen Sie, wie die Geister Sie verlassen, und schließen Sie die Chakras wie zuvor. Warten Sie, bis das Gefühl der Normalität wiederkehrt.

14. Hören Sie sich Ihr Stück an. Seien Sie dabei nicht kritisch, sondern genießen Sie es. Denken Sie daran, daß Übung den Meister macht.

Auf ganz ähnliche Weise kann man beispielsweise auch Texte schreiben, indem man seinen eigenen Verstand mit dem des Geistes eins werden läßt. Natürlich kann man auch in eine Trance gehen und den Schutzgeistern gestatten, durch einen zu arbeiten, um einem selbst und anderen Botschaften zu geben. Dazu bedarf es jedoch langer Zeit und Übung.

Meditation zum Channeling von Texten

1. Suchen Sie sich einen ruhigen Raum, in dem Sie allein sind.
2. Setzen Sie sich mit Papier und Schreibstift hin.
3. Bitten Sie Gott in einem Gebet um Schutz und Anleitung.

4. Bitten Sie Ihre Schutzgeister, sich zu nähern und sich mit Ihnen zu verbinden.
5. Öffnen Sie die Chakras nacheinander, den Scheitel zuerst.
6. Halten Sie den Stift bereit.
7. Schließen Sie die Augen und meditieren Sie, um Ihren Geist zu sammeln und einfach anwesend zu sein.
8. Beginnen Sie, Ihre Gedanken aufzuschreiben: »Ich halte den Stift. Ich glaube, daß es nicht funktionieren wird.« Schreiben Sie alles nieder, was Sie denken. Halten Sie nicht inne, um das Geschriebene zu lesen oder zu verarbeiten. Schließlich werden Sie beginnen, Worte der Geister niederzuschreiben.
9. Wenn Sie kein Bedürfnis mehr haben weiterzuschreiben, lesen Sie, was Sie geschrieben haben.
10. Stellen Sie sich Fragen zu dem, was Sie niedergeschrieben haben.
11. Fangen Sie wieder an zu schreiben, bis Sie den Wunsch haben aufzuhören.
12. Hören Sie auf, wenn Sie mit den niedergeschriebenen Antworten zufrieden sind.
13. Schließen Sie die Chakras wie vorher.
14. Danken Sie Ihren Schutzgeistern für die Hilfe. Legen Sie das Geschriebene beiseite, um später darauf zurückkommen zu können.

Wenn Sie mit dem inspirierten Schreiben beginnen, wird ein großer Teil dessen, was Sie niederschreiben, lediglich das Geschwafel Ihres Verstandes sein, der sich aber mit der Zeit kontrollieren läßt. Denken Sie daran, daß sich der bewußte Geist nicht gern blamiert und sich bald selbst korrigieren wird. Mit etwas Übung werden die Niederschriften aus dem Geist klarer werden. Wer eine Neigung zur bildenden Kunst hat, kann sich vielleicht malend ausdrücken. Die folgende Anleitung zeigt Schritt für Schritt, wie Sie ein medialer Künstler werden können.

1. Lassen Sie Ihr Bedürfnis nach künstlerischem Ausdruck wachsen.
2. Stimmen Sie sich täglich auf Ihre Schutzgeister ein und bitten Sie sie um Hilfe.
3. Beginnen Sie mit Ihrer künstlerischen Arbeit, wenn Sie völlig ungestört sind.
4. Suchen Sie sich Ihre Malutensilien zusammen: Bleistift,

Buntstifte, Pinsel, Farben usw. (Seien Sie anfangs nicht zu ehrgeizig.)

5. Setzen Sie sich in einen bequemen Stuhl und halten Sie Papier und Stifte bereit.
6. Sprechen Sie ein Gebet und bitten Sie Ihre Schutzgeister, sich zu nähern.
7. Öffnen Sie Ihre Chakras vom Scheitel abwärts.
8. Meditieren Sie und stellen Sie sich auf Ihre Schutzgeister ein.
9. Wenn Sie das Bedürfnis haben, etwas zu zeichnen, beginnen Sie locker zu kritzeln.
10. Lassen Sie Ihre Hand kritzeln, was sie will. Sie wissen vielleicht gar nicht, was Sie da zeichnen.
11. Gehen Sie in den Vorgang hinein und lassen Sie die Hand fließen und gestalten.
12. Wenn Sie das Gezeichnete sehen, genießen Sie es und entspannen Sie sich.
13. Wenn Sie das Bedürfnis haben, Farbe hinzuzufügen, dann tun Sie es.
14. Fahren Sie fort, bis Sie fertig sind.
15. Danken Sie Ihren Schutzgeistern. Schließen Sie die Chakras wie zuvor beschrieben.
16. Bewahren Sie sich diese erste Zeichnung auf.
17. Wenn mit dem Bild zusammen Botschaften kommen, schreiben Sie sie auf.

Anfangs werden Ihre Skizzen sinnlos und sehr wackelig sein. Vielleicht sehen sie einfach aus wie Kinderzeichnungen. Kritisieren Sie sie aber nicht, denn mit etwas Übung werden Sie eine Technik vervollkommnen, die für Sie und Ihre Schutzgeister einzigartig ist. Definieren Sie niemals genau, was Sie zeichnen wollen, wenn es Ihnen nicht eingegeben worden ist. Ist es Ihnen gesagt worden, dann programmieren Sie nichts, sondern beobachten Sie einfach, wie es sich vor Ihnen auf dem Papier entfaltet.

Sie werden mit der Zeit feststellen, daß Sie die Gesichter von Geistern malen, wundervolle Landschaften, Symbole im klassischen oder modernen Stil. Genießen Sie diese Entdeckungen.

In jedem Menschen ruht ein schöpferisches Potential. Verachten Sie Ihres nicht und geben Sie sich selbst die Chance, dieses Potential zu entdecken und auszuschöpfen. Sie halten sich nur deshalb für untalentiert, weil andere Sie entsprechend konditioniert haben. Gehen Sie gegen dieses falsche Bild an und beweisen Sie sich, daß es anders ist. Es gibt viele Formen des künstlerischen Ausdrucks. Vielleicht fühlen Sie sich mehr zur Plastik, zur Töpferei oder zum Kunsthandwerk hingezogen. Gehen Sie auf die gleiche Weise daran, wie es beim Malen beschrieben worden ist. Mit einiger Übung werden Sie wirkliche Kunstwerke hervorbringen, die sicherlich Sie selbst zufriedenstellen und wahrscheinlich auch viele andere. Es gibt im Grunde keine Grenzen der schöpferischen Kraft. Bei allem, was Sie tun, werden Sie Hilfe aus dem Geiste bekommen.

Lesen der Akasha-Chroniken

Wir haben in diesem Buch viel über den Zugang zur Einheit gesprochen, ohne besonders auf die Akasha-Chroniken einzugehen. Vielen Menschen ist klar, daß die Akasha-Chroniken sämtliche Informationen über alles enthalten, was in der Zeit geschehen ist, doch verstehen nur wenige das enorme Ausmaß dieser Informationen. Schauen wir sie uns deshalb im einzelnen an.

Stellen Sie sich vor, Sie gehen durch einen Raum, um ein Buch aus dem Regal zu nehmen. Sie wissen, wie diese Handlung aussieht, wenn Sie sich selbst dabei beobachten. Sie sind sich ganz bestimmter Faktoren bewußt, etwa wie der Raum angeordnet ist und wo bestimmte Leute stehen. Sie sind sich aber nicht bewußt über sich selbst und darüber, wie Sie aussehen, während Sie den Raum durchschreiten. Jede andere Person im Raum aber ist sich über Sie bewußt und sieht Sie von ihrem jeweiligen Standpunkt aus. Jedes Individuum kann nur von seinem eigenen Standpunkt aus sehen. Indem man sich darüber austauscht, kann man andere etwas besser verstehen; doch niemand kann mit den Augen eines anderen sehen. Setzen wir nun an Stelle der Individuen Kameras ein, die Sie beim Durchschreiten des Raumes filmen würden, dann könnten Sie die anderen Gesichtspunkte leicht sehen. Diese Kameras repräsentieren nun die Akasha-Chroniken, in denen alle relativen Aspekte des Raumes aufgezeichnet sind. Mit Hilfe dieser Kameras können Sie aus verschiedenen Blickwinkeln wahrnehmen, wie Sie durch den Raum gehen. Sie können erfahren, wie Sie von hinten, von der Seite, von oben und von unten wirken.

Setzen Sie den Raum als die gesamte Schöpfung und sich selbst als alle Lebensformen ein: Alles, was sich jemals bewegt hat und alles Unbelebte, das je existiert hat, ist aus allen möglichen Blickwinkeln aufgenommen worden. Diese Vorstellung verdreht einem, gelinde gesagt, den Kopf. Bedenken wir auch den Faktor Zeit. In der Einheit gibt es keine Zeit. Alles, was war, ist und sein wird, liegt im Jetzt, in jenem symbolischen Raum, wo es darauf wartet, aus einem ganz bestimmten Blickwinkel gesehen zu werden.

Keinem Menschen ist es möglich, die ganze Fülle der Akasha-

Chroniken in sich aufzunehmen und zu verstehen. Medien, die sich darauf einstimmen, wählen auf ganz natürliche Weise das aus, was sich auf ihr eigenes Leben oder das eines Fragenden bezieht. Sie werfen gleichsam von ihrem Standpunkt aus einen Blick auf die Möglichkeiten, um Ratschläge für die Zukunft zu geben. Die Zukunft ist jedoch nicht unabänderlich festgelegt, und jedes Individuum hat die freie Wahl, sich einen anderen Standpunkt zu wählen, von dem aus es alle Möglichkeiten betrachten will. Gleiches gilt auch für die Aufzeichnungen aus der Vergangenheit. Das Medium wird die Vergangenheit eines Fragenden sehen können, jedoch nicht unbedingt aus dessen Blickwinkel. Auf gleiche Weise kann es auch die Gegenwart sehen, eine Tatsache, die für bestimmte Differenzen bei medialen Aussagen verantwortlich ist. Ein Klient fragt zum Beispiel drei verschiedene Medien, ob er eine neue Arbeit bekommen wird.

Jedes Medium wird eine positive Veränderung sehen, aber aus verschiedenen Blickwinkeln. Ein Medium sieht den Fragenden vielleicht bei einem Bewerbungsgespräch, über dessen Ergebnis es jedoch keine Aussage machen kann. Ein anderes Medium sieht, daß der Fragende eine neue Arbeit anfängt, weiß aber nicht genau welche. Ein drittes Medium sieht ihn an einem neuen Schreibtisch vor einem Computer sitzen.

Da es so unendlich viel zu beobachten gibt, ist es nicht verwunderlich, daß manchmal Verwirrung entsteht. Man bedenke, daß alle Gesichtspunkte relativ sind. Ist man sich dessen bewußt, kann man aus verschiedenen Informationen das ganze Bild zusammensetzen. Mit Geduld und Übung kann ein gutes Medium lernen, viele Gesichtspunkte zu berücksichtigen, um eine relativ genaue Aussage machen zu können, sei es über die Vergangenheit, die Gegenwart oder die Zukunft.

Meditation zum Lesen der Akasha-Chroniken

1. Öffnen Sie Ihre Chakras von oben nach unten, wie beschrieben.
2. Bitten Sie Ihre Schutzgeister, Ihnen beizustehen und Sie in die richtige Schwingung zu versetzen, damit Sie die Akasha-Chroniken lesen können.
3. Gestatten Sie Ihrem Selbst, ein höheres Bewußtsein zu erreichen.

4. Beobachten Sie das Auftreten eines schwebenden Gefühls und bewegen Sie sich in dieses hinein, als schwebten Sie auf einer Wolke. (Es hilft Ihnen vielleicht, sich eine Wolke vorzustellen, auf der Sie sich befinden.)
5. Sagen Sie sich, daß Sie zur Zeit das sehen wollen, was sich auf Sie selbst bezieht. Warten Sie dann.
6. Sie werden auf ein Licht zufließen. Genießen Sie es.
7. Ihre geistigen Augen werden sich auf eine bestimmte Szene einstellen. Beobachten Sie, wie sich diese Szene vor Ihnen entfaltet.
8. Bitten Sie nun darum, diese Szene aus einem anderen Blickwinkel sehen zu können. Warten Sie und beobachten Sie, was jetzt anders ist. (Tun Sie das, sooft sie möchten.)
9. Suchen Sie sich jetzt etwas anderes, das Sie sehen möchten. Warten und beobachten Sie. Überprüfen Sie es dann aus einem anderen Blickwinkel.
10. Wenn Sie genug davon haben, kehren Sie zu Ihrer Wolke zurück und entspannen Sie sich.
11. Kehren Sie dann zur Normalität zurück. Sie werden den Rückzug deutlich fühlen können.
12. Sie werden sich Ihres Körpers wieder bewußt. Entspannen Sie sich und bedenken Sie alles, was Sie gesehen haben. Gehen Sie es immer wieder durch, bis Ihr Bewußtsein alles akzeptiert hat, was Ihnen eröffnet wurde.
13. Schließen Sie die Chakras, wie zuvor beschrieben.
14. Strecken Sie sich wie beim Erwachen. Erinnern Sie sich weiterhin an alles Geschaute.
15. Setzen Sie sich hin, sobald Sie so weit sind, und schreiben Sie alles auf.

Da Sie nun einen Vorgeschmack der Akasha-Chroniken haben, können Sie anfangen, die gewaltige Einheit zu kontemplieren, in der alle Dinge bekannt sind. Diese Erkenntnis wird Ihnen neue Tore der Bewußtheit öffnen.

Meditation zur
Vereinigung mit den Akasha-Chroniken

Ernsthafte Schüler können mit Hilfe folgender Meditation zu dieser wertvollen Schau kommen.

1. Entspannen Sie sich und lassen Sie das Leben von sich wegtreiben.
2. Lassen Sie alle Ängste von sich abfallen, denn Sie können die Einheit nicht berühren, solange Sie Angst haben.
3. Stimmen Sie sich auf den Schöpfer ein und sehen Sie sich von seinem Licht umgeben.
4. Öffnen Sie die Chakras, wie zuvor beschrieben.
5. Bitten Sie Ihre Schutzgeister um Schutz und Hilfe.
6. Gestatten Sie sich, in die Einheit aufzusteigen.
7. Visualisieren Sie eine Treppe und steigen Sie diese hinauf. Es wird ein sehr langer Aufstieg werden. Seien Sie geduldig und steigen Sie.
8. Sie werden Veränderungen in Ihrem Körper spüren, während Sie sich durch die vier Körper, den physischen, den ätherischen, den spirituellen und geistigen hindurchbewegen.
9. Sie werden sich selbst gegenüber gleichgültig werden. Akzeptieren Sie das.
10. Sie werden das Gefühl bekommen, in allen Dingen zu sein, und Ihr Geist wird Ihnen seltsame und ungewöhnliche Dinge enthüllen. Genießen Sie diese Enthüllung.
11. Ihre Liebesgefühle werden immer tiefer werden.
12. Lassen Sie diese tiefen Gefühle fließen und sich mit anderen verbinden. Geben Sie die Kontrolle auf und geben Sie sich hin.
13. Plötzlich werden Sie in der Einheit sein. Dies ist eine sehr individuelle und persönliche Erfahrung, die nicht definiert werden kann. Sie werden dabei ungeheure Freude empfinden. Ihr Wissen wird groß, aber undefinierbar sein. In die Einheit einzugehen ist, als kämen Sie nach Hause und hätten ein starkes Gefühl der Zugehörigkeit. Genießen Sie dieses Gefühl, solange es anhält. Es wird Ihnen wie eine Ewigkeit vorkommen.
14. Wenn Sie sich zurückziehen, werden Sie einen Verlust fühlen. Denken Sie daran, daß das normal ist.
15. Lassen Sie Ihre Schwingungen niedriger werden. Beeilen Sie

sich dabei nicht. Steigen Sie die Treppe langsam herab oder spüren Sie, wie Sie durch die vier Körper zurücktreiben, bis Sie sich wieder darüber bewußt werden, wo Sie liegen.

16. Überprüfen Sie Ihren Energiefluß. Ist er zu leicht, ist Ihnen etwa schwindelig, dann senden Sie die überschüssige Energie als Heilung an Ihre Angehörigen.

17. Entspannen Sie sich. Danken Sie Ihren Schutzgeistern für die Hilfe. Schließen Sie die Chakras, wie zuvor beschrieben.

18. Bewegen Sie sich langsam, setzen Sie sich auf und schreiben Sie alles nieder, woran Sie sich erinnern können.

Man darf diese Meditation in der Einheit nicht zu oft machen. Anfangs ist ein- oder zweimal im Jahr das Höchste, was man erreichen kann. Man sollte sich auch vor Augen halten, daß das auf diese Weise Erlebte nicht von der Erde ist und deshalb im Alltagsleben keinen großen praktischen Nutzen hat. Hauptzweck dieser Meditation ist, den Geist zu erheben und ihn zum weiteren Aufstieg zu ermutigen. Wäre es möglich, die Einheit oft zu erreichen, liefe der betreffende Mensch Gefahr, günstigenfalls sehr aus dem Gleichgewicht zu geraten und schlimmstenfalls wahnsinnig zu werden. Selbst die großen Weisen und Heilande hatten in ihrer irdischen Gestalt kein volles Bewußtsein der Einheit.

Hat man die Einheit einmal geschmeckt, beginnt ein neues Gefühl in das Bewußtsein einzutreten, das man am besten als den leidenschaftlichen Wunsch nach Zugehörigkeit beschreiben kann. Zunächst richtet sich diese Leidenschaft auf Angehörige, Freunde und Bekannte. Jedes Zusammenwirken mit anderen wird jetzt wichtig. Oft wird das Zusammensein jedoch als sehr unbefriedigend empfunden, da das Fragment in anderen Fragmenten nach der Einheit sucht. Indem es mit anderen zusammenkommt, lernt das Individuum, daß es einen großen Teil seines Lebens in konditionierter Liebe verbracht hat, wo Erwartungen das Wachstum begrenzt und behindert haben. Die neue Leidenschaft regt das Fragment an, seine persönliche Geschichte auszulöschen, indem es seine Vergangenheit losläßt. Es ist dann nicht ungewöhnlich, daß Menschen ihre Familie verlassen, ihren Wohnort wechseln und ganz von vorn anfangen. In einer solchen Trennungsphase fühlt sich das betreffende Individuum unsicher, instabil, allein und isoliert. Sein leidenschaftlicher Wunsch nach Einheit jedoch bleibt.

Im Laufe der Zeit beginnt das suchende Fragment seine Eigenverantwortlichkeit zu akzeptieren und auf die Unterstützung anderer zu verzichten. In dieser Zeit wird es oft unsicher sein, ob es sich selbst oder andere wichtiger nehmen soll, und nicht selten das Gefühl haben, egoistisch und schuldig zu sein. Schließlich wird es aber doch die Notwendigkeit erkennen, sich selbst wichtig zu nehmen, und einen starken Drang verspüren, sich selbst vor andere zu setzen. Sein Selbstvertrauen wird ihm Respekt, Anerkennung und Beachtung von Freunden, Kollegen und Angehörigen einbringen.

Zunächst ist das sehr befriedigend. Das Fragment umgibt sich mit vielen materiellen Dingen, die ihm seine eigene Wichtigkeit deutlich vor Augen führen. Jetzt beginnt sein Leben unter Druck zu geraten. Die vielen Dinge, die es zu seiner Selbstbestätigung angesammelt hat, beginnen ihm lästig zu werden. Zuletzt sehnt es sich danach, seine eigene Bedeutung auszulöschen und sich in bedingungsloser Liebe der Einheit hinzugeben. Die eigene Bedeutung auszulöschen, heißt, die persönliche Geschichte zu löschen. Da unser irdisches Leben um Geschichte herum aufgebaut ist, ist dies kein leichter Schritt. Manche Fragmente entscheiden sich zu diesem Zeitpunkt, ihre irdischen Aktivitäten aufzugeben und sich in die Einsamkeit zurückzuziehen. Der Prozeß der Auslöschung persönlicher Geschichte zieht sich bei den meisten lang hin, da sie immer wieder einmal an ihrer Wichtigkeit festhalten wollen und sich immer noch in irdische Aktivitäten verwickeln.

Erneut müssen alle angesammelten Besitztümer aufgegeben werden, jedoch nicht im gleichen Sinne wie zuvor. Im ersten Fall handelte es sich um eine Flucht vor aufgezwungenen, konditionierten Lebenssituationen. Die Auslöschung der eigenen Bedeutung ermutigt das Fragment nun, alles fortzugeben, was es hat. Zunächst genießt es das Geben kaum und gibt nur Dinge weg, die es wenig schätzt und die wenig materiellen Wert haben. An den Dingen, die einen hohen Erinnerungs- oder Geldwert haben, hält es meist noch ziemlich lange fest, da sie seine persönliche Geschichte mehr als alles andere, einschließlich menschlicher Wesen, repräsentieren.

Weil diese Dinge so schwer aufzugeben sind, bemüht sich das Fragment um Hilfe und Anleitung von anderen Fragmenten seiner Seele, seien sie im Astralen oder jenseits davon inkarniert. Da die Seele nach Ganzheit verlangt, wird dem Fragment nichts verwehrt, und es erhält sofort Hilfe. Die Menschen in seiner Umgebung werden Dinge sagen und tun, die es ständig daran erinnern und dazu ermutigen, seine Kontrolle aufzugeben. Solche Menschen werden oft als »Boten« oder »helfende Engel« bezeichnet und sind sich ihrer Rolle oft völlig unbewußt, wenn sie mit dem Fragment Kontakt haben, das seine persönliche Geschichte auslöschen möchte. Das sich entwickelnde Fragment sieht nun sich und die Methoden genau, mit denen es in der Vergangenheit seine eigene Entwicklung behindert hat und möchte dies ändern.

Gleichzeitig bemühen die Schutzgeister oder höheren Fragmente sich, dem Individuum beim Loslassen der Dinge zu helfen, indem sie seine Umgebung unter Kontrolle bringen. Das Fragment hat zum Beispiel das Bedürfnis, seinen Beruf zu wechseln, findet jedoch keine Jobs, weil ihm der wirkliche Antrieb zum Suchen fehlt. Obwohl das Fragment ständig um Hilfe bittet, wird es im gleichen Beruf gelassen, bis aus dem täglichen, materiell orientierten Einerlei Frustration entsteht, die den Beruf schließlich wertlos erscheinen läßt. Dann erst verläßt das Fragment seinen Beruf ohne feste Vorausplanung und lernt, darauf zu vertrauen, daß sich etwas ergeben wird.

Während einer solchen leeren Zeit sucht das Individuum in sich nach neuen Zielen, die bis dahin noch geschlummert hatten. Solche Ziele wären nicht aufgekommen, wenn das Individuum seine Jobs hätte frei wählen können. Auf diese Weise hätte es seine persönliche Geschichte nicht auslöschen können.

Nach und nach lernt das Fragment, den geistigen Führern zu trauen. Und als Ergebnis des ständigen Aufgebens bilden sich täglich neue Gelegenheiten. Der Mensch lebt dann ständig im Augenblick. Spekulationen über die Zukunft bringen keinerlei Glück, da solche Spekulationen nur aus der persönlichen Geschichte hervorgehen. Pläne erfüllen sich in dieser Phase nicht mehr. Schließlich lernt das Fragment, das Unerwartete zu erwarten und mit der sich manifestierenden Energie zu fließen. Auf diese Weise öffnet sich der Mensch für alles, was auf ihn zukommt, und findet in sich ein starkes Verlangen, den Willen des Schöpfers statt des eigenen zu tun. Vergangene Erfahrungen werden nun unwichtig und auf die Essenz der gelernten Lektionen reduziert. Ohne Behinderungen kann dieses Wissen nun im Alltag angewendet werden. Das Fragment beginnt, sich als Teil der Einheit zu verstehen und sich in jedem anderen auf der Erde lebenden Fragment zu sehen.

Zum ersten Mal versteht ein Fragment den Wert des Spiegelbildes, das es zu diesem Bewußtseinsstadium gebracht hat. Gleichzeitig erkennt das Individuum in seiner Entwicklung, wie seine materiellen Besitztümer sein Leben kontrolliert haben. Ein großes Haus beispielsweise ist eine schöne Sache, doch erfordert es zur Instandhaltung großen Aufwand. Durch diese notwendigen Bemühungen kontrolliert das Haus den Menschen. Indem es das Haus aufgibt, befreit sich ein Fragment von dieser Kontrolle und eröffnet sich einen neuen Weg zu einer alternativen Lebensform, etwa zu einer Wohngemeinschaft oder zum Leben in einer größeren Gemeinschaft.

Darin lernt das Fragment dann, in bedingungsloser Liebe und ohne Kontrollausübung zu teilen. Das bedeutet, mit den geliebten Menschen zusammenzuleben und alles zu akzeptieren, was sie tun, ohne sie ändern zu wollen. Es bedeutet außerdem, ein gemeinsames Daseinsziel zu finden, welches dem Schöpfer dient. Auf diese Weise lernt man, daß der Wille des Schöpfers auch der Wille des Individuums ist und den Weg in die Einheit zeigt.

Mit diesem Bewußtsein im Herzen entfaltet sich ein immer stärkeres Bedürfnis, den Besitz aufzugeben. Der betreffende Mensch beginnt nun, auch persönliche Schätze voller Liebe abzugeben und sich wenig darum zu sorgen, wie sie empfangen und verwendet werden.

Ein Beispiel. Eine Frau besaß zwei wertvolle Vasen. In der Vergangenheit hatte sie viele Male kurz davor gestanden, diese Vasen zu verkaufen, um das Geld flüssig zu machen. Doch jedes Mal hätte sie zu wenig dafür bekommen und fand darin einen Grund, sie zu behalten. Die Vasen repräsentierten ihren Reichtum und deshalb ihr ganzes Leben. Als sie schließlich beschloß, sie brauche die Vasen nicht mehr, und sie fortgeben wollte, begegnet ihr unerwartet ein Mann, der den wirklichen Wert der Vasen erkannte und einen ordentlichen Preis dafür bot. Sie verkaufte sie ihm und benutzte das Geld, um ihr Leben positiv zu verändern, indem sie eine weitere Ausbildung machte, in welcher sie zu einer Hypnotherapeutin und Metaphysikerin wurde. Nun lebt sie ein sehr erfülltes Leben und besitzt keine materiellen Werte mehr. Es braucht nicht betont zu werden, daß andere ihr spiegelbildlich so viel geben konnten, wie sie voll bedingungsloser Liebe abgab. Sie ist jetzt also in mehrfacher Hinsicht eine reiche Frau.

Wer sich der Einheit hingibt, wird in der Welt sehr aktiv werden. Man sieht sich dann in der Welt, von der Welt und als Beobachter der Welt und fühlt sich weise und gut. In extremen

Fällen ziehen es manche Individuen vor, sich von anderen Menschen zurückzuziehen und über ihren nächsten Schritt auf dem Weg zur Einheit zu kontemplieren. Der übliche Weg ist jedoch, mitten im Leben zu stehen und dem Schöpfer zu dienen.

Wer mitten im Leben steht, ist meist stark beschäftigt und hat wenig Zeit, über die Vergangenheit nachzudenken. Menschen, die Einzelheiten aus ihrer Vergangenheit nicht mehr wissen, wenn man sie danach fragt, wird man vielleicht für vergeßlich halten. Natürlich ist das nicht der Fall. Es ist nur so, daß ein solches Fragment seine eigene Bedeutung ausgelöscht hat und seine Vergangenheit ebenfalls für unwesentlich hält. Das Individuum beginnt nun, Gottes Weg als *den* Weg zu akzeptieren und sucht verzweifelt nach Gott in sich, um seine Allmacht verstehen zu können.

Wenn das Fragment den Fluß der göttlichen Kraft in sich akzeptiert hat, verbindet es sich mit den übrigen aufgestiegenen Fragmenten seiner Seele. Das Fragment beginnt, sich ebenfalls allmächtig zu fühlen, obwohl es anderen gegenüber niemals darüber spricht. Jesus zum Beispiel behauptete niemals selbst seine Allmacht. Außenstehende jedoch konnten sie beobachten, und seine Jünger schlossen sie aus ihren Erlebnissen mit ihm. Die meisten Menschen können derart hohe Emanationen nicht akzeptieren, da sie in ihrer völligen Selbstlosigkeit weit über das normal Menschenmögliche hinausgehen. Wie bereits festgestellt wurde, hält sich der im Ego lebende Mensch für wertlos und sündig und lebt in Zweifel und Angst. Genau diese Menschen sind es, die ein Fragment als ein aufgestiegenes verkünden, weil sie in ihm das erkennen, wonach sie innerlich selbst streben.

Solche aufgestiegenen Seelenfragmente werden zu lebendigen Beispielen des inneren Schöpferselbstes. Da der Schöpfer alle Dinge ist, manifestiert er sich in diesen Fragmenten auf verschiedenartige Weise, doch immer mit der gleichen Botschaft: der bedingungslosen Liebe für sich und andere.

Meditation zur Auslöschung der persönlichen Geschichte durch Hingabe

1. Setzen Sie sich entspannt auf einen bequemen Stuhl.
2. Entlassen Sie den Streß des Tages und sprechen Sie mit eigenen Worten ein Schutz- und Heilungsgebet.

3. Öffnen Sie die Chakras von der Wurzel aufwärts. Öffnen Sie die Fuß-, Hand- und Minichakras. Entspannen Sie sich.

4. Fühlen Sie die Gegenwart Ihrer Schutzgeister.

5. Konzentrieren Sie sich auf einen Ihrer liebsten Wertgegenstände, zum Beispiel auf Ihr Lieblingsschmuckstück.

6. Sehen Sie diesen Gegenstand vor sich. Streicheln Sie ihn im Geiste und überlegen Sie, warum Sie ihn so sehr mögen.

7. Beobachten Sie Ihre Gründe, ihn zu behalten, und kontemplieren Sie die Idee, ihn abzugeben.

8. Beobachten Sie, wie mit dem Gedanken an das Abgeben immer mehr Gefühle aufkommen, die dafür sprechen, ihn zu behalten.

9. Sagen Sie sich, daß Sie ihn nicht behalten müssen und daß diese logischen und emotionalen Gründe für den Besitz nicht notwendig sind.

10. Erlauben Sie sich, die Kontrolle aufzugeben.

11. Erschaffen Sie in Ihrem Geist einen Fremden. Geben Sie ihm das Schmuckstück.

12. Beobachten Sie dabei Ihre Reaktion.

13. Beobachten Sie den Fremden und was er mit dem Schmuck macht. Solche Bilder sind Ausdruck der Ängste, die sich auf vergangene Erfahrungen gründen. Er könnte ihn zum Beispiel wegwerfen, falsch gebrauchen oder weitergeben.

14. Machen Sie sich klar, daß solche Reaktionen besitzergreifend und kontrollierend sind. Setzen Sie sich über diese Bilder hinweg.

15. Sehen Sie wieder vor sich, wie diese Person ihren Schmuck mißbraucht. Seien Sie demgegenüber gleichgültig. Beobachten Sie dieses Gefühl.

16. Bitten Sie Ihre Schutzgeister um Hilfe, Ihren Anspruch auf diesen Gegenstand aufzugeben. Beobachten Sie die auftretenden Bilder. Sie werden symbolisch oder wirklich gemeint sein. Halten Sie diese Hilfe fest und versprechen Sie sich, auch in Zukunft auf solche Weise das Loslassen zu üben.

17. Schließen Sie die Chakras, wie zuvor beschrieben, und danken Sie Ihren Schutzgeistern und Gott.

18. Schreiben Sie Ihre Entdeckungen sofort anschließend auf.

Diese Meditation kann häufig und mit verschiedenen Gegenständen geübt werden. Wenn Sie sich dazu bereit fühlen, praktizieren Sie sie auch mit Ihren Angehörigen und Freunden. Geben Sie diese Menschen jemand anderem. Sehen Sie in der Meditation, wie diese Menschen Sie verlassen; beobachten Sie dabei Ihre Emotionen, erleben Sie Ihre Ängste und gestatten Sie sich dann, sie aufzugeben. Lassen Sie sie gehen und beachten Sie Ihre Gefühle dabei. Segnen Sie Ihre Freunde, wenn sie gehen. Warten Sie, bis Sie sich wieder neutral fühlen, und beenden Sie dann die Meditation.

Übungen dieser Art werden ihr tägliches Leben sofort beeinflussen. Ihr Besitz, Ihre Freunde und deren Aktivitäten werden für Sie weniger ablenkend oder besorgniserregend sein. Sie werden feststellen, daß Ihr Leben ruhiger und leichter wird, je mehr Dinge und Menschen Sie loslassen.

Meditation zur Aufgabe der Kontrolle

Beginnen Sie mit dieser Meditation, wenn Ihnen die erste leichtfällt und Ihr Leben einfacher geworden ist.

1. Entspannen Sie sich wie zuvor auf einem bequemen Stuhl.
2. Bitten Sie Ihre Schutzgeister zu kommen und sprechen Sie ein Schutzgebet.
3. Öffnen Sie die Chakras von der Wurzel bis zum Scheitel, sowie Hand-, Fuß- und Minichakras.
4. Visualisieren Sie, daß Sie sich verirrt haben. Lassen Sie Ihre Schutzgeister eine Szene dazu erschaffen.
5. Beobachten Sie auftretende Gefühle und stellen Sie sich diesen.
6. Gestatten Sie sich, stark zu sein. Erkennen Sie die Dummheit Ihrer Ängste.
7. Lieben Sie sich selbst. Sagen Sie sich, was Sie hören möchten.
8. Entspannen Sie sich. Hören Sie auf die Ratschläge Ihrer Schutzgeister. Sehen Sie sich Ihren Weg wiederfinden.
9. Schließen Sie die Chakras und danken Sie den Schutzgeistern für ihre Hilfe.
10. Schreiben Sie Ihre Erfahrungen für die Zukunft auf.

Meditation zur Steigerung
der Empfänglichkeit

Sind die beiden vorigen Meditationen integriert, so sollte man die folgende Meditation täglich einmal durchführen.

1. Entspannen Sie sich auf einem bequemen Stuhl.
2. Bitten Sie Ihre Schutzgeister wieder um ihre Anwesenheit. Vertrauen Sie darauf, daß sie Ihnen Segen und Sicherheit geben.
3. Öffnen Sie, wie zuvor beschrieben, die Chakras vom Scheitel bis zur Wurzel.
4. Visualisieren Sie, wie Sie mit Ihren Schutzgeistern gehen, die Sie führen.
5. Lassen Sie sich die Richtung von den Geistern zeigen.
6. Bitten Sie sie darum, Ihnen etwas zu geben. Beobachten Sie, was Ihnen gegeben wird, denn es wird symbolisch zu verstehen sein.
7. Nehmen Sie es an, fühlen Sie es und beobachten Sie die in Ihnen aufsteigenden Emotionen.
8. Gestatten Sie sich, alles aufzunehmen.
9. Fühlen Sie Ihre Freude über die bedingungslose Liebe, die Sie empfangen.
10. Danken Sie Ihren Schutzgeistern und schließen Sie die Chakras.
11. Schreiben Sie alle Reaktionen auf Ihre Meditation nieder.

Mit dieser letzten Meditation werden Sie sowohl gute als auch schlechte Erfahrungen machen. Mit etwas Übung wird Ihnen das Annehmen immer leichter fallen. Das wird sich auch auf Ihr tägliches Leben auswirken.

Nachdem Sie gelernt haben, persönliche Gegenstände und geliebte Menschen aufzugeben und die Vielzahl von Ängsten zu erkennen, mit denen Sie sich aufgrund Ihrer Kontrollversuche umgeben haben, müssen Sie sich nun der Einheit hingeben, damit sich Gott in Ihrem Selbst manifestieren kann.

Meditation über das
Annehmen von Gottes Willen

Durch die folgende Meditation werden Sie passiv werden und sich auf das Verlangen des Schöpfers einstimmen können. Damit können Sie sich täglich hingeben und entdecken, daß sein Wille Ihr Wille ist. Dies wird Sie schließlich zu völliger Ruhe in all Ihren Begegnungen führen, sei es physisch, emotional oder mental.

1. Suchen Sie sich einen ruhigen, einsamen Platz: einen Wald, einen ruhigen Garten, einen Berggipfel oder eine Küste.
2. Setzen Sie sich dort hin und stimmen Sie sich eine Weile auf Ihre Umgebung ein. Während dieser Zeit lassen Sie Ihre Alltagsprobleme los.
3. Sitzen Sie im Schneidersitz mit aufrechtem Rücken. Finden Sie das Gleichgewicht Ihres Körpers, so daß Ihnen das Sitzen keine Mühe bereitet.
4. Bitten Sie in einem Gebet um Erleuchtung und Schutz.
5. Öffnen Sie alle Chakras vom Scheitel zur Wurzel. Öffnen Sie Fuß- und Handchakras. Lassen Sie zu, daß sich auch die kleineren Chakras der Akupressurpunkte öffnen, indem Sie sich einfach dem Fluß Ihrer Energie hingeben. Das kann zu leichten Zuckungen führen.
6. Warten Sie nun auf die göttliche Kraft, mit der Ihre Geister sich Ihnen verbinden. Sie werden sich dadurch innerlich erhoben fühlen.
7. Fragen Sie, wie Sie Gott und sich am besten dienen können, und warten Sie. Sie müssen vielleicht lange warten.
8. Während Sie warten, kann Ihr Körper zu schmerzen beginnen. Bewegen Sie sich dennoch nicht. Überwinden Sie den Schmerz, indem Sie durch ihn hindurchgehen. Er steht für alle Schmerzen dieser Welt.
9. So gelangen Sie in einen wahrhaft veränderten Bewußtseinszustand, der Ihnen klarmacht, daß Sie Gottes Worte in sich fühlen und erkennen können. Unterhalten Sie sich mit Ihren Schutzgeistern. Es wird Ihnen vorkommen, als seien Sie alle in halb physisch-spiritueller Gestalt zusammen. Das liegt daran, daß Sie selbst sich Ihres spirituellen Körpers bewußt sind.
10. Hören Sie auf die Anweisungen, die Ihnen gegeben werden. Stellen Sie auf sich bezogene Fragen. Aus diesen Fragen und den Antworten, die Sie sich selbst geben, werden Sie eine

Menge über sich lernen und Ihrem bewußten Geist zu weiteren Einsichten verhelfen.

11. Oft werden Anweisungen ohne Erklärung gegeben. Zum Beispiel: »Geh nach New York und warte.« Zögern Sie dann nicht, denn Ihre Schutzgeister wissen um Ihren Zweifel. Solche Anweisungen werden gegeben, um Sie zu prüfen. Wenn Ihr Wille Gottes Wille ist, werden Sie ohne Angst oder Fragen gehen wollen.

12. Bitten Sie um Ihres inneren Friedens willen um weitere Anweisungen. Kommen keine, so wissen Sie, daß Sie nicht mehr zu wissen brauchen. (Ihr Verstand wird sonst beginnen, über Gründe zu räsonieren und ein falsches Handlungsprogramm zu entwerfen.)

13. Freuen Sie sich, daß Sie Richtlinien aus der Einheit bekommen haben. Machen Sie sich diese Richtlinien zu eigen und versprechen Sie, sie im täglichen Leben zu verfolgen.

14. Lassen Sie Gottes Liebe durch sich hindurchfließen, die alle Befürchtungen und Unsicherheiten fortspült. Ein Gefühl der Sicherheit wird Sie durchströmen.

15. Lassen Sie Ihre Schutzgeister gehen, wenn die Meditation beendet ist.

16. Schließen Sie Ihre Chakras. Sie werden sich nun ständig eins mit Ihren Schutzgeistern fühlen und brauchen ihnen nicht mehr zu danken.

17. Lassen Sie Ihren Körper erwachen und den bewußten Geist wieder die Kontrolle übernehmen. Bewegen Sie sich langsam.

18. Schreiben Sie sofort alles auf, was sich ereignet hat.

Eine derartige Meditation wird oft mehrere Stunden dauern, obwohl Sie sich der Zeit nicht bewußt sein werden. Was Ihnen mitgeteilt wurde, muß auch nicht sofort eintreten. Für alles gibt es eine rechte Zeit und einen rechten Ort. Vor seinem Besuch in New York (der in der Meditation angekündigt wurde) muß das Fragment nun auf ein Zeichen warten, wann und wie er stattfinden soll. Dieses Zeichen kann in Form einer Person kommen, von der man plötzlich eingeladen wird, oder man gewinnt den Besuch in dieser Stadt bei einem Preisausschreiben. Man kann nie genau definieren, was Gott will. Der Verstand wird die Wahrheit stets abwenden, indem er um die unzähligen Möglichkeiten herum Illusionen aufbaut. Warten Sie also einfach ab und lassen Sie sich den Weg zeigen. Wenn Sie die Dinge zu schnell geschehen lassen wollen, werden Sie nur auf die Nase fallen und so natürlich die harte Lektion lernen müssen.

Denken Sie daran, daß das Auslöschen der persönlichen Geschichte und der Weg in die Einheit nicht leicht sind. Sie bedürfen vieler Jahre Übung; und auch dann ist es noch ein ständiger Kampf um das Gleichgewicht, solange man auf der Erde lebt. Viele Medien entwickeln auf dem Weg zur wirklichen Erleuchtung einen falschen Eigendünkel, weil sie wissen, daß der Schöpfer sie auserwählt hat. Diese neue Ebene des Eigendünkels aus dem spirituellen Selbst muß ebenfalls ausgelöscht werden.

Ein Individuum mit erleuchtetem Wissen mag einem Beobachter in der einen Minute höchst spirituell und liebevoll erscheinen, in der nächsten aber ängstlich und unbeständig. Es kann beispielsweise Liebe und Frieden predigen und seine Anhänger anleiten und führen, gleichzeitig jedoch diejenigen verdammen, die anderen Lehren anhängen. Solche Menschen werden oft Geistliche, die das Nirwana (himmlischen Frieden) oder Hölle und Verdammnis anbieten, obwohl sie wissen, daß alle Wege zur Einheit führen.

Solche Geistliche behaupten immer wieder, sie seien unwichtig, nur Gottes Arbeit zähle, doch behaupten sie gleichzeitig, daß nur sie Gottes Weg für ihre Anhänger finden können. Damit sagen sie auf ihre Weise, wie wichtig sie für Gottes Plan sind. In Wahrheit sind wir alle genauso wichtig und in Gottes Augen alle gleich. Wenn sich das geistige Ego jedoch als Wille manifestiert, wird dieses Willensego die ganze Arbeit nach und nach zerstören. Dann erst fühlt der Mensch, daß er versagt hat und aus der Einheit gefallen ist.

Zum ersten Mal beginnt das Fragment, sich nun nach dem zu sehnen, was es gefunden und wieder verloren hat und strebt danach, wieder in die Einheit einzugehen, dieses Mal jedoch ohne den Egoismus des physischen oder spirituellen Körpers. Es kann viele Leben dauern, bis eine solche Lektion gelernt ist.

In der wirklichen Verschmelzung mit der Einheit gibt es natürlich kein Ego mehr. Es gibt nur noch die Ausstrahlung der Selbstliebe, die sich durch die Annahme des schöpferischen Ausdrucks zur selbstlosen Liebe erweitert, die zur totalen Ruhe führt, zum »Ich bin«.

Wenn Sie das nächste Mal unter vielen Menschen sind, versuchen Sie einmal, Ihre Mitmenschen aus möglichst vielen Blickwinkeln zu betrachten und ihre verschiedenen Daseinsweisen zu erkennen. Machen Sie sich klar, daß alle Wege richtige Wege sind, und denken Sie auch daran, daß all diese Wege auch Ihre Wege sind und daß Sie sich jeden davon zu jeder Zeit als Ihren eigenen wählen können. In der Einheit ist nichts richtig oder falsch. Beobachten Sie also ohne Beurteilung. Dies ist der Weg des Lernens und des Aufstiegs.

Vermeiden Sie es in Ihrem Alltag, anderen Ihren Willen aufzudrängen. Warten Sie, bis Sie um Hilfe gebeten werden, selbst wenn die beobachtete Person auf eine Art und Weise handelt, die nach Hilfe schreit. Vielleicht will sie Ihre Hilfe gar nicht. Schmerzt es Sie zu sehr, das mit anzusehen, dann ziehen Sie sich aus der Situation zurück und stellen Sie sich die betreffende Person vor, wie sie im Wissen um die Einheit Trost findet und die Hilfe bekommt, die sie braucht, wenn sie bereit ist, sie anzunehmen. Im Laufe der Zeit werden Sie sowohl den Schmerz als auch die Freude einer jeden Situation empfinden lernen. Das wird dazu führen, daß Sie alles ruhig und ausgeglichen beobachten können. Daraus ergibt sich natürlich auch eine tiefere Verständnisebene.

Meditation zur Erkundung des transzendentalen Bewußtseins

Die folgende Meditation bringt Sie in einen transzendentalen Zustand, in dem alle Aspekte des Lebens als Wege zur Einheit kontempliert werden können.

1. Entspannen Sie sich, indem Sie in lockerer Kleidung im Bett oder auf dem Fußboden liegen.
2. Sprechen Sie ein Schutzgebet und stimmen Sie sich auf Gottes Liebe ein.
3. Visualisieren Sie, daß Gottes Licht durch Ihren Körper fließt.
4. Entspannen Sie Ihren physischen Körper, während der Streß des Tages herausgewaschen wird.
5. Öffnen Sie alle sieben Hauptchakras und dann die Nebenchakras. Stimmen Sie sich auf Ihre Seele ein (Ihr höheres Selbst und Ihre Schutzgeister).
6. Stimmen Sie sich auf den ätherischen Körper ein. Lassen Sie die Energie sich aufbauen, während Kribbeln und Schauer

über Sie laufen. Lassen Sie den Streß dieses Körpers in den Boden fließen.

7. Stimmen Sie sich auf den spirituellen Körper ein. Lassen Sie die Temperaturveränderungen sich ausgleichen. Lassen Sie den Streß auch aus diesem Körper in den Boden fließen.

8. Stimmen Sie sich auf den Geistkörper ein, indem Sie sich mental in einen klaren Gedankenzustand versetzen. Spüren Sie die Einheit Ihres Bewußtseins, Ihres Unterbewußten und tief Unbewußten.

9. Beobachten Sie nun, wie Sie taub werden, und lassen Sie Ihre Gedanken treiben, wohin Sie sie steuern wollen.

10. Sie werden dabei vieles verstehen, was Sie noch nicht begriffen hatten. Bleiben Sie in diesem Raum, solange Sie wollen.

11. Wenn Sie genug davon haben, werden Sie sich automatisch Ihres spirituellen Körpers bewußt, dann des ätherischen und schließlich des physischen.

12. Entspannen Sie sich jetzt und versuchen Sie, sich an das Wesentliche der kontaktierten Dinge zu erinnern (obwohl vieles Entdeckte verloren sein wird).

13. Schließen Sie die Chakras vom Scheitel bis zur Wurzel und lassen Sie überschüssige Energie aus den Füßen und Händen in den Boden fließen. Schließen Sie dann auch diese Chakras.

14. Wenn Sie dazu bereit sind, bewegen Sie sich langsam. Schreiben Sie Ihre Erlebnisse auf.

Die Entwicklung von Heilfähigkeiten

Während der medialen Entwicklung wird ein spirituelles Bedürfnis auftreten, mit anderen zu teilen. Es wird sich als der Wunsch manifestieren, das Heilen zu erlernen. Dieser Wunsch zu heilen wird stärker werden, während das Individuum sich entfaltet. Deshalb ist es wichtig, das Heilen richtig zu lernen. Ein falsches Vorgehen wird dazu führen, daß der Heiler selbst krank wird. Heilung ist ein Akt des Teilens. Ist sich der Schüler nicht darüber bewußt, wie er heilen soll, kann es sein, daß die Krankheitssymptome vom Kranken auf ihn übergehen.

Bevor wir die richtige Vorgehensweise erklären, müssen wir zunächst verstehen, was Heilung ist und auf welche Weise sie zustande kommt.

Die Menschheit ist durch Empathie und Sympathie einem gemeinsamen Ziel verbunden. Indem wir auf verschiedene Weise zusammenwirken, erleben wir viele Dinge, wie auch Krankheit und Gesundheit. Auf diese Weise geben wir ein Verständnis des Lebens vom einen zum anderen weiter.

Niemand von uns sieht bewußt gern Krankheiten, emotionale oder mentale Störungen und wird nach Möglichkeit jedes Zusammentreffen mit jemanden, der irgendwie krank ist, vermeiden. Unser emotionales, spirituelles Selbst wird eine solche Isolation jedoch nicht zulassen und dafür sorgen, daß wir trotz unserer zurückweisenden Gedanken Anteilnahme zeigen und Hilfe anbieten, manchmal bis zur Selbstaufgabe. Das bedeutet jedoch kaum wirkliche Hilfe. Daher müssen wir lernen, zu helfen, ohne uns zu opfern, und zu heilen, ohne selbst krank zu werden.

Gewöhnlich heilt man durch die Kraft des Gebets. Wir stimmen uns auf den Schöpfer oder die Einheit ein, wo alle Gebete gehört werden, und setzen dadurch einen Kreislauf der Heilung in Bewegung, der durch die Seele hindurch bis in den Geist des leidenden Menschen sickert, dessen Körper durch den Empfang der heilenden Kraft gesund werden kann. Tritt keine physische Änderung zum Besseren auf, so meint man oft, die Gebete seien nicht erhört worden. Das ist natürlich nicht wahr. Der Patient befindet sich nämlich anschließend oft in einem besseren emotionalen oder mentalen Zustand. Manchmal wirkt die Heilung auch nur spirituell, weil eine tief unbewußte Verzweiflung jede physische Heilung zurückweist. Dann kann das Selbst um seines weiteren Wachstums willen leiden oder um den Übergang in die geistige Welt zu machen und das Leben zum Guten hin zu verlassen.

Die zweite Art der Heilung geschieht durch persönliche Geisteskraft. Eine spirituell ausgeglichene Person ist in der Lage, heilende Energie auf einen Leidenden zu übertragen, einfach weil sie das Bedürfnis hat zu helfen. Der Geist erzeugt dabei Energie aus dem emotionalen Herzchakra, welche mental zum Herzchakra der kranken Person gesendet wird. Sie nimmt die Kraft in sich auf und stärkt daraus ihre Aura. Ihre Krankheit erscheint ihr dann leicht und erträglich.

Diese Methode funktioniert in zwei Richtungen. Der Kranke sendet seine Schmerzen aus, die vom Heiler physisch aufgenommen werden. Umgekehrt schickt dieser Heilung als reine Energie zum Leidenden zurück, dem es daraufhin besser geht. Diese Methode sorgt gewöhnlich für zeitweilige Heilung.

Mediale Heiler sollten diese beiden Methoden nur sehr kontrolliert einsetzen, denn sie können sehr ermüdend sein. Damit im Zustand der Empathie und Sympathie keine Symptome vom Kranken in den Körper des Heilers absorbiert werden, muß dieser während des Heilvorganges die Kontrolle behalten, denn solche Übertragungen können dauerhaft werden.

Die dritte Heilmethode besteht im Handauflegen. Durch den physischen Kontakt kann eine stärkere Verbindung der Empathie und Sympathie aufgebaut werden, über die Energie von einem zum anderen Individuum und in einen der fünf Körper geleitet werden kann. Wird sie nicht richtig durchgeführt, kann auch diese Heilmethode für den Heiler sehr ermüdend sein.

Die vierte Art der Heilung geschieht über die Emotionen. In bedingungsloser Liebe gibt sich der Heiler der Einheit mit dem Schöpfer hin und wird dadurch zu einem Katalysator, der die göttliche Energie zu einer völligen Vereinigung freisetzt. Dies sieht oder erlebt man nur selten, denn es ist die Methode eines Heilandes. In einer solchen Idealsituation wird physisch nichts zur Heilung getan. Es ist der bloße Daseinszustand, der alles geschehen läßt und in vollkommene Ordnung bringt. Solche Heilungen bezeichnet man als »Wunder«.

Die fünfte Art Heilung kommt aus dem Astralen. Das niedere

Seelenfragment (der Kranke) erhält im Schlaf Heilung von höheren Seelenfragmenten (Schutzgeistern). Diese heilende Verbindung wird auch im Wachzustand niemals unterbrochen und macht sich als Stärkung bemerkbar. Während er schläft, erhebt sich der Kranke aus seinem Körper und arbeitet mit seinen Schutzgeistern an seiner Heilung. Er bringt dabei mit Hilfe des tief Unbewußten (spiritueller Geist) sein Bewußtsein und sein Unterbewußtes in Harmonie, wodurch wiederum die fünf Körper in Harmonie kommen und sich mit dem göttlichen Willen des Schöpfers verbinden, der Liebe und Energie zur Genesung schickt. Man weiß sogar von plötzlichen wunderbaren Genesungen Kranker, die zuvor als unheilbar eingestuft worden waren.

Das sind typische Beispiele von astraler Heilung. Auch andere verkörperte Fragmente dieser Seele werden bei einer solchen Heilung zu Hilfe gerufen, obwohl es ihnen vielleicht nicht bewußt ist. Die Einheit der Seele als solche heilt dabei in bedingungsloser Liebe. Ein sich entwickelnder medialer Heiler kann lernen, sich dieser Art Heilung bewußt zu werden.

Aus diesen grundlegenden Heilmethoden haben sich verschiedenste Methoden entwickelt, bei denen Übungen, Mantren und andere Hilfsmittel benutzt werden. Auf den folgenden Seiten werden Erläuterungen und Anweisungen für diejenigen gegeben, die ihre Heilungsfähigkeiten entwickeln möchten.

Wenn Sie um Hilfe und Heilung für jemanden beten, sollten Sie daran denken, daß Ihre Wünsche vielleicht nicht den Wünschen der Person entsprechen, die Sie heilen möchten. Um Enttäuschung und gebrochene Herzen zu vermeiden, denken Sie zunächst über die gesamte Situation und den Zustand des Patienten nach. Seien Sie auch realistisch, wenn Sie vom Kranken selbst um Hilfe gebeten werden. Viele lieben ihre Krankheiten, weil sie damit Aufmerksamkeit erlangen können, und werden sie deshalb nicht leicht loslassen. Schauen Sie sich das wirkliche Bedürfnis und die Umstände genau an und bitten Sie im Gebet um die Hilfe da, wo sie am meisten benötigt wird. Versuchen Sie, nicht nur das Symptom zu heilen, sondern achten Sie auch auf die Ursache. Formulieren Sie im Gebet Ihre Bitte genau und visualisieren Sie dabei die zu heilende Person. Legen Sie aber keine Schritte für die Genesung fest, die Sie sich erhoffen oder wünschen. Geben Sie die Person einfach in Gottes Hände und lassen Sie den Willen Gottes zusammen mit Ihrer eigenen Liebe fließen.

Die Heilmeditation der Dreifaltigkeit

Folgende kraftvolle Meditation kann von jedem Menschen praktiziert werden, der in Verstand, Körper und Geist stabil ist.

1. Setzen Sie sich im Schneidersitz aufrecht hin.
2. Öffnen Sie die Chakras vom Scheitel bis zur Wurzel und
   gleichen Sie das Milzchakra aus.
3. Reinigen Sie sich selbst, indem Sie Gottes Liebe durch sich
   hindurchfließen lassen.
4. Geben Sie sich Gott in bedingungsloser Liebe hin.
5. Visualisieren Sie vor sich eine Pyramide. Sehen Sie sich selbst
   an einer ihrer Ecken, ihren kranken Freund an einer anderen
   Ecke und Gott in der Spitze.
6. Sagen Sie dann laut: »Ich bin eins mit Gott und eins mit
   meinem kranken Freund. Mein kranker Freund ist eins mit
   Gott und eins mit mir. Gott ist eins mit meinem kranken
   Freund und eins mit mir.«
7. Visualisieren Sie die Pyramide nun auf der Seite liegend. Gott
   und Ihr kranker Freund befinden sich jetzt an jeweils einer
   Ecke der Pyramide und schauen einander voller Liebe an.
8. Sehen Sie nun, wie Ihr kranker Freund, Gott und Sie selbst in
   die Mitte gehen und sich an den Händen halten. Fühlen Sie
   die emotionale Seligkeit und beobachten Sie, wie Ihr Freund
   stärker wird.
9. Nach der Heilung kehren Sie zum Bewußtsein Ihrer selbst
   zurück.
10. Senden Sie überschüssige Energie durch Hand- und Fußcha-
    kras in den Boden. Schließen Sie alle Chakras und entspannen
    Sie sich.

Es wird einige Zeit dauern, bis die Wirkung dieser Meditation
offensichtlich wird, doch wird die von Ihnen geheilte Person
etwas gefühlt haben, wie undeutlich es auch gewesen sein mag.
Der Heilungseffekt kann vergrößert werden, wenn die betreffende Person die gleiche Meditation zur gleichen Zeit durchführt,
auch wenn Sie beide weit voneinander entfernt sind. Denken Sie
daran, daß Heilung nur kommen kann, wenn es der Wille Gottes,
Ihres kranken Freundes und Ihr eigener Wille ist. Unterschiedliche Ansichten darüber werden die Wirkung der Meditation ver-
mindern.

Denken Sie in Ihren Gebeten oder Meditationen stets daran, daß es viele Fragmente Ihrer Seele und der Seele Ihres Freundes gibt, wie auch andere Seelen in der Einheit, die auf Ihren Ruf nach Hilfe antworten. Zur selben Zeit können Sie auch vielen helfen, die Ihnen unbekannt sind, Menschen aus verschiedenen Ländern und in verschiedenen Stadien der Evolution. Sprechen Sie also Ihr Bedürfnis aus, diesen Menschen ebenfalls Liebe zu geben. Danken Sie außerdem Ihren Schutzgeistern für die Hilfe.

Stellen Sie im Gebet niemals Bedingungen an Gott, wie: »Bitte mach sie gesund, dann werde ich das und das tun.« Denken Sie vielmehr daran, daß Gott allmächtig ist und auch Dinge tun kann, die Ihre Vorstellungskraft weit überschreiten und die Ihnen eventuell nicht gefallen werden. Denken Sie daran, daß nicht Gott Bedingungen unterworfen ist, sondern Sie. Wenn Sie Bedingungen stellen, könnte Gott Ihnen welche gewähren, damit Sie daraus lernen; und das könnte sich unangenehm für Sie auswirken.

So etwas geschah in folgendem Beispiel eines Paktes mit Gott. Ein berühmtes Medium bat Gott darum, Ihren Ehemann sicher aus dem Weltkrieg nach Hause zu bringen. Sie sagte Gott auf eindeutige Weise, daß sie alles geben würde, sogar ihr eigenes Kind, wenn nur ihr Mann heimkäme. Ihre Tochter wurde tatsächlich krank und starb; ihr Ehemann kam heim, jedoch ohne seine Männlichkeit, die er im Artilleriefeuer verloren hatte. Sie konnte nun keine Kinder mehr bekommen und verbrachte ihr Leben voller Reue über dieses Versprechen. Sie versuchte, es wieder gutzumachen und ihre eigene Situation emotional und mental auszugleichen, indem sie mit unverheirateten Müttern arbeitete und ihnen bei der Pflege ihrer Babys half.

Übernehmen Sie auch in Zeiten des Gebets niemals selbst eine Krankheit im Glauben, daß Gott sie Ihnen wieder abnehmen würde. Das ist unnötiges Märtyrertum, das nur aus der Angst vor Einsamkeit entsteht: »Gib mir die Krankheit. Ich möchte diesen Menschen gesund werden lassen, damit er bei mir bleiben kann.« Solches Denken verschlimmert die Situation nur. Der Wunsch entsteht nämlich aus Negativität; und das Ergebnis sind zwei kranke Menschen, die sich aus Angst vor dem Alleinsein in Sympathie verbunden haben. Gott wird ihnen gestatten, dies zu tun, damit sie zusammenbleiben und vielleicht irgendwann lernen, klarer zu sehen und sich selbst mehr zu schätzen.

Beten Sie niemals, nur weil es gerade von Ihnen erwartet wird. Das wäre sinnlos, denn Sie haben nichts zu sagen. Sitzen Sie einfach da und seien Sie anwesend. Gott schreibt Ihnen nicht vor, daß Sie um etwas bitten müssen und wie Sie es tun sollen. Wenn Sie einfach still werden, wird Gott Sie hören und Ihre innersten Wünsche erfüllen, indem er Ihnen das gibt, was Sie für sich oder andere brauchen. Menschliche Regeln gelten im Gebet nicht, und alle religiösen Lehren darüber sind bedeutungslos, weil sie lediglich Ängste konditionieren, statt ein wirkliches Verständnis der bedingungslosen Liebe Gottes zu fördern.

Eine Dame wurde einmal zu einem Gebet um Hilfe aufgefordert. Sofort entgegnete sie: »Das kann ich nicht. Ich weiß nicht, wie ich es tun soll. Ich bin eine Sünderin! Seit Jahren bin ich nicht mehr in der Kirche gewesen. Gott würde mich nicht anhören. Er hat mich völlig vergessen, denn ich bin böse.« Sie brach in Tränen aus. Es stellte sich heraus, daß ein katholischer Priester ihr gesagt hatte, sie sei sündig, weil sie nicht jede Woche zur Beichte gehe. Deshalb hatte sie sich von der Kirche ausgestoßen gefühlt. Sie erklärte dann, sie sei nicht in die Kirche gegangen, weil ihr Vater zu jener Zeit krank war, so daß sie keine Zeit für Beichte oder Gottesdienste hatte. Der Geistliche hatte ihr nicht zugehört, bevor er sie als eine schlechte Katholikin verurteilte. Dies geschah vor fünfzig Jahren, doch haben sich die Zeiten in dieser Hinsicht leider nicht geändert. Es gibt noch immer zu viele Geistliche, die verurteilen und verdammen, als könnten sie für Gott sprechen. Gott gewährt Liebe und Vergebung. Sprechen Sie deshalb im Gebet zu ihm, so oft Sie wollen, ohne Pomp und Zeremonien. Denn es ist Ihre Liebe, die Sie ganz macht, nicht die Dinge, die Sie Gott geben.

Lassen Sie sich auch selbst heilen, indem Sie sich dem Schöpfer unterwerfen. Oftmals beten Menschen für andere, vergessen sich selbst jedoch dabei. Wenn Sie krank sind, lassen Sie Gott in Ihr Herz, so daß er Sie heilen kann. Der Schöpfer verwehrt Ihnen nichts, denn dadurch würde er sein eigenes Dasein ablehnen. Geht es Ihnen nicht besser, so haben Sie sich selbst die Heilung verwehrt, die der Schöpfer Ihnen gegeben hat. Wenn Sie sich durch die Grundmeditation (siehe Seite 133) auf das weiße Licht einstimmen, wird genügend Heilung stattfinden können, um Ihren Geist zu erheben und Ihren Verstand zu beruhigen.

Es gibt zwei Arten von Heilung, die über den menschlichen Geist zustande kommen: Heilung durch die niedere und durch die höhere Vernunft. Die Heilung durch die niedere Vernunft ist nicht so kraftvoll wie die durch die höhere Vernunft, da letztere von der Seele kommt. Beide sind jedoch wichtig und sollten eingesetzt werden, da die Menschen Heilung auf vielen Ebenen brauchen.

Die Heilung aus der niederen Vernunft wird durch den Willen ausgelöst, der vom Ich bestimmt wird. Darin kann das Bewußtsein oft fehlgeleitet sein. Es ist deshalb wichtig, daß der Wille des Heilers frei von Voreingenommenheiten oder persönlichen Problemen ist, da diese sich auf den Leidenden übertragen könnten. Dann geht es ihm durch die emotionale Kraft von Empathie und Sympathie schlechter als zuvor. Es ist deshalb auch sehr schwer, diejenigen zu heilen, die uns nahestehen. Außerdem ist es wichtig, daß ein Heiler sein Ego losläßt, da egoistische Gedanken der Macht und Kontrolle keine Hilfe bringen und beim Kranken, der sich voll Vertrauen geöffnet hat, zu Enttäuschung führen müssen. Ein solcher Mangel an Verständnis kann zu Verbitterung führen, die natürlich weitere Erkrankungen nach sich zieht.

Da alle Fragmente nach der Einheit streben, sollte man an den Empfang bedingungsloser Liebe hohe Erwartungen knüpfen. Denken Sie daran, daß niemandem der Aufstieg zu einem höheren Verständnis verwehrt ist. Stimmen Sie sich deshalb stets zunächst auf die höheren Würdenträger ein, die Ihnen bekannt sind, wie Jesus und Buddha. Der Kontakt mit erst kürzlich verstorbenen Angehörigen, die sich selbst noch entwickeln, wird Ihnen nämlich nicht die volle Heilungskraft des Schöpfers bringen.

Die richtigen Schritte bei der Kontaktheilung

1. Schaffen Sie ein Vertrauensverhältnis zum Kranken, indem Sie bei ihm sitzen und sich mit ihm über seine Probleme unterhalten, indem Sie ihm Zuneigung schenken und ihm hilfreiche Ratschläge geben.

2. Setzen Sie den Kranken aufrecht auf einen Hocker. Fordern Sie ihn auf, auf seine Weise um Gottes Heilung zu bitten. Sie sollten als Heiler das gleiche tun und sich als ein Werkzeug der bedingungslosen Liebe anbieten.

3. Bitten Sie den Kranken, sich zu entspannen und sich als unter einer Dusche stehend zu visualisieren, in der all seine Spannungen und der Streß des Tages wie Schmutz von ihm abgewaschen werden. Während der Kranke dies tut, sollten Sie das gleiche tun.

4. Stimmen Sie sich nun auf die Schutzgeister ein und bitten Sie um göttlichen Schutz vor allen Ängsten, negativen Gedankenformen und erdgebundenen Seelen (die sich oft bei Kranken aufhalten). Visualisieren Sie ein Licht, das den Heiler und den Kranken einhüllt, so daß beide sicher in einem Kokon weißen Lichtes wie in einer großen Blase sind.

5. Ihre Hände werden nun heiß werden.

6. Öffnen Sie jetzt Ihr Scheitelchakra und lassen Sie die göttliche Energie durch Ihren Körper fließen, indem Sie erst alle Hauptchakras öffnen, dann die kleineren Chakras an Händen und Füßen. Die göttliche Kraft wird Sie heilen und Ihre Schwingung anheben.

7. Weisen Sie jetzt den Kranken an, das gleiche zu tun, indem Sie ihn durch eine kurze Meditation führen und ihn darauf vorbereiten, die göttliche Heilkraft zu empfangen.

8. Legen Sie nun beide Hände leicht aber fest auf den Scheitel des Kranken oberhalb des Scheitelchakras und lassen Sie die göttliche Heilkraft in ihn einfließen. Dabei werden Ihre Hände sehr heiß werden. Bleiben Sie in dieser Position, bis Sie ein kribbelndes Gefühl wahrnehmen. Dieses Gefühl zeigt an, daß der Kranke genügend Energie durch das Scheitelchakra aufgenommen hat.

9. Der Kranke wird sich nun ruhig und entspannt fühlen.

10. Legen Sie dem Kranken nun die rechte Hand auf die Stirn und die linke auf den Hinterkopf, so daß beide Hände parallel liegen. Die göttliche Heilung fließt nun durch die linke Hand in den Hinterkopf des Kranken, und die linke Hand wird heiß. Auch die rechte Hand wird den Durchfluß der Energie spüren und schließlich heiß werden und kribbeln. Dadurch wird das dritte Auge geheilt.

11. Legen Sie nun Ihre linke Hand über den Kehlkopf des Kranken, die rechte in seinen Nacken, und beginnen Sie, sein Halschakra zu heilen. Bleiben Sie an dieser Stelle, bis Ihre rechte Hand heiß wird und kribbelt.

12. Gehen Sie nun weiter zum Herzchakra und legen Sie Ihre linke Hand auf die Wirbelsäule des Kranken und die rechte über sein Brustbein, so daß beide Hände parallel sind. Fahren Sie mit der Heilung fort, bis beide Hände kribbeln.

13. Es kann vorkommen, daß der Kranke anfängt zu lachen oder zu weinen. Ermutigen Sie ihn, sich den aufsteigenden Emotionen zu überlassen und Schmerz und Leiden freizugeben.

14. Konzentrieren Sie sich dann auf das Solarplexuschakra, indem Sie Ihre linke Hand in die Kuhle des Rückens legen und die rechte Hand auf die Vorderseite zwischen Zwerchfell und Nabel, so daß beide Hände parallel sind. Wiederum wird die Energie aus der linken Hand durch den Körper in die rechte fließen und das Chakra reinigen. Ist dies geschehen, werden beide Hände heiß werden und kribbeln.

15. Wenden Sie Ihre Aufmerksamkeit nun dem Milzchakra zu, welches diagonal von hinten links nach vorn rechts durch den Körper verläuft. Die linke Hand wird links über dem Becken auf die Milz gelegt und die rechte Hand rechts vorn auf dem Oberbauch, so daß beide Hände parallel liegen. Wiederum geht die Heilung von der linken Hand aus, und das Ende des Vorgangs wird in der rechten Hand als Kribbeln wahrgenommen. Während der Heilung dieses Chakras sollte der Kranke sich Waagschalen vorstellen, die zunächst nicht im Gleichgewicht sind und die er dann durch Verteilung der Gewichte ins Gleichgewicht bringt. Das Milzchakra verbindet den spirituellen Körper mit dem ätherischen und dem physischen.

16. Das Wurzelchakra liegt am unteren Ende der Wirbelsäule und verläuft spiegelbildlich zum Scheitelchakra aufwärts. Um das Wurzelchakra zu heilen, müssen Sie den Kranken bitten sich auf Ihre linke Hand zu setzen. Dann legen Sie ihm die rechte Hand auf den Scheitel, so daß die Energie die Wirbelsäule hinauflaufen kann. Wenn die rechte Hand zu kribbeln beginnt, ist der Heilvorgang abgeschlossen. Jetzt können Sie beide Hände wieder auf das Scheitelchakra legen.

17. Da nun alle Chakras gereinigt sind, werden Sie sich der Aura des Kranken bewußt werden, die nun viel stärker und leuchtender ist. Man kann sie mit den Händen bis zu einem Meter oder weiter vom Körper entfernt spüren.

18. Jetzt können Sie sich besonders den schmerzenden Körperteilen zuwenden, indem Sie immer beide Hände zusammen auf die betroffene Stelle legen. Ist die Heilung abgeschlossen, werden Ihre Hände entweder stark kribbeln oder sich abkühlen. Sie sollten sich für jeden zu heilenden Bereich genug Zeit nehmen.

19. Leiten Sie den Kranken am Schluß der Behandlung an, all seine Chakras zu schließen, bis auf das Scheitelchakra, das zur Verbindung mit Gott ein wenig offenbleibt. Sprechen Sie dann mit ihm, bis er sanft ins Wachbewußtsein zurückkehrt.

20. Fragen Sie den Kranken, wie er sich fühlt und was er während des Heilungsvorgangs gefühlt oder gesehen hat. Alle Erscheinungen sollten erklärt werden, damit der Kranke in Verstand, Körper und Geist klar zurückbleibt.

21. Suchen Sie dann selbst wieder das weiße Licht und lassen Sie sich reinigen (wenn Sie etwas absorbiert haben). Schließen Sie dann Ihre eigenen Chakras. Danken Sie Gott und Ihren Schutzgeistern für die Verbindung und die Liebe.

Während Ihrer Arbeit werden Sie wahrscheinlich mittels Psychometrie einige Bilder über den emotionalen, mentalen und physischen Zustand des Kranken empfangen. Sie sollten anschließend mit dem Kranken über diese Bilder sprechen und sie deuten. Es ist auch wahrscheinlich, daß Ihre Schutzgeister Ihnen telepathische Botschaften übermitteln, die Sie dem Kranken ebenfalls mitteilen sollten. Die Botschaften sollten Anweisungen, tröstende Worte und eine Ermutigung zur Veränderung von Verstand, Körper und Geist enthalten. Wie bei allen Dingen macht auch hier Übung den Meister. Je häufiger man die Hände auflegt, desto größere Erfahrung gewinnt man und um so tiefer wird das Verständnis.

Wenn Sie durch Handauflegen heilen wollen, sollten Sie ruhig und entspannt sein und viel Zeit zur Verfügung haben. Es gibt keine Abkürzungen! Kontaktheilung muß voll dienender Hingabe und bedingungsloser Liebe durchgeführt werden, sonst bringt sie aus dem Gleichgewicht. Der Kranke wird dann angespannt und kränker, während der Heiler sich ausgelaugt und unzureichend fühlt, weil nur seine eigene Lebenskraft von ihm ausgeht.

Sind die Chakras einmal gereinigt, die Aura wiederaufgebaut, und hat man den Schmerzen des Kranken besondere Aufmerksamkeit gewidmet, kann die zweite Heilungsmethode angewendet werden: die Verbindung der fünf Körper.

Gelenkte Meditation
zur Verbindung der fünf Körper

1. Bitten Sie den Kranken, sich auf den Rücken zu legen, die Füße ein wenig auseinander und die Hände an den Seiten liegend.

2. Leiten Sie den Kranken an, all seine Chakras zu öffnen und dann das weiße Licht zu visualisieren, wie es von Gott herab-

kommt, in sein Scheitelchakra eindringt und alle Spannungen und allen Streß durch die Fußchakras hinauswäscht. Der Kranke wird sich dabei ruhig, entspannt und gut fühlen, ohne ein Bedürfnis nach Bewegung zu haben.

3. Lassen Sie den Kranken nun eine Reihe von vier Personen vor sich visualisieren, wobei er selbst die fünfte ist. Erklären Sie ihm, daß jede dieser Personen einen seiner Körper repräsentiert.

4. Bitten Sie den Kranken dann, sich auf das weiße Licht einzustimmen und sich aufleuchten zu sehen, bis er zu einem schimmernden Licht wird, das keine klaren Ränder mehr hat. Erklären Sie ihm, daß dies der Seelenkörper ist, das Gottselbst. Er soll sich dies innerlich bestätigen, indem er sich sagt: »Ich bin.« Erklären Sie ihm, daß er in dieser Gestalt alles ist, was war, ist und sein wird. Er ist sein eigener Schöpfer.

5. Bitten Sie nun den Kranken, sich auf den Körper direkt vor sich einzustimmen und erklären Sie ihm, daß dies sein höherer Geistkörper ist. Er soll dann in diesen Körper hineintreten und visualisieren, daß er zu einem wunderbaren Licht von elektrisch-blauer Farbe wird, das überall schimmert, ohne eine bestimmte Form zu haben. In diesem Augenblick der Erkenntnis soll der Kranke innerlich sagen: »Ich bin die Weisheit und bin eins mit allem, was ist. Ich akzeptiere meine Weisheit und verspreche, sie zu verwenden.«

6. Bitten Sie den Kranken nun, sich auf den nächsten Körper vor sich einzustimmen und in ihn hineinzutreten. Erklären Sie ihm, daß dies sein spiritueller Körper ist und daß er eine wunderbare goldene Farbe um sich herum erleben wird, die schimmert und keine definierte Form hat. Bitten Sie ihn nun, innerlich zu wiederholen: »Dies ist meine wahre Gestalt, in der meine Weisheit und mein Gottselbst wohnen. Ich bin mit allen Gestalten eins. Ich akzeptiere diese Form. Ich bin.«

7. Lassen Sie den Kranken sich nun auf den nächsten Körper in der Reihe einstimmen und erklären Sie ihm, daß dies sein ätherischer Körper ist, sein niederer emotional-mentaler Körper. Er soll in ihn hineintreten und sich ganz in einem irisierenden Rosa visualisieren. Innerlich soll er nun folgendes wiederholen: »Ich verspreche mir, daß ich stets mit meinem Geist, mit meiner höheren Vernunft und meinem Seelenkörper in Harmonie sein werde. Ich bin.«

8. Bitten Sie nun den Kranken, sich auf den letzten Körper in

der Reihe einzustellen, der seinen physischen Körper repräsentiert. Tritt er in diesen ein, so wird er eine schöne smaragdgrüne Farbe annehmen. Lassen Sie ihn dann innerlich feststellen: »Dies ist das Haus, in dem mein Geist wohnt. Ich will es ehren und in all seiner Schönheit lieben. Ich bin.«

9. Bitten Sie den Kranken jetzt, all seine Chakras zu schließen. Wenn nötig, leiten Sie ihn durch die einzelnen Chakras, bis alle geschlossen sind, einschließlich der Hände und Füße.
10. Lassen Sie dem Kranken Zeit aufzuwachen.

Diese Art Heilung wird als medialer Tagtraum bezeichnet und ermöglicht es dem Kranken, täglich in Harmonie zu leben. Er erwirbt sich dadurch ein starkes Bewußtsein über die Notwendigkeit zur Veränderung, was zu einer positiven Lebenseinstellung und zu körperlicher Heilung führen kann.

Es genügt jedoch nicht, den Körper zu heilen, die Chakras zu reinigen und die fünf Körper in Verbindung zu bringen, denn der Verstand wird oft zunichte machen, was man erreicht hat. Wer langfristige Heilungserfolge haben möchte, muß seine Aufmerksamkeit auf die Konditionierungen lenken, die im bewußten Geist bestehen, wo Selbstzweifel und Ängste wirklich sind. Daher ist es wichtig, daß man den Kranken zusätzlich psychologisch berät und ihn mit aufbauenden Meditationen bekanntmacht (siehe Kapitel »Meditation als Mittel zur Förderung medialer Fähigkeiten«, Seite 128 ff), um ihm bei seiner Selbsterkenntnis zu helfen.

Die folgende Meditation zur Selbstheilung kann auf bewußter Ebene durchgeführt werden und besteht in der direkten Konzentration auf einen bestimmten Körperteil, an dem sich die Krankheit äußert.

Selbstheilungsmeditation

1. Lassen Sie sich ganz entspannen.
2. Werden Sie sich bewußt über Gottes Gegenwart und Ihre Einheit mit ihm und dem Universum.
3. Stimmen Sie sich auf den zu heilenden Bereich ein. Erspüren Sie seinen Zustand. Ihr Verstand wird Ihnen ein übertriebenes Bild geben und eine Schwellung größer erscheinen lassen als sie ist, oder eine offene Wunde viel schlimmer als sie ist.
4. Erforschen Sie geistig den zu heilenden Bereich. Vielleicht

stellen Sie dabei etwas Seltsames fest, etwa ein Brennen, das wie eine Flamme vor Ihnen auftaucht. Lassen Sie sich dann mit dem Bild der Flamme treiben und schauen Sie, wie Sie damit umgehen und Ihre Energie zum Guten verwenden können.

5. Wenn Ihre Gedanken realistisch bleiben, visualisieren Sie die Energie in Ihrem Körper. Spüren Sie, wo Sie zuviel davon gestaut haben, etwa Spannung in den Beinen, und senden Sie die überschüssige Energie in den heilungsbedürftigen Bereich.

Diese Energie wird den betroffenen Bereich erfrischen und den Genesungsprozeß einleiten. Hat fortdauernde Meditation keine Wirkung, so müssen Sie zurückgehen und nach der Ursache der Krankheit suchen. Verwenden Sie die Selbstheilungsmeditation um die Ursache herauszufinden, indem Sie Ihren Geist auf den kranken Körperteil konzentrieren und beobachten, was dabei auftaucht. Haben Sie die Ursache gefunden, wird Ihr Körper sich ihr stellen und zu heilen beginnen.

Beenden Sie diese Meditation stets durch Einstimmung auf Gott und die Rückkehr zu Ihrem sicheren Ort (etwas, woran Sie sich gern erinnern), etwa eine angenehme Szene im Sonnenschein. Bewegen Sie Ihren Körper anschließend mehrere Stunden lang nur langsam und vorsichtig. Sie würden all die vollbrachte Arbeit zerstören, wenn Sie herumrennen, und dann in einem verschlimmerten Zustand zurückbleiben. Sie können die Meditation mehrmals täglich für kurze Zeit durchführen.

Die folgende Meditation dient zur Einstimmung auf den Empfang göttlicher Heilung. Sie sollte früh am Morgen oder als letztes am Abend durchgeführt werden. Zu diesen Zeiten befindet man sich in Harmonie mit dem spirituellen Bewußtsein, das auch als tief Unbewußtes bekannt ist.

Meditation zur göttlichen Heilung

Entspannen Sie sich wie zur Grundmeditation (Seite 135), stimmen Sie sich auf den Körper und seine Krankheit ein. Stimmen Sie sich dann auch mit einem Gebet um Hilfe und Anleitung auf Gott ein.

1. Machen Sie sich die schöpferische Heilkraft als helles Licht bewußt.

2. Visualisieren Sie dieses helle Licht, wie es über Ihren Kopf läuft, durch Ihren ganzen Körper und dann durch die Fußsohlen hinaus.

3. Visualisieren Sie nun, daß das göttliche Heilungslicht den heilungsbedürftigen Bereich reinigt. Sehen Sie, wie die kranke Materie durch Ihre Füße hinausgewaschen wird und wie sich neues Gewebe aufbaut. Führen Sie dies so lange durch, wie Sie das Bedürfnis danach haben. Ihr Verstand wird Ihnen deutlich sagen, wenn eine Besserung oder Heilung eingetreten ist, falls Sie sich die vollbrachte Arbeit bildhaft vorstellen.

4. Denken Sie sich an einen sicheren Ort, an dem Sie entspannt sind, zum Beispiel einen Strand, bis Sie das Bedürfnis haben, die Meditation zu beenden.

5. Danken Sie dann dem Schöpfer und bringen sich ins normale Wachbewußtsein zurück. Gehen Sie noch ein paar Stunden lang sanft mit sich um.

Machen Sie sich immer klar, daß es eine Zeit braucht, um vergangene Fehler in Ordnung zu bringen, die zu Angst und Krankheit führen. Seien Sie dabei nett zu sich (oder einem Freund, wenn Sie anderen bei dieser Meditation helfen), und seien Sie vor allem geduldig.

Für tiefergehende, konzentriertere Heilungsmeditationen müssen Sie die Anatomie des Körpers studieren, damit Sie sich immer darüber bewußt sind, wo sich Ihre Organe genau befinden. Auf diese Weise werden Sie intensive Heilung erfahren können, während Sie sich in tiefer Meditation befinden.

Meditation zur anatomisch korrigierenden Heilung

1. Entspannen Sie sich wie zur Grundmeditation (Seite 135). Visualisieren Sie Ihren Körper, als würden Sie den Körper eines anderen beobachten. Spüren Sie jedoch Ihren Körper von innen und bleiben Sie dabei. Stimmen Sie sich auf Ihr Wissen über Ihren Körper und seine Funktionen ein.

2. Visualisieren Sie wie in den vorigen Meditationen die göttliche Heilungsenergie als ein auf Sie herabkommendes weißes Licht.

3. Öffnen Sie alle Chakras.

4. Stimmen Sie sich auf Ihr Nervensystem ein und folgen Sie dem heilenden Licht (als eine Lichtkugel erscheinend) durch dieses System. Beginnen Sie dabei am Kopf, und kehren Sie schließlich zu diesem Anfangspunkt zurück.

5. Stimmen Sie sich auf das Kreislaufsystem ein und folgen Sie dem heilenden Licht auch durch dieses, bis Sie zum Anfangspunkt zurückgekehrt sind.

6. Stimmen Sie sich auf die gleiche Weise auf das Lymphsystem ein.

7. Stimmen Sie sich auf die Muskeln ein, vom Kopf bis zu den Zehen, und sehen Sie das heilende Licht in jedem Muskel.

8. Stimmen Sie sich auf jeden einzelnen Knochen im Körper ein, und sehen Sie das heilende Licht in jedem Knochen wie zuvor bei den Muskeln.

9. Stimmen Sie sich nacheinander auf die inneren Organe ein und sehen Sie sie von innen. Achten Sie auf ihre Struktur, und sehen Sie das heilende Licht, wie es reinigt und, wo nötig, erneuert. (Als Reihenfolge zur Konzentration auf die Organe wird vorgeschlagen: Gehirn, Augen, Lungen, Herz, Magen/Zwölffingerdarm, Leber, Milz, Bauchspeicheldrüse, Nieren, Dünndarm, Dickdarm, Blase, Genitalien.)

10. Stimmen Sie sich dann auf das Röhrensystem des Körpers ein (Speiseröhre, Bronchien, Nebenhöhlen) und sehen Sie, wie das weiße Licht sie nacheinander heilt.

11. Stimmen Sie sich auf die Drüsen ein, wie Hirnanhangdrüse, Schilddrüse, Thalamus, Zirbeldrüse, Leistendrüsen, und sehen Sie sie in weißem Licht geheilt.

12. Stellen Sie sich auf Bänder und Sehnen ein, die das Licht erneuert, stärkt und heilt.

13. Stimmen Sie sich auf die Zwischenräume ein, auf das Gekröse und die Hautzwischenschichten, die tief im Körper liegen und Ihnen Bewegungsfreiheit geben, und sehen Sie das heilende weiße Licht darin.

14. Stimmen Sie sich auf Kopf, Nase, Mund, Ohren und Stimmbänder ein, auf Rachen und Kehlkopf, und sehen Sie das weiße Licht darin heilen.

15. Stimmen Sie sich auf alle bislang übersehenen Teile ein und schicken Sie die weiße Lichtkugel zur Heilung dorthin. Folgen Sie ihr und entdecken Sie, was Sie vergessen haben.

16. Stimmen Sie sich auf die Haut ein und auf das glimmende Licht, das Sie nun umgibt.

17. Liegen Sie da und spüren Sie die Einheit mit Gottes Energie, die Sie umgibt, und die empfangene Heilung.
18. Wenn Sie bereit sind, schließen Sie die Chakras und lassen sich langsam zu vollem Bewußtsein erwachen.
19. Danken Sie Gott für seine Hilfe und gratulieren Sie sich für die vollbrachte Arbeit. Bewegen Sie sich tagsüber langsam, um die Heilung zu bewahren.

Diese Meditation hinterläßt ein wunderbares Gefühl des Wohlseins und der Besserung. Machen Sie nicht den Fehler, in Hektik zu geraten. Für eine effektive Genesung bedarf es vieler solcher Meditationen. Behandeln Sie sich danach immer mit Vorsicht, als seien Sie gerade aus dem Krankenhaus gekommen.

Können Sie keinen Heiler finden, der an der Reinigung Ihrer Chakras arbeitet, so hilft Ihnen folgende Meditation, Ihre eigenen Chakras zu reinigen.

Meditation zur Selbstreinigung der Chakras

1. Stimmen Sie sich wie in allen vorigen Meditationen auf das heilende Licht Gottes ein und sprechen Sie ein Schutzgebet.
2. Visualisieren Sie dann, wie das heilende Licht herabkommt, Sie überströmt und in Ihr Scheitelchakra eindringt, um es so weit zu öffnen, wie man bei den Heiligenscheinen auf den Heiligenbildern sieht. Fragen Sie sich, ob dieses Chakra blockiert oder auf irgendeine Weise gebrochen ist, und warten Sie auf ein Bild, das Ihnen seinen Zustand deutlich zeigt. Dies kann zum Beispiel ein Kreis sein, der keine klar definierten Ränder hat. Reparieren Sie ihn geistig, indem Sie ihn so definieren, wie Sie ihn haben wollen. Lassen Sie sich Zeit, ihn deutlich als vollkommen zu visualisieren.
3. Fühlen Sie, wie das weiße Licht zu Ihrem dritten Auge herabfließt. Fragen Sie sich wieder, wie das Chakra aussieht, und warten Sie auf ein Bild. Gewöhnlich sieht man ein Auge, das einen anschaut. Beachten Sie sein Aussehen. Ist es geschlossen, so öffnen Sie es und schauen Sie tief hinein, um Mängel zu entdecken. Was auch immer Sie fehlerhaft finden, lassen Sie sich Zeit, es so zu visualisieren, wie Sie es sehen möchten. Reparieren Sie es, wo nötig, bis es ein deutlich bestimmtes Aussehen hat.

4. Sind Sie damit zufrieden, so gehen Sie weiter zum Kehlchakra. Warten Sie wieder auf die Bilder, die Ihnen seinen Zustand zeigen. Sind Sie mit irgendeinem Teil unzufrieden, so erneuern Sie ihn nach Ihrem Willen.

5. Auf gleiche Weise gehen Sie dann weiter zum Herzen, zum Solarplexus-, zum Wurzel- und zum Milzchakra und reparieren Sie sie, wo nötig.

6. Nachdem Sie die Chakras nun in der Visualisierung repariert haben, sind Sie bereit, sie einzeln durchzugehen und auf die vier anderen Körper zu beziehen.

7. Durchforsten Sie zunächst das Scheitelchakra nach irgendwelchen schwarzen Flecken. Finden Sie einen, so umgeben Sie ihn mit weißem Licht. Bleibt er auch im Licht noch als schwarzer Fleck zu sehen, dann durchlaufen Sie mental die Spektralfarben von Rot zu Violett, bis der schwarze Fleck darin verschwindet. Falls Sie wissen wollen, in welchem Körper er sich befindet, fragen Sie sich einfach selbst und spüren Sie die Antwort. Ihr inneres Selbst weiß stets darüber Bescheid.

8. Ist das Scheitelchakra geklärt, so fahren Sie auf die gleiche Weise mit den anderen Chakras fort, bis alle entdeckten Flekken verschwunden sind. Bleiben auch nach andauernder Heilung Flecken bestehen, dann müssen Sie akzeptieren, daß tief in Ihnen zunächst etwas ins volle Bewußtsein gebracht werden muß. Versuchen Sie dies nicht sofort zu tun, sondern akzeptieren Sie die Einsicht zunächst und fahren Sie mit der Heilung der anderen Chakras fort.

9. Haben Sie nach Ihren besten Möglichkeiten alle Chakras geheilt, so schließen Sie sie und bringen Sie sich ins volle Wachbewußtsein zurück. Danken Sie dem Schöpfer und sich selbst für die Einheit und Heilung.

In späteren Meditationen können Sie an diesen Flecken, die auch als Blockierungen bekannt sind, weiterarbeiten, wenn sie sich nicht ins heilende Licht absorbieren lassen. Dabei meditieren Sie intensiv über den Körper und bringen Schmerzen und Unwohlsein an die Oberfläche. Beobachten Sie sich und versuchen Sie, Ihre Gefühle ganz zu verstehen. Dies ist natürlich nur möglich, wenn Sie bereit sind, sich selbst gegenüberzutreten und die Furcht zu überwinden, die nicht unbedingt aus diesem, sondern aus einem früheren Leben stammt, besonders wenn die Blockierung sich im spirituellen Körper befindet.

Manchmal ist es auch nötig, den spirituellen Körper zu heilen, wenn die Belastungen durch das niedere Selbst zu groß gewesen sind. Dies ist gewöhnlich bei Selbstmordkandidaten der Fall. Aufgrund der Einstellung ihres niederen Selbst und des Mangels an Vertrauen in dieses Selbst ist eine Selbstheilung des Geistes fast unmöglich. Deshalb muß ein Heiler herangezogen werden. Befinden Sie sich selbst in einem solchen Zustand, so zögern Sie nicht, Hilfe zu suchen. Je schneller etwas für Sie getan wird, um so eher geht es Ihnen besser. In sehr seltenen Fällen jedoch kann sich das Individuum in der Meditation zum geistigen Bewußtsein erheben und Hilfe von den Schutzgeistern bekommen, die den größten Teil der Reparaturarbeiten durchführen werden, während das Individuum schläft und sich außerhalb seines Körpers befindet. Die Menschen wachen dann sehr erfrischt auf und wundern sich, daß sie nicht mehr deprimiert sind. Oft meint man dann, diese Situation sei von allein entstanden, weil der Verstand sich die Veränderung nicht erklären kann und sich nicht allzu gut an die Vergangenheit erinnert. Der Grund für die Veränderung ist jedoch einfach: Ist der Geist gereinigt und geheilt, gibt er sich der Einheit hin und akzeptiert dadurch alle Dinge als vergänglich und deshalb unwichtig. Alle irdischen Belastungen, aller Schmerz und alle Angst werden dann zusammen mit allen Erinnerungen an das Geschehene aufgelöst, so daß nur die Botschaft oder Lektion aus dem Leiden zurückbleibt. Wer auf diese Weise geheilt wird, lebt gewöhnlich als ein Beispiel des Friedens und der Ruhe weiter und zeigt oft anderen gegenüber, die ihn schon vor der Heilung kannten, starke Veränderungen seines Bewußtseins.

Das niedere Selbst versteht Blockierungen des Geistkörpers meistens nicht, so daß diese gewöhnlich ohne bewußte Beteiligung geheilt werden. Gelegentlich sind sie jedoch offensichtlich und widersetzen sich der Heilung aus dem Geist. Dann ist es nötig, alle rationalen Gedanken beiseitezulassen und in das spirituelle Bewußtsein zu fließen, um die Antwort zu finden. Die Angst vor dem Aufstieg wird seitens des spirituellen Bewußtseins fälschlich als Weisheit verstanden, was zu Maya (Illusionen) führt. Der Geist ist dann in kontrollierte, konditionierte Liebe gebunden, welche den weiteren Aufstieg verhindert. Eine Heilung kann nur stattfinden, wenn der Geist diese Ängste vor dem Aufstieg zu überwinden trachtet und in bedingungsloser Liebe nach Hingabe an den Schöpfer sucht. Ein solches Fragment hat im Wachbewußtsein oft festgefahrene Ideen über Himmel und Hölle, die völlig falsch sind. Nur indem es diese Illusionen abbaut, wird sich die Blockierung im Geistkörper lösen.

Es ist unnötig zu sagen, daß der Seelenkörper makellos ist und keiner Heilung bedarf. Er ist deshalb der stärkste Teil des Selbstes, auf den man sich in Krisenzeiten stützen kann. Wir nennen ihn das Gottselbst.

Die astrale Heilung findet meist statt, während das niedere, bewußte Selbst schläft. Das Bewußtsein kann mit dem tief Unbewußten harmonisiert werden und irgendwo auf der Welt zu einem kranken Freund unterwegs sein, um ihm zu helfen.

Meditation zur Astralreise und Heilung

1. Stimmen Sie sich zuerst auf Ihre Schutzgeister ein und sprechen Sie ein Schutzgebet, das alle negativen Gedanken und Ängste vertreibt.
2. Versetzen Sie sich in positive Gefühle und denken Sie an die Person, die Sie heilen möchten.
3. Stimmen Sie sich nun auf den Schöpfer ein und fühlen Sie, wie Ihre Schwingung sich erhöht.
4. Öffnen Sie alle Chakras und stellen Sie sich auf den spirituellen Körper ein.
5. Spüren Sie das Verlangen, Ihren kranken Freund zu sehen. Spüren Sie es als bedingungslose Liebe.
6. Gestatten Sie sich, Ihren Körper zu verlassen und warten Sie. Sie werden sich atmen hören, wie in tiefem Schlaf. Dann werden Sie ein dröhnendes Geräusch um Ihre Ohren hören.
7. Vielleicht beginnen Sie, sich zu drehen. Wenn Sie sich umdrehen und einschlafen sollten, werden Sie trotzdem Ihren Körper verlassen, Ihren Freund besuchen und das für die Heilung Nötige tun.
8. Bleiben Sie in der Meditation, so werden Sie aus Ihrem Bett aufsteigen, entweder schwebend oder so, wie Sie es normalerweise tun, indem Sie sich aufsetzen und aufstehen.
9. Durch beide Vorgänge werden Sie aus Ihrem Körper herauskommen. Aufgrund Ihres Willens und Wunsches, bei Ihrem kranken Freund zu sein, werden Sie sich durch Gedankenkraft sofort an seiner Seite wiederfinden.
10. Vielleicht sind Sie sich Ihrer Schutzgeister bewußt, vielleicht auch nicht. Am Bett Ihres Freundes werden Sie jedenfalls auf

geistige Weise zu heilen beginnen. Dabei fühlen Sie sich sehr wohl und sind sich Ihrer Fähigkeiten bewußt.

11. Sind Sie damit fertig, werden Sie ihn verlassen und entweder zu Ihrem Bett zurückkehren und schlafen oder andere dringende Tätigkeiten durchführen, von denen Sie später zu Ihrem Körper zurückkehren.

12. Sie fühlen dann vielleicht, wie sich der Geist in Ihren Körper zurückzieht, und werden sich plötzlich darüber bewußt, daß Sie wieder im Bett sind. Warten Sie dann darauf, daß Ihr Körper aufwacht.

13. Machen Sie das Licht an, sobald Sie sich bewegen können und schreiben alles auf. Dann nehmen Sie sich Zeit, die Chakras zu schließen.

14. Stehen Sie auf, trinken Sie etwas und gehen dann zum normalen Schlaf ins Bett zurück.

Die meisten können sich an Ihre Rückkehr nicht erinnern, sondern träumen von einem kleinen Teil des Vorgefallenen. Dies reicht aus, um das Bewußtsein daran zu erinnern, was aus der Übung geworden ist, und sich zu versichern, daß dem kranken Freund Heilung gegeben wurde. Das gilt auch für diejenigen, die sich an ihre Astralreise überhaupt nicht erinnern können.

Gelegentlich manifestieren sich im Körper Krankheiten als direkte Folge von Ängsten aus früheren Leben. Werden diese aufgedeckt, so entstehen daraus Fähigkeiten, die im vorigen Leben erworben wurden. Es ist deshalb notwendig, diesen Faktor zu beachten und folgende Meditation durchzuführen, wenn nötig.

Meditation zur Auflösung von Ängsten aus früheren Leben

1. Stellen Sie sich wiederum auf das Licht und auf Gottes Liebe ein und bitten Sie um Schutz. Sprechen Sie Ihre Bitte aus und rufen Sie Ihre Schutzgeister zu Hilfe.

2. Legen Sie sich bequem hin. Öffnen Sie alle Chakras und stimmen Sie sich auf Gottes heilendes Licht ein, das Ihren Körper durchströmt und den Streß des Tages durch Ihre Füße fortwäscht.

3. Stimmen Sie sich auf Ihren spirituellen Körper ein und gestatten Sie sich, ihn zu fühlen. Gewöhnen Sie sich an ihn und

akzeptieren Sie seine Lage. Konzentrieren Sie sich auf ihn und anerkennen Sie seine Belastungen. Konzentrieren Sie sich auf den am stärksten belasteten Bereich, während Sie an frühere Leben denken.

4. Vielleicht entsteht in diesem Bereich Schmerz. Gehen Sie geistig in die Spannung oder den Schmerz hinein und fragen Sie sich, was geschehen ist. Beobachten Sie die Antwort.

5. Akzeptieren Sie, daß Ihnen dieses angetan wurde, und beobachten Sie, wie der Schmerz weicht, während Sie die Angst loslassen. Zum Beispiel kann ein Schmerz in der Magengegend ein Bild hervorrufen, daß Sie dort von einem Schwert getroffen wurden. Todesangst tritt auf. Akzeptieren Sie den Tod als schnell und schmerzlos. Die ursprüngliche Angst läßt nach und die Streßenergie verläßt Sie durch die Füße und fließt in den Boden.

6. Haben Sie den Dreh einmal gefunden, so können Sie Ihren ganzen Körper auf diese Weise durchgehen. Beginnen Sie mit dem großen Zeh am rechten Fuß, gehen Sie dann weiter zu den anderen Zehen, immer zu einem nach dem anderen. Achten Sie dann auf die Sohlen, auf den oberen Teil des Fußes, auf den Knöchel, auf die Wade, auf das Schienbein, das Knie, die Kniekehle, den Schenkel, das Gesäß und die Hüfte.

7. Konzentrieren Sie sich auf gleiche Weise auf das linke Bein, und fahren Sie dann schrittweise mit dem Rest des Körpers fort.

8. Wenn Sie genug davon haben, gratulieren Sie sich zu dem, was Sie entdeckt und aufgelöst haben. Steigen Sie in der Vibration wieder ab, bis Sie sich bewußt darüber werden, wo Sie liegen.

9. Schließen Sie die Chakras vom Scheitel bis zur Wurzel. Stimmen Sie sich auf das heilende Licht ein und lassen Sie alle noch vorhandenen Belastungen in den Boden abfließen. Schließen Sie dann die Hand- und Fußchakras.

10. Danken Sie Gott, Ihren Schutzgeistern und Ihrem Selbst, und schreiben Sie Ihre Entdeckungen auf.

Sie können diese Meditation auch für Ihr momentanes Leben durchführen. Sie werden erstaunt sein, was Sie sich in der Vergangenheit alles angetan haben. Sie werden sich sogar daran erinnern können, in welchem Alter dies geschah. Vielleicht können Sie sich daran erinnern, im Alter von einem Jahr auf die Nase gefallen zu sein, sich den Kopf gestoßen zu haben oder ähnliches, was Sie natürlich in Angst versetzt hat.

Machen Sie diese Meditation, so oft Sie dazu bereit sind. Versuchen Sie sie jedoch nicht, wenn Sie nicht genügend Zeit dafür haben. Sie dauert nämlich recht lange.

Während ein Heiler das Handauflegen übt, kann er die verschiedenen Techniken einbringen, die im folgenden Kapitel beschrieben werden. Irgendwann braucht er jedoch keine Hilfsmittel und Techniken mehr und überläßt sich immer stärker dem Willen des Schöpfers. Ist eine solche Ebene der Harmonie erreicht, können während einer Heilung starke Veränderungen im Körper des Kranken auftreten, wie zum Beispiel mediale Operationen und Sprünge im molekularen Bereich, die sonst als Wunder bekannt sind. Es braucht natürlich viele Lebenszeiten, um zu diesem Punkt der Einheit mit dem Einen zu kommen.

Zur Abrundung des Kapitels sei noch einmal betont, daß es keine Abkürzungen auf dem Weg zum Heiler gibt. Versuchen Sie vor allem niemals, jemandem Heilung aufzudrängen, für wie bedürftig Sie die Person auch halten. Heilen Sie niemals, wenn Sie nicht in der Stimmung dazu sind.

Heilmeditationen und Heilmethoden

Auf seinem Weg trifft der Schüler auf viele emotionale, mentale, körperliche und praktische Barrieren, die ihn am Heilen hindern. Um diese Hindernisse schnell überwinden zu können, muß man sie zunächst verstehen.

Zu Beginn seiner Entwicklung ist ein angehender Heiler immer sehr erpicht darauf zu helfen und bietet seine Fähigkeiten den Bedürftigen freiwillig an. Doch wie jeder, der sich in ein neues Gebiet einarbeitet, ist er sich zunächst nicht ganz sicher über die Techniken, die er anwenden soll, und hat Angst zu versagen. Da der Schüler gern hilft und auf ein Wunder hofft, geht er voller Liebe und mit dem Bedürfnis zu geben an die Heilung heran, jedoch immer mit erheblichen Selbstzweifeln. Daraus entsteht eine starke Barriere, da die vom Schöpfer ausgehende Heilungsenergie vom Schüler sofort zurückgewiesen wird. Dies führt letztendlich dazu, daß er statt dessen seine eigene Energie gibt und anschließend sehr erschöpft ist. Die Angst vor dem Versagen zeigt sich als Selbstzweifel, der auf die kirchlichen Lehren zurückgeht, daß man ein Sünder und göttlicher Gaben nicht wert sei. Diese Konditionierung muß gelöscht werden, bevor man weiterschreiten kann. Man muß vor allem daran denken, daß vor den Augen des Schöpfers alle Menschen gleich sind, und daß uns gegeben wird, worum wir bitten.

Weiterhin zeigt sich häufig eine Angst vor Berührung. Angehende Heiler empfinden den körperlichen Kontakt zum Kranken nicht selten als peinlich, besonders wenn sie selbst mit wenig Körperkontakt großgeworden sind. Die Angst vor Berührung kann sowohl mit der Angst vor Ablehnung als auch mit der Angst vor Kritik gekoppelt sein. Der Schüler geht mit gutem Glauben und der Absicht zu helfen in die Heilung hinein, sorgt sich jedoch darum, wie seine Berührung aufgenommen wird. Dadurch wird der Fluß wirklicher Heilkraft behindert. Es ist sehr wichtig, daß der Schüler beraten wird und man ihm zu verstehen hilft, daß Ablehnung und Kritik Projektionen seiner eigenen Angst sind, die in der Einheit des Heilens keinen Platz haben.

Oft ist ein Schüler emotional unsicher, wenn er sich dem Schöpfer hingibt, und hat ein beklemmendes Gefühl bei der Vorstellung, jemanden erfolgreich zu heilen. Diese Beklommenheit behindert das Wachstum der Selbstliebe und der persönlichen Kraft, die wiederum den Fluß göttlicher Heilkraft behindern. Man sollte dem Schüler helfen, Verantwortung für seine Handlungen zu übernehmen und auch den Ruhm anzunehmen, ohne dabei egoistisch zu werden.

Außerdem muß man mit einer weiteren emotionalen Barriere fertig werden: der Angst vor dem Kampf mit dem Dunkel in all seinen Formen. Diese Angst zwingt den Schüler nämlich dazu, ständig auf der Hut zu sein, was ihn an der völligen Hingabe an den Schöpfer hindert. Es ist zwar wichtig, auf negative Faktoren zu achten und sie in positive zu verwandeln; doch muß man sich daran erinnern, daß dies nur in reiner Liebe geschehen kann, wo die Angst keinen Platz hat. Der Schüler sollte deshalb unbedingt lernen, mit den dunklen Kräften umzugehen.

Die Ängste aus den Gefühlen sind oft durch mentale Sperren unterdrückt. Wie zuvor schon festgestellt, ist der Verstand oder das Ego ein Meister darin, die Dinge durch falsche Konzepte zu verwirren. Durch eine klare mediale Ausbildung und Praxis können solche mentalen Barrieren erkannt und kontrolliert werden.

Die häufigste mentale Barriere liegt im Selbstbild des Schülers und manifestiert sich schon zu Beginn seiner Arbeit. Das Bedürfnis zu helfen wird von der starken Beschäftigung mit der eigenen Wichtigkeit überwunden und regt den Geist an, Vergleiche mit Kollegen anzustellen, was zu Beurteilungen und Konkurrenz führt. Diese Neigung muß auf jeden Fall überwunden werden, weil es in der Einheit verschiedene Entwicklungsebenen gibt, die alle wichtig sind. Niemand ist größer oder geringer als jemand anders. Der Heilungsschüler sollte nach seinen besten Kräften produktiv arbeiten und das Wachstum durch Versuch und Irrtum unter Anleitung seiner Lehrer oder seinesgleichen akzeptieren. Nur auf diese Weise kann die göttliche Heilkraft fließen.

Die zweithäufigste mentale Barriere ist die Neugier. Während die Heilung stattfindet, will der Verstand verstehen, was geschieht und sucht deshalb ständig nach Zeichen einer Veränderung. Ist er sich über empfangene Gefühle, Bilder oder Gedanken unsicher, wird er sich bequeme Antworten zurechtlegen, die durchaus auch falsch sein können. Solche Fehler verhindern die Hingabe an den Schöpfer in bedingungsloser Liebe, der Heiler hat nur auf physischer Ebene die Kontrolle und gibt deshalb seine eigene Energie, was ihn auslaugt und erschöpft. Deshalb ist es wichtig, alle gefühlten, gesehenen oder gehörten Dinge ohne inneren Dialog oder vorgefaßte Meinungen zu beobachten. Dann kann die göttliche Heilkraft erfolgreich fließen. In späteren Diskussionen kann das Geschehen geklärt und können entsprechende Lehren daraus gezogen werden.

Göttliche Heilung wirkt auf undefinierbare Weise, und mit solchen Dingen ist der Verstand nicht recht glücklich. Deshalb stützt er sich in seinem Zweifel auf Beurteilungen oder Erwartungen. Auch dies kann eine starke mentale Barriere sein, die eine wirkliche Heilung verhindert. Ein Beispiel dafür wäre ein Heiler, der einen sehr kranken Patienten beobachtet und aufgrund seines praktischen Wissens, daß etwa Krebs unheilbar ist, dessen nahen Tod ankündigt. Der Arzt wird angewiesen, es dem Kranken nur noch so bequem wie möglich zu machen. Eine derartige Behandlung erzeugt im Kranken Selbstmitleid – eine negative Emotion, die eine positive Wirkung der heilenden Kraft verhindert. Alle Heilungsbemühungen führen zu keinen größeren Veränderungen. Die Entschlossenheit des Kranken zu sterben rechtfertigt dann die vorgefaßte Idee, daß Krebs unheilbar sei. Denken Sie also stets daran, daß dem Schöpfer sehr wohl möglich sein kann, was dem niederen Verstand unmöglich erscheint, wie das Beispiel der Erweckung des Lazarus zeigt. Der Heilungsschüler sollte sich dies stets vor Augen halten und sich vor negativem Denken hüten. Im Laufe der Zeit wird sich die Wahrheit erweisen.

Eine Ausbildung, die nur auf die Heilung ganz bestimmter Bereiche abzielt, hat häufig zur Folge, daß der Horizont des Schülers und damit auch sein Erfolg entsprechend eingeschränkt wird. Ein Chiropraktiker beispielsweise wird angesichts von Magenschmerzen feststellen, daß dies nicht sein Arbeitsgebiet ist und der Kranke jemand anderen konsultieren solle. Oder er sagt wohlwollender, daß er es immerhin versuchen könne. Beide Feststellungen jedoch verhindern eine Hingabe an die göttliche Kraft und blockieren den Fluß der Heilung, die zur Beseitigung der Schmerzen gegeben werden könnte.

Alle erwartungsvollen und begrenzenden Gedanken muß der Heiler auslöschen und sich wie ein Kind auf das Zusammensein einlassen. Auf diese Weise kann die göttliche Heilkraft Heilungen, ja sogar Wunder hervorbringen.

Als letzte mentale Barriere muß die Kontrolle überwunden

werden. Der rationale Geist wird viele Entschuldigungen dafür vorbringen, die Situation im Griff behalten zu wollen. Der Wunsch nach Kontrolle kann nur mit Geduld und Liebe zu sich selbst beseitigt werden. Ist dies einmal geschehen, ist der Weg des Dienens von Behinderungen frei, und die Kraft des Selbst manifestiert sich als Ausdruck des Schöpfers. Dann heilt eine einfache Berührung, denn in diesem Zustand wahrer Harmonie ist Gottes Wille auch der Wille des Individuums und umgekehrt. Dann fließt genügend göttliche Heilkraft, um den ganzen Planeten zu heilen. Danach sehnen sich alle Heiler. Haben Sie jedoch Geduld. Wenn Sie das in diesem Leben nicht erreichen, dann vielleicht im nächsten oder übernächsten.

Am Anfang seiner Entwicklung verläßt sich ein Heiler hauptsächlich auf die Techniken, die er erlernt hat, und folgt ihnen streng methodisch, wobei er jede Spontaneität ausblendet. Hat er damit kleinere Erfolge, so hält er sich oft weiterhin streng an diese Techniken. Das kann zu einer starren Praxis führen, die eine wahre Heilung behindert. Deshalb ist es wichtig, spontan und vielseitig zu arbeiten, so daß die Energie des Schöpfers frei fließen kann.

Da Gleiches Gleiches anzieht, kommt es vor, daß ein Heiler einen Patienten zu heilen versucht, der an der gleichen Krankheit leidet wie der Heiler selbst, lediglich in einem fortgeschritteneren Stadium. In einem solchen Fall kann der Heiler eine erhebliche Empathie aufbringen, die beim Patienten zu einer Verbesserung gemäß den Hoffnungen und Wünschen des Heilers führt. Die Gesundheit des Heilers verschlechtert sich jedoch, wenn er auf seine eigenen Ängste vor dieser Krankheit stößt. Auch dies behindert den freien Fluß der göttlichen Heilkraft. Ist der Heiler sich jedoch seiner Beschwerden bewußt, kann er sich emotional distanzieren und sich dem Schöpfer unterordnen; dann können Heiler und Patient gleichzeitig geheilt werden.

Ein Heiler wird im Laufe seines Lebens auf viele Patienten stoßen, die zwar um Heilung bitten, diese jedoch, wenn sie ihnen gegeben wird, aus emotionalen, mentalen, physischen oder spirituellen Gründen ablehnen. In solchen Fällen ist der Heiler häufig frustriert, weil er sich zu sehr um Erfolg bemüht und dadurch in negatives Denken gerät. Der Kreislauf der Negativität verhindert immer eine Heilung. Man sollte deshalb den Patienten einschätzen, bevor man die Heilung beginnt, und auch akzeptieren, daß es Menschen gibt, die keine Besserung wünschen. Unter solchen

Umständen sollte der Heiler trösten und, wo möglich, Heilung geben, sich jedoch nicht um eine vollständige Genesung bemühen. Der Heiler kann, indem er die Möglichkeit eines Fehlschlages zuläßt, weiter in bedingungsloser Liebe arbeiten und vielleicht mehr erreichen, als zu hoffen stand.

Die häufigste physische Barriere besteht in Gewohnheiten, die von den Eltern aufgenommen wurden. Während ein Fragment in der Gebärmutter ruht, absorbiert es charakteristische Emotionen der Mutter sowie ihr Lebensgefühl und ihre praktischen Einstellungen. In solchen Emotionen, die vor der Geburt von Mutter und Kind geteilt werden, steckt eine Menge Angst. Ist das Kind geboren, führt die physische Trennung zur Ausbildung von ätherischen Bändern, die das Kind in Harmonie mit der Mutter halten. Sobald das Kind seine physische Trennung akzeptiert, baut es neue ätherische Bänder zum Vater auf, zu anderen liebenden Menschen und in manchen Fällen auch zu Tieren. Solche Bänder gestatten einen emotionalen Energieaustausch zwischen dem Kind und seinen Angehörigen und umgekehrt. Derart subtile Wechselwirkungen können zu einer sehr ausgeglichenen und positiven Erziehung oder zum Gegenteil davon führen. Dies hängt von der Lebensweise der Erwachsenen und von ihrem Einfluß auf das Kind ab. Wie immer sein Leben verläuft, immer ist alles, wie es sein sollte. Vielleicht handelt es sich bei diesem Kind um ein Fragment, das sich ein hartes Leben gewählt hat, um darin zu lernen.

Bei einem heranwachsenden Kind kann man deutlich sehen, wie es die Eltern nachahmt. Die Eltern sind natürlich stolz, sich im Kind wiederzusehen und ermutigen seine Mimikry. Ist das Kind erwachsen geworden, beginnen sich diese ätherischen Bänder langsam abzulösen. In manchen Fällen reißen sie allerdings nie und bleiben sogar bis über den Tod der Eltern hinaus bestehen. Ist dies der Fall, leben die Kinder ein sehr ähnliches Leben wie ihre Eltern und wiederholen die gleichen Muster von Versuch und Irrtum auf praktischer, emotionaler und mentaler Ebene. Für einen Heiler ist es daher wichtig, einem Individuum bei der Abtrennung dieser ätherischen Bänder zu helfen, damit es sich individuell und frei entwickeln kann.

Vor einer solchen Abtrennung der ätherischen Bänder fürchten sich viele, weil sie Angst haben, ihre Eltern oder Angehörigen auf irgendeine Weise zu verlieren. In Wirklichkeit jedoch führt das Abtrennen dieser Bänder dazu, daß man seine Angehörigen besser versteht, ihnen näherkommt und daher auf lange Sicht mehr erreicht. Die Bänder sind so etwas wie ein Vertrag. Verträge können stets umgeschrieben und verbessert werden. Im Mutterleib, als der Vertrag sozusagen aufgesetzt wurde, hatte das Kind ja noch kein Mitspracherecht. Deshalb ist es angemessen, einen neuen zu schließen, bei dem beide Parteien gefragt werden. Neue ätherische Bänder können in bedingungsloser Liebe stets gebildet werden, indem man einfach den Wunsch hat, wieder vereint zu sein. Wir bilden solche ätherischen Bänder dauernd, wenn wir neue liebe Menschen treffen.

Meditation zur Abtrennung ätherischer Bänder

1. Legen Sie sich flach auf den Rücken und stimmen Sie sich auf den Schöpfer ein.
2. Entspannen Sie sich und spüren Sie, wie das göttliche Licht an Ihnen herabfließt und allen Streß und alle Belastungen des Tages von Ihnen abwäscht.
3. Öffnen Sie Ihre Chakras vom Scheitel bis zur Wurzel und Ihre Hand- und Fußchakras.
4. Stimmen Sie sich auf Ihre Schutzgeister ein und bitten Sie sie um Schutz und Anleitung.
5. Visualisieren Sie sich in weißem Licht. Das hilft Ihnen, Ihre Schwingungen auf eine spirituelle Ebene zu bringen.
6. Visualisieren Sie Ihre Mutter. Suchen Sie ihren Körper nach einem Band ab, das von ihr ausgeht. (Dies kann verschiedene Formen annehmen, etwa eine Glasröhre, ein Strick, ein Band, ein Faden usw.) Sehen Sie, wie dieses Band vor ihr bis zum Boden reicht. Können Sie es sich nicht vorstellen, dann vertrauen Sie darauf, daß Ihr Geist weiß, wo das Band ist, und nähern Sie sich ihm.
7. Nehmen Sie das Band auf und verfolgen Sie es bis zu sich selbst. Das Band wird sehr lang sein. Während Sie dem Band folgen, als bahnten Sie sich einen Weg aus einer dunklen Höhle, werden Sie das Bild Ihrer Mutter verlieren.
8. Achten Sie auf Veränderungen des Bandes, wenn etwa ein Seil zu einem Faden wird. Halten Sie in einem solchen Fall inne und beachten Sie Ihre körperlichen Reaktionen. Sie werden unter Spannung stehen. Fragen Sie sich nach dem Grund für diese Spannung und warten Sie auf Bilder. Deuten Sie diese

Bilder für sich selbst. Ein Baby etwa kann Abhängigkeit bedeuten, eine krabbelnde Spinne kindliche Ängste. Akzeptieren Sie, daß Sie diese Angst nicht mehr brauchen. Verlassen Sie sich auf Ihre Schutzgeister und gestatten Sie ihnen, die Angst fortzunehmen. Wenn Sie geheilt sind, werden Sie sich entspannen können.

9. Verfolgen Sie das Band, bis es sich wieder verändert. Beachten Sie wieder die Spannung und beobachten Sie die Bilder. Überlassen Sie sich dann wieder Ihren Schutzgeistern zur Heilung. Wenn Sie entspannt sind, verfolgen Sie das Band weiter. Das werden Sie vielleicht öfter tun müssen. Denken Sie dabei immer daran, daß Sie sich selbst näherkommen.

10. Wenn Sie bei sich ankommen, werden Sie sehen, daß das Band irgendwo in Ihrem Körper endet.

11. Nehmen Sie das Band in Ihre linke Hand (die Hand der bedingungslosen Liebe) und achten Sie nun auf eine Treppe, die nach oben führt. Falls nötig, erschaffen Sie eine.

12. Steigen Sie die Treppe hinauf und versuchen Sie, sich in dem Spiegel zu sehen, der dort oben hängt. Nehmen Sie das Band mit. Wenn Sie sich sehen, erkennen Sie an, daß das Ihr wahres Selbst ist.

13. Widmen Sie Ihre Aufmerksamkeit nun dem Band. Erschaffen Sie in Ihrem Geist ein Messer und zerschneiden Sie das Band so nah wie möglich an Ihrem Körper. Fällt Ihnen das Durchschneiden schwer, so erkennen Sie Ihre Angst an und bitten Sie Ihre Schutzgeister, es für Sie zu tun. Geben Sie Ihre Einwilligung zum Abschneiden und warten Sie. Sie werden Hände sehen, die sich dem Band nähern, um es zu zerschneiden oder es von Ihnen wegzuziehen. Beobachten Sie, was geschieht.

14. Sind Sie frei, so steigen Sie die Treppe hinauf und umarmen Sie Ihr höheres Selbst, das am oberen Ende der Treppe steht.

15. Drehen Sie sich um, schauen Sie die Treppe hinunter und sagen Sie zu sich: »Ich bin frei. Ich bin.«

16. Danken Sie Ihren Schutzgeistern, wenn Sie die Freude in Ihrem Herzen fühlen.

17. Erden Sie sich, indem Sie überschüssige Energie in den Boden ableiten.

18. Schließen Sie Ihre großen und kleinen Chakras.

19. Werden Sie sich Ihres physischen Körpers bewußt und bewegen Sie sich langsam.

20. Schreiben Sie das Entdeckte zur späteren Besprechung auf, wenn Sie es für nötig halten.

Diese Meditation kann mit Eltern, Geliebten, Eheleuten, Kindern und vielen anderen durchgeführt werden. Sie sollten sie mit jeder Person einzeln monate-, sogar jahrelang durchführen, so oft Sie dazu bereit sind. Ist die Arbeit einmal getan, zeigen sich ihre Wirkungen im Alltag. Konditionierte Fallen werden verschwinden, und das Selbst wird ohne Schuld und Beurteilung frei zum Aufstieg sein.

Möchten Sie als Heiler jemandem bei der Abtrennung der ätherischen Bänder helfen, so können Sie das in einer Sitzung tun. Sie werden jedoch nur selten einen Patienten finden, der der gleichzeitigen Abtrennung aller Bänder zustimmt.

Als Heiler sollten Sie sich der Einheit unterstellen und in Harmonie mit dem Schutzgeist des Patienten arbeiten. Sie können die Bänder auf dem Körper des Patienten hellsichtig klar erkennen. Die Schutzgeister werden Ihnen mitteilen, welches Band zu wem gehört. Dies sollten Sie dem Patienten sagen und um Erlaubnis für das Durchtrennen bitten, die von seinem spirituellen Selbst, nicht von seinem Verstand ausgehen sollte. Ist er noch nicht zur Befreiung bereit, muß das Band intakt bleiben. Es kann mehrere Sitzungen lang dauern, bis völlige Freiheit erreicht ist.

Der Heiler kann während einer solchen Sitzung in einen tranceartigen Bewußtseinszustand geraten und mehr tun, als nur die Bänder zu durchtrennen. Der Patient sollte sich deshalb mehrere Tage danach so ausruhen, als sei er operiert worden.

Während solcher Sitzungen ist es für den Heiler oft nützlich, mediale Tagträume zu benutzen, das heißt den Patienten darum zu bitten, die Abtrennung und die betreffenden Personen zu visualisieren. Dadurch wird der Patient mit einbezogen und zu eigener Aktivität angeleitet.

Man sollte jede Sitzung mit einer Beratung darüber beschließen, was aufgelöst worden ist und wie der Patient sich jetzt zu verhalten hat. Diese Anweisungen werden dem Heiler natürlich vom Schutzgeist des Patienten gegeben.

Es ist wichtig, daß der Heiler nur die Rolle des Führers und Lehrers innehält und dem Patienten nie gestattet, sich emotional auf ihn zu stützen. Das würde nämlich nur dazu führen, daß der Patient neue ätherische Bänder zum Heiler ausbildet, der sich dann wiederum emotional für den Patienten verantwortlich fühlt und letztlich zum Ersatz für alles wird, was der Patient in der Heilungssitzung losgelassen hat. Der Patient könnte dann nicht auf seinen eigenen Füßen stehen und nicht zu einem freien Geist werden.

Nachdem viele auf die Eltern bezogene Ängste und andere konditionierte Erlebnisweisen beseitigt sind, ist es wichtig, die Chakras zu reparieren und mit Farben und Musik in Harmonie zu bringen.

Die folgende Meditation sollte von Zeit zu Zeit durchgeführt werden, um die Harmonie aufrechtzuerhalten.

Meditation zur Farb- und Musikheilung

1. Spielen Sie Ihre liebste Meditationsmusik.
2. Legen Sie sich auf den Rücken und stimmen Sie sich auf den Schöpfer ein.
3. Entspannen Sie sich und fühlen Sie das göttliche Licht herabfließen und durch Ihren ganzen Körper laufen, so daß aller Streß durch die Füße hinaus in den Boden gespült wird.
4. Öffnen Sie alle Hauptchakras und stimmen Sie sich zum Schutz auf Ihre Geistführer ein. Hören Sie zu und nehmen Sie die Musik als Teil der Meditation auf.
5. Visualisieren Sie weißes Licht, das herabkommt und Sie einhüllt.
6. Beobachten Sie, wie das weiße Licht rot wird und visualisieren Sie, daß diese Farbe in alle Chakras fließt. Fühlen Sie, wie sie die fünf Körper verjüngt und anregt. Warten Sie, bis Sie das Gefühl haben, daß der Prozeß abgeschlossen ist.
7. Visualisieren Sie nun, daß die rote Farbe zu Orange wird und in all Ihre Chakras fließt. Warten Sie wiederum auf das Gefühl der Vollständigkeit.
8. Visualisieren Sie nun, wie die Farbe Orange zu Gelb wird und wiederum in all Ihre Chakras fließt. Warten Sie auf das Gefühl der Vollständigkeit.
9. Visualisieren Sie nun die Farbe Gelb, die zu Grün wird und wiederum in all Ihre Chakras fließt. Warten Sie, bis das Gefühl der Vollständigkeit auftritt.
10. Visualisieren Sie nun, daß die Farbe Grün zu Blau wird und fühlen Sie sie in all Ihre Chakras fließen. Warten Sie auf das Gefühl der Vollständigkeit.

11. Visualisieren Sie, daß die blaue Farbe zu Blau-Malve wird und in die Chakras fließt, bis das Gefühl der Vollständigkeit auftritt.

12. Schließlich visualisieren Sie ein blasses lavendelfarbenes Rosa, das durch alle Chakras fließt, und warten auf das Gefühl der Vollständigkeit.

13. Stimmen Sie sich nun in gleicher Weise auf die höheren Farben ein. Visualisieren Sie zuerst Gold, dann Silber, und warten Sie jedesmal auf das Gefühl der Vollendung. Dadurch wird Ihr spiritueller Körper und Ihr höherer Geistkörper geheilt.

14. Stimmen Sie sich nun auf Pfirsichfarbe für den höheren Geistkörper und den Seelenkörper ein und dann auf ein elektrisches Blau für den Heiligen Geist, bis die letzte Vollendung erreicht ist.

15. Liegen Sie da und hören Sie, wie die Musik verklingt. Erkennen Sie, wie die Musik Sie streichelt und nährt. Wenn sie zu Ende ist, visualisieren Sie wieder weißes Licht, in das Sie völlig eintauchen, und übergeben Sie sich ganz dem Schöpfer, der Ihre Verjüngung vollkommen macht.

16. Schließen Sie die Chakras von der Wurzel bis zum Scheitel. Schließen Sie die kleineren Chakras an Händen und Füßen, die sich zuvor automatisch geöffnet haben.

17. Danken Sie Ihren Schutzgeistern und gratulieren Sie sich.

18. Wenn Sie dazu bereit sind, rollen Sie sich langsam auf die Seite und setzen Sie sich auf.

Die gleiche Art von Meditation kann auch angewendet werden, um kranke Organe zu reparieren. Die Farben lassen sich folgendermaßen auf die Anatomie beziehen:

Rot: Herz, Blut, Arterien und Venen, Leber, Nieren und After
Orange: Milz, Bauchspeicheldrüse und Dünndarm
Gelb: Gehirn, Augen, Gallenblase, Dickdarm, Magen, Zwölffingerdarm, Lymphsystem und Blase
Grün: Nerven, Muskeln, Knochen, Sehnen, Enzyme und Hormone
Blau: Lungen, Kehle, Nebenhöhlen, Ohren und Nase
Lavendel: Geschlechtsorgane, Drüsen im Mund und Fortpflanzungsdrüsen
Violett: der gesamte Körper zur Stabilisierung der Heilung

Wenn Sie mit Farben über die Anatomie meditieren, visualisieren Sie immer den zu heilenden Körperteil, bevor Sie die entsprechende Farbe hineinbringen.

Jeder Heiler sollte sich zunächst intensiv seiner eigenen spirituellen Heilung widmen und zum Zweck der Selbsterkenntnis mit anderen zusammenarbeiten. Auch sollte er möglichst viele der anerkannten Therapiemethoden studieren, damit er diese zur ganzheitlichen Heilung seiner Patienten optimal kombinieren kann. Die ideale Behandlung könnte etwa so aussehen:

Der Patient wird zunächst eingeladen, über sein Leiden zu sprechen. Dabei stellt sich der Therapeut auf den Zustand seiner fünf Körper ein und achtet besonders auf den ätherischen. Er hilft dem Patienten, sich mit seinen Ängsten, Befürchtungen, Sorgen und mit seinen Lebensumständen auseinanderzusetzen, während er ihn gleichzeitig ermutigt, sein volles Potential zur Herbeiführung einer positiven Veränderung zu sehen.

Eine solche Beratung macht dem Patienten Hoffnung und gibt ihm Mut und Selbstvertrauen. Dem Therapeuten gibt sie die Möglichkeit, sich der Heilungsenergie des Schöpfers zu überlassen. Man sollte diese Sitzung und die folgenden aufzeichnen, damit sich der Patient später noch einmal damit auseinandersetzen kann, wenn die Behandlung sich weiter entfaltet.

Auf die erste Sitzung könnten gelenkte Meditationen folgen, in denen der Patient sich entspannen und die Kontrolle seines niederen Selbstes aufgeben kann, damit sein Gottselbst sich manifestiert.

Der Patient ist nun bereit zur Therapie mit Handkontakt. Im Rahmen der Aromatherapie kann man mit Hilfe des Pendels verschiedene essentielle Öle für den Patienten herausfinden, die zu einem Basisöl für die Massage vermischt werden. Diese essentiellen Öle dienen als Katalysatoren, um die fünf Körper von emotionalen, mentalen und physischen Blockierungen zu befreien, indem sie den Energiefluß an den entsprechenden Stellen anregen oder verzögern.

Man sollte mit einer Reflexzonenmassage, die den Energiefluß durch die fünf Körper anregt an, den Füßen beginnen. Dabei kann sich der Patient entspannen. Dann arbeitet sich der Therapeut über Tiefenmassagetechniken den Körper hinauf, wobei er besondere Aufmerksamkeit auf die Reinigung der Hauptchakras legt.

Gleichzeitig können auch Visualisierungstechniken eingesetzt werden, um dem Patienten deutlich zu machen, welche Kräfte im

Laufe seines Lebens aus dem Gleichgewicht geraten sind. Während einer solchen Reinigung kann es zu starken emotionalen Ausbrüchen kommen. Der Patient kann anfangen zu weinen, zu lachen, zu schreien oder zu fluchen.

Dann dreht sich der Patient um, und der Therapeut behandelt seinen Rücken in ähnlicher Weise, wobei er dem Energiefluß entlang der Wirbelsäule besondere Aufmerksamkeit schenkt. Eventuell hochsteigende Erinnerungen muß der Patient akzeptieren und loslassen. Gleichzeitig mit ihnen lösen sich wesentliche Schmerzen im Körper.

Während dieser Therapie können ausgesuchte Kristalle verwendet werden, um die Energie in bestimmten Bereichen zu verstärken. Die Farben der Kristalle projizieren sich dann in die fünf Körper und führen dort zu einer Feinabstimmung und Harmonisierung der Energien. Schließlich können gelenkte Meditationen eingesetzt werden, um die fünf Körper des Patienten ins Gleichgewicht zu bringen. Während der gesamten Behandlung kann Meditationsmusik gespielt werden, die an sich schon ein Heilmittel darstellt.

Eine solche Behandlung wird etwa vier Stunden dauern. Danach kann der Patient dem Therapeuten kürzere Besuche abstatten und sich beraten oder, wenn nötig, kleinere Zwischenbehandlungen geben lassen. So wird verhindert, daß er wieder in die alten Bahnen gerät und einen Rückfall erleidet.

Auch die mediale Chirurgie, die oft fälschlich als Wunderheilung bezeichnet wird, kann diesen in Wechselwirkung stehenden Therapien hinzugefügt werden, falls man sie beherrscht.

Mediale Chirurgie kann auf der physischen oder der ätherischen Ebene praktiziert werden. Bei der physischen Chirurgie wird die Molekularstruktur des Körpers so verändert, daß sich eine sichtbare Öffnung bildet, aus der sichtbar Blut und Gewebe entnommen werden können. Diese Art Heilung findet äußerst selten statt und ist aus spiritueller Sicht auch völlig unnötig.

Die meisten Heiler führen ätherische Operationen durch. Dabei wird der kranke Körperteil in seine Grundelemente zerlegt, die aus dem physischen Bereich herausgenommen werden, falls man sie nicht mehr benötigt, oder umstrukturiert und im Körper bewahrt werden. Die nicht mehr benötigten Stoffe erscheinen auf der Körperoberfläche als Kristalle, die normalerweise klar wie Salzkörner sind, gelegentlich aber auch rot, fast schwarz oder gelb sein können. Solche Kristalle kann man mit dem bloßen Auge sehen und untersuchen. Die ausgeschiedenen Flüssigkeiten sind immer klar und vermischt mit natürlichen Sekretionen wie dem Schweiß, während der starke Geruch der Gase gewöhnlich ebenso wahrgenommen werden kann wie derjenige der Gedärme, von Erbrochenem oder faulen Eiern.

Die Wunderheilung führt noch einen Schritt über die ätherischen Operationen hinaus. Die göttliche Heilungskraft wandelt dabei die Moleküle des erkrankten Körperteils um, trennt und reinigt sie und baut sie neu auf, so daß dem Körper nichts verlorengeht. Der ganze Vorgang dauert nur Bruchteile von Sekunden. Diese Art Heilung findet jedoch nur sehr selten statt, da Heiler, Patient und ihr göttlicher Aspekt dafür in absolutem Einklang sein müssen, so daß ihre Persönlichkeiten frei von Angst und Zweifel sind.

Das bedeutet auch, daß der Patient keine Todesangst hat und bereit ist, sich dem Willen Gottes hinzugeben. Auch der Heiler darf kein egoistisches Bewußtsein haben und muß sich dem göttlichen Willen völlig überlassen, so daß die Einheit zu einem ununterbrochenen Kreislauf göttlicher Heilkraft führt.

Zum Schluß sei angemerkt, daß wirkliches therapeutisches Wissen nur durch ein langes intensives Studium und unter großem persönlichen Einsatz erreicht werden kann.

Der Weg des Meisters

Jeder Mensch sehnt sich nach Vollkommenheit, erreicht sie oft aber nicht. Der Weg des Meisters ist einer der erfolgreichsten Wege zur Selbstentwicklung und Heilung in der Einheit, obwohl es keine Garantie dafür gibt, daß man während nur eines Lebens zum Meister wird. Ein einzelnes Seelenfragment mag mehrere Leben brauchen, um die Seligkeit oder das »Nirwana« zu erreichen.

Der erste Schritt auf dem Weg des Meisters besteht in der Auslöschung des Eigendünkels. Dies geschieht dadurch, daß wir uns selbst und andere beobachten und so allmählich die Konditionierungen unserer Erziehung erkennen.

Durch Erziehung hat ein jedes Fragment falsche Vorstellungen von seiner Identität übermittelt bekommen. All die Ängste, Definitionen und Erwartungen, die man uns anerzogen hat, wecken in uns das Bedürfnis, unser Leben zu kontrollieren und andere zu manipulieren. Daraus entsteht ein falsches Sicherheitsgefühl, das wiederum zu einer materialistischen Lebensweise führt. Man umgibt sich mit Besitztümern; und je mehr man davon angehäuft hat, desto stärker wird das Bedürfnis, über diese falschen Werte zu wachen. Eine solche Haltung begrenzt das Wachstum des Fragmentes und seinen Aufstieg. Eine beobachtende Lebenshaltung dagegen ermöglicht es dem Fragment, deutlich zu sehen, welche Fallen das falsche Selbst ihm aufgebaut hat, und es beginnt, seine unnötigen Bedürfnisse nach Kontrolle über sich und andere auszumerzen. Dadurch kommt es in eine neutrale Position, aus der heraus es den Wunsch entwickelt, sein wahres Selbst zu verstehen. Das Fragment möchte dann allein sein und sich von anderen Fragmenten getrennt halten, die es nur kontrollieren oder manipulieren würden.

Viele Fragmente ziehen es dann vor, sich aus der Welt zurückzuziehen und sogar zölibatär zu leben. In solchen Zeiten des Rückzugs können tiefe Mediationen über das Selbst durchgeführt werden, die mit physischen, emotionalen und mentalen Beobachtungen einhergehen. Oft mag ein Fragment nicht, was es dabei über sich selbst entdeckt, und versucht sofort, sich zu reinigen und positivere Einstellungen zu gewinnen. Indem das konditionierte Selbst nach und nach aufgedeckt, verstanden und ausgelöscht wird, taucht das unkonditionierte Selbst auf.

Dieses hervortretende unkonditionierte oder spirituelle Selbst akzeptiert sich in seiner ganzen Negativität und Positivität und nährt im konditionierten Selbst durch bedingungslose Liebe die Sehnsucht nach Wachstum. Das konditionierte Selbst beginnt, aufgrund dieses Zusammenfließens dem unkonditionierten Selbst zu vertrauen und beurteilt sich selbst nicht mehr. Das niedere Selbst sieht dann all seine Erfahrungen als positiv an, auch wenn die Erlebnisse sehr negativ waren. Damit erkennt es sein Dasein als eine Wachstumschance, die für seinen Aufstieg notwendig und deshalb Teil des Ganzen, des Schöpfers, ist. Die bedingungslose Liebe des höheren Selbst fließt nun durch das konditionierte niedere Selbst, harmonisiert es und löscht alle Ängste aus, die sich auf die Trennung und Isolation vom Schöpfer beziehen.

Nach der Vereinigung des höheren und niederen Selbst erhöht sich die Schwingung des Fragmentes, und es akzeptiert alle Erfahrungen als Anregungen zu weiterem Wachstum. Darin manifestiert sich dann universelle Weisheit, und all seine Vorstellungen vereinfachen sich. Entscheidungen sind dann sehr leicht zu fällen. Aktivität wird passiv. Das Individuum spricht dann zum Beispiel nur noch, wenn es angesprochen oder um Informationen gebeten wird. Es tut nur noch das Notwendige, wenn es darum gebeten wird.

Mit zunehmender Weisheit des Fragmentes stimmt sich das spirituelle Selbst auf die anderen Fragmente seiner Seele in jeder Dimension ein. Dann können als Vorbereitung auf den Aufstieg des Fragmentes große Werke der Harmonie und Einheit vollbracht werden, wie etwa spirituelle Meditationen, in denen verlorenen Seelen auf ihrem Weg aus dem Dunkel ins Licht geholfen wird. Man kann sich durch die Energie der Einheit auf verkörperte Fragmente einstellen und ihnen bei ihren alltäglichen Mühen auf verschiedenste Weise helfen. Das Fragment erzieht sich selbst, indem es sich zusammen mit höherentwickelten Fragmenten der aufgestiegenen Seele in die Einheit absorbieren läßt.

Das Fragment lernt durch solche spirituellen Erfa[hrungen,] dem Willen des Schöpfers hinzugeben, und spürt da[s brennen-] de Verlangen, den konditionierten Willen seines ni[ederen Selb-] stes auszulöschen, wodurch der Wille des Schöpfer[s ...]

des Fragmentes wird. Gottes Wille ist also sein Wille und umgekehrt. In einer derartigen Verschmelzung äußert sich die persönliche Kraft eines Fragmentes als völlige Gelassenheit, Frieden und Ruhe. Andere Fragmente empfinden es als magnetische Kraft, die sie in ihren Bann zieht.

Damit ist die Manifestation des Meisters erreicht, und er sitzt in Kontemplation all dessen, was gefühlt und verstanden werden kann. Keine irdische Frage und keine spirituelle Erfahrung ist ihm ein Rätsel. Er akzeptiert alles und braucht nichts zu verändern, denn er sieht die gesamte Schöpfung in ihrer jeweiligen Evolutionsphase als vollkommen an. Das Fragment muß sich dann mit keinen Urteilen, Erwartungen oder Begrenzungen mehr auseinandersetzen.

Als Meister erwartet das Fragment nun den Tod als einen willkommenen Wechsel und als Schritt auf den Schöpfer zu; es nutzt die Wartezeit bis zum Tod gut. Der Meister wandelt auf der Erde als ein lebendes Beispiel der Harmonie und zieht andere Fragmente an, die von ihm lernen. Er teilt sein Wissen frei mit und hat kein Verlangen, einen Schüler anzutreiben. Seine Einstellung ist grundsätzlich: »Ich gebe dir meine Weisheit; mach damit, was du willst.« Er weiß nämlich, daß das Fragment sie früher oder später verstehen wird, sei es in diesem oder im nächsten Leben oder wann immer es zur Aufgabe seiner konditionierten Identität bereit ist.

Ein Meister hat das Ziel, die Vollkommenheit, stets vor Augen, und er wird von aufgestiegenen Fragmenten seiner Seele angeregt, diesem Ziel entgegenzustreben. Diese aufgestiegenen Fragmente, die auch als Schutzgeister bezeichnet werden, ermutigen ihn stets, das zu tun, was seinem wahren Selbst entspricht. Das werden weniger entwickelte Fragmente vielleicht als egoistisch bezeichnen, vor allem, wenn ihnen persönliche Aufmerksamkeit versagt wird. Der Aspekt der Selbstbezogenheit ist natürlich unverkennbar, da das Eigeninteresse durch das Eigeninteresse der Seele verstärkt wird, die nun eine Kombination aller Seelenfragmente ist und weiter aufsteigen möchte.

Die Seele sehnt sich nach der Verschmelzung all ihrer Fragmente in bedingungsloser Liebe und nach ihrer Erfüllung im Ebenbild des Schöpfers. Durch den Aufstieg der höheren Seelenfragmente werden auch die niederen Fragmente der Seele auf höhere Bewußtseinsebenen gehoben. Das ist einer Seilschaft beim Aufstieg im Gebirge vergleichbar: Wenn der erste Kletterer weitersteigt, zieht er den nächsten an die Stelle, wo er selbst zuvor war. So entsteht eine kontinuierliche Reaktionskette, so daß letztlich alle Kletterer den Berggipfel erreichen und den gleichen Ausblick genießen können. Während des Aufstieges jedoch hatte jeder Bergsteiger seine eigene persönliche Sicht, die mit der der anderen niemals völlig im Einklang war, ihnen manchmal jedoch sehr nahekam.

Wenn ein Fragment zum Meister wird, kann es zwischen den am wenigsten und den am meisten entwickelten Fragmenten vermitteln und das Gleichgewicht zwischen Dunkel und Licht, negativen und positiven Schwingungen der Seele herstellen. In einem Meister sammelt sich alle Energie, und alle Seelenfragmente hören auf dieses Meister-Fragment, denn es weiß, was die höchsten Fragmente mitteilen möchten. Es lehrt die niederen Fragmente, auf die höchsten zuzuwachsen und auf ihre Anleitung zu hören. Der Meister ist ein Mittler. Für die Seele ist seine Position allmächtig. Deshalb wird er von allen Fragmenten bedingungslos geliebt und als Führer und Wegweiser zur völligen Harmonie der Seele akzeptiert. Ein Meister ist sich auch seiner Verantwortung für die anderen Fragmente bewußt und akzeptiert sie freudig, da das Annehmen dieser Aufgabe die reine Seele einen Schritt näher zum Schöpfer bringt. Hat der Meister seine Aufgabe erfüllt, so gibt er sein Amt als Meister an ein anderes Fragment weiter. Er selbst kann dann in die Einheit der Seele absorbiert werden und weiter aufsteigen. Dieses Muster wiederholt sich über Äonen immer gleich, bis alle Fragmente vereint sind. Dann fällt die Seele in Schlaf.

Während sich der Meister auf der Erde aufhält, verbinden sich viele höhere Fragmente mit ihm. Dies hilft dem Meister bei seinem Aufstieg und gibt den aufgestiegenen Fragmenten die Möglichkeit, mit der Welt in Kontakt zu kommen.

Dieser Evolutionszyklus einer Seele wiederholt sich auch auf allen anderen Ebenen, sogar im Astralbereich. Ein jedes Fragment wird irgendwann in die Einheit erhoben und absorbiert.

Das Meister-Fragment erlebt viele physische, emotionale und mentale Veränderungen, während es sich im Laufe seiner Entwicklung mit höheren und niederen Fragmenten verbindet. Körperliche Veränderungen, die sich aus der Hingabe ergeben, sind offensichtlich. Durch Hingabe und Annahme wird der Körper ständig erneuert und erscheint jugendlicher. Das aufgestiegene Fragment, das sich mit dem Meister verbunden hat, manifestiert seine Weisheit gleichzeitig im Geist des Meisters, so daß dieser in seiner Schwingung aufsteigt, um diese Weisheit emotional auszudrücken. Anfangs kann der Ausdruck dieser Emotionen sehr negativ sein. Je höher die Verbindungsebene des aufgestiegenen Fragmentes ist, desto höher wird die Schwingung des Meisters. Sein Körper wird jünger, sein Geist weitet sich aus, und seine Emotionen können sich in bedingungsloser Liebe und in einer positiven Haltung zum Leben zeigen. Der sich entwickelnde Meister ist sich dieser Veränderungen bewußt und freut sich an dem gewaltigen Wachstum. Im Laufe seines weiteren Lebens erreicht der Meister Reife, ohne alt zu werden. Nicht selten findet man Meister, die hundert Jahre oder älter sind und aussehen, als seien sie sechzig. Im Laufe eines derart langen Lebens kann ein Meister viele Veränderungen auf der Erde miterleben und aufgrund seiner Erfahrung sein Wissen zeitgemäß weitergeben. Sein Leben endet gewöhnlich, weil er selbst den Wunsch hat, die Erde zu verlassen, nachdem sein Selbst zufriedengestellt ist, wenn also seine Aufgabe erfüllt ist.

Indem der Meister sich mit anderen aufgestiegenen Fragmenten verbindet, absorbiert er durch emotionale Empathie charakteristische Züge dieser anderen Fragmente, die auch seine körperliche Gestalt zu formen beginnen. Seine Gesichtszüge verändern sich, und es treten körperliche Veränderungen auf, das heißt, er wird größer oder kleiner, dicker oder dünner. Im Laufe der Zeit verändert sich der Charakter des Meisters völlig. Was seine Kleidung und sein Auftreten angehen, durchläuft er verschiedenste Phasen. Ist er zum Beispiel mit einem Fragment verbunden, das orientalische Charakterzüge hat, dann wird der Meister in dieser Zeit orientalische Kleidung, Philosophien und Nahrungsmittel bevorzugen. Durch die Verbindung mit einem neuen Fragment verändert sich all das wieder. Nach und nach verschmelzen alle Fragmente zu einem gemeinsamen Charakter, der schließlich zum bleibenden Charakter des Meisters wird, in dem sich von jedem Fragment etwas findet.

Die Entwicklung des Meisters zeigt im Laufe der Jahre viele Brüche. Das Pendel schwingt zwischen begeisterten Höhen und verzweifelten Tiefen, zwischen sehr dogmatischen Philosophien und wenig definierten, und sein Körper verändert sich stets. Dies führt schließlich zu einer völligen Annahme und einem Gleichgewicht in Körper, Verstand und Geist, worin er seinen wahren emotionalen Ausdruck findet.

In seltenen Fällen wird der Meister zur Universalseele, das heißt, daß seine Identität durch totale Absorption in die Seele völlig verschwindet, während er noch auf der Erde weilt. Die Universalseele kann dann ganz nach ihrem Willen handeln und nach ihrem Verlangen alles ohne irgendwelche Begrenzungen manifestieren. Von weniger entwickelten Fragmenten wird diese Universalseele als Heiland bezeichnet. Die Inkarnation der Universalseele, bei der alle höher entwickelten Fragmente durch einen Körper arbeiten, ist ein lebendiger Beweis für die Existenz des Schöpfers und weckt in allen Fragmenten auf jeder Ebene die Sehnsucht nach dem Aufstieg zum Schöpfer. Für die Universalseele ist Inkarnation ein Akt der Hingabe. Seligkeit erlangt sie schließlich durch Selbstopferung und durch das Annehmen des Schöpfers als Selbst.

Die Universalseele bereitet gewöhnlich ihre Manifestation schon lange vor den zeitlichen Vorstellungen des Menschen vor. Dazu wird ein Fragment als Schlüssel erwählt. Es bietet sich selbst für diese Auswahl an und bekommt die Zustimmung der Einheit. Damit seine Inkarnation zu einem positiven Ergebnis führt, verkörpern sich vorher schon viele niedere Fragmente der Seele. Jedes dieser Fragmente übernimmt eine bestimmte Rolle und wirkt mit dem ausgewählten Fragment auf der Erde zusammen. Die höheren, aufgestiegenen Fragmente beobachten und unterstützen die Aktivitäten der inkarnierten Fragmente, während sie gleichzeitig mit dem erwählten Fragment verbunden sind. Als Jesus (das erwählte Fragment) auf die Erde kam, hatten sich zur Vorbereitung auf seine Geburt seine Mutter, sein Vater, seine Lehrer und andere (entwickelte Fragmente seiner Seele) bereits auf der Erde inkarniert. Alle diese Individuen schufen die Bühne für die Darstellung von Tatsachen, die schon in früheren Inkarnationen vorhergesagt worden waren.

Andere entwickelte Fragmente der Seele verkörperten sich als die zwölf Jünger, als Kaiphas, Pontius Pilatus, Feinde oder Freunde, um für Jesu Prüfungen zu sorgen. Weniger weit entwickelte Fragmente der Seele inkarnierten, um seine Anhänger zu werden. Damit war die Bühne bereitet und die Besetzung festgelegt, so daß das Stück beginnen konnte. Während sich diese Geschichte entwickelte, prüften Fragmente anderer Seelen das Stück, indem sie Hindernisse und Störungen hineinbrachten. Diese entstanden aus dem eingeschränkten, konditionierten Denken des Menschen. Die Prüfung gipfelte in Christi Himmelfahrt und darin, daß er viele Fragmente anderer Seelen in bedingungsloser Liebe gewann, die später zu Beispielen praktizierten Christentums wurden, zu Wegbereitern eines neuen Bewußtseins und einer neuen Lebensweise.

Als die Christusenergie durch den Menschen Jesus aufstieg, fühlten dies alle Fragmente seiner Seele und wurden in irgendeiner Weise geheilt, erhoben oder gereinigt. Dies galt auch für verlorene Fragmente in der Finsternis, die als diejenigen in der Hölle beschrieben werden.

Steigt eine Seele in der Harmonie auf, so ist ihre Schwingung so stark, daß es im ganzen Universum fühlbar wird. Dadurch wird sie zur Universalseele. Ihre Schwingung durchdringt alles Erschaffene und führt zur Erhebung allen Daseins in jeglicher Gestalt oder Form.

Deshalb verfinsterte sich der Himmel am Tag, als Christus starb, und eine Unruhe entstand unter allen Tieren und Menschen. Aufgrund ihrer Unwissenheit hatten die Menschen Angst, obwohl sie innerlich fühlten, daß etwas Gutes geschehen war.

Nachdem die Universalseele aufgestiegen ist, verlassen bald alle Fragmente die Erde und kehren in die Einheit zurück, wo einem anderen Fragment neue Energie in Vorbereitung zu seinem Aufstieg und seiner Absorption gegeben wird. Dann manifestiert sich ein weiteres Beispiel bedingungsloser Liebe und Hingabe an den Schöpfer in einer anderen Gestalt, die dem allgemeinen Ruf aller Fragmente nach Einsicht und Aufstieg entspricht. Befinden sich alle Fragmente einer Seele im Aufstieg und sind in die Einheit absorbiert, so verschmilzt die Seele mit anderen aufgestiegenen Seelen und beginnt ihre Entwicklung als Überseele.

Nach dem karmischen Gesetz zieht Gleiches Gleiches an, wenn es auch im Gegensatz zueinander steht, das heißt positiv und negativ ist. In der Überseele verschmelzen die Fragmente zu identischen und gegensätzlichen Fragmenten, so daß die Harmonie viel bedeutsamer wird. Alle Fragmente unterwerfen ihre Identität hier dem Schöpfer und akzeptieren sich selbst als Gott. Damit entfernen sie sich von jeder irdischen Form und werden zu reinen Lichtwesen. Durch ihre Interaktionen manifestieren sich verschiedene Arten von Schwingungen, die zu neuen Schöpfungen als Gedankenformen führen. Diese widerhallen bis hinab zu den weniger aufgestiegenen Seelenfragmenten in der Dunkelheit, wo sie sich zur schließlichen Inkarnation auf der Erde in Formen manifestieren.

Diese Lichtwesen der Überseele sorgen sich um nichts mehr, da auf dem Weg zur Einheit alles Erschaffene ist, wie es sein sollte. Jedes Fragment kann sich auf die Überseele einstimmen, die einfach als bedingungslose Liebe wahrgenommen wird. Die Überseele kann sich in jeder beliebigen Form manifestieren, zum Beispiel für Moses als brennender Busch. Aus Mangel an Verständnis fürchtet der Mensch sie oft. Sie kann passive oder aktive Rollen spielen: So wurde etwa Saulus auf der Straße nach Damaskus geblendet und erhielt später das Augenlicht wieder. Ihr Einwirken auf den Menschen geschieht stets mit Liebe und um den Menschen zu ermutigen, sich dem Schöpfer hinzugeben. Subtil oder offenbar arbeitet sie im Herzen des Menschen.

Die Überseele ist sowohl mit dem Schöpfer vereint als auch von ihm getrennt und wird deshalb von den Menschen in Gestalt von Erzengeln wahrgenommen, die den Schöpfer und alles von ihm Geschaffene, einschließlich des Menschen, bewachen und beschützen. Wenn einmal alle Seelen aufgestiegen und Teil der Überseele geworden sind, wird sie sich mit dem Schöpfer verbinden und eins mit ihm werden. Der Schöpfer wird dann wieder ganz sein und alles beurteilen, was er durchlaufen hat, damit er sich auf ein weiteres Abenteuer der Schöpfung und Prüfung seines Selbst zu weiterem Wachstum vorbereiten kann.

Jeder Schüler, der sich zur Selbstentwicklung auf den Weg macht, sehnt sich im Herzen danach, ein Meister zu werden. Er träumt von kommenden Zeiten, in denen er von der Einheit wissen wird. Es ist zwar deutlich gemacht worden, daß dies sehr lange Zeit dauern wird; doch hält nichts ein Fragment davon ab, die notwendigen Vorbereitungen für diesen Tag zu treffen.

Es folgen einige Leitlinien für Menschen, die die Lebensweise eines Meisters praktizieren möchten:

1. Kontemplieren Sie die Schönheit der Erde und alles dessen, was darauf ist. Nehmen Sie sich Zeit, Spaziergänge in der Natur zu genießen und Tiere, Blumen, Bäume, Meer und Himmel zu beobachten.
2. Verbringen Sie viel Zeit in Meditation und stimmen Sie sich dabei auf andere Fragmente Ihrer Seele ein.
3. Stellen Sie mit allen Dingen physischen Kontakt her und spüren Sie in sich die Vibrationen. Suchen Sie auch in schwierigsten Zeiten immer das Beste und halten Sie die Liebe in Ihrem Herzen.

4. Seien Sie gegenüber allem, was Ihnen begegnet, geduldig, tolerant und vertrauensvoll. Suchen Sie nach klaren Gründen und Verständnis, vermeiden Sie Illusionen und Zweifel.

5. Setzen Sie sich weitestmöglich bei allen Dingen ein, doch halten Sie gleichzeitig einen Teil von sich als Beobachter zurück. Auf diese Weise erreichen Sie gleichzeitig einen Zustand der Einheit und der Trennung. Dadurch wachsen Sie in der Wahrheit.

6. Lassen Sie sich ohne Einschränkung auf alle Ereignisse ein, die Sie dazu einladen. Dadurch lassen Sie sich auf den Weg zur Einheit ein.

7. Beziehen Sie in Ihren Alltag verschiedene Übungen des Verstandes, des Körpers und Geistes mit ein. Solche Übungen beruhigen Ihren Geist und machen ihn empfänglich.

8. Setzen Sie sich mit so vielen Religionen und Philosophien auseinander, wie es irgend möglich ist, damit Ihr Verständnis und Ihre Reife zunehmen.

9. Akzeptieren Sie sich in Körper, Verstand und Geist. Akzeptieren Sie andere auf gleiche Weise. Lieben Sie sich und andere.

10. Unterwerfen Sie sich dem Willen des Schöpfers in allem, was zu tun ist. Akzeptieren Sie die Belohnungen, die Sie dafür erhalten.

11. Verfolgen Sie in Ihrem Leben die Leitlinien, die in diesem Buch niedergelegt sind. Mit Übung und Verständnis wird Ihre Aufgabe leichter werden.

12. Lassen Sie Ihr Selbst gehen, sprechen und spielen wie ein Kind. Seien Sie bei allem, was Sie tun, froh aber maßvoll.

Das schöpferische Gleichgewicht

Der Mensch hat immer außerhalb von sich nach Antworten gesucht und jene gefragt, die man für von Gott erwählte Propheten hielt. Um ihren Mitmenschen zu Gefallen zu sein, haben diese Propheten ihnen die Zukunft vorhergesagt. Solche Prophezeiungen waren oft ungenau oder falsch. Es gab jedoch stets einige, die wahrsagen konnten, und bis heute von den Menschen verehrt werden: Elias, Hesekiel und Nostradamus. Diese Propheten sprachen vom Kommen des Messias und deuteten das von ihnen Geschaute schnell in bezug auf ihr eigenes Bewußtsein und ihre eigene Lebenszeit. Auch Jesus konnte die Zukunft vorhersehen und kündigte seine Wiederkehr zur Erde nach 2000 Jahren an, ohne sich ganz darüber im klaren zu sein, was er damit meinte. Nostradamus gab genaue Beschreibungen seiner Schau, verstand jedoch die kommenden Zeiten nicht. Man kann sich deshalb leicht klarmachen, daß Prophezeiungen zu einem späteren Zeitpunkt leicht mißzuverstehen sind und erst wirklich verstanden werden können, nachdem das betreffende Ereignis eingetreten ist. So beschrieb Nostradamus zum Beispiel Napoleon und Hitler sehr genau als einen Krieger der dunklen Seite und als den Antichristen. Der Mensch denkt aber immer noch über die Prophezeiungen nach, und sie sind ihm nicht klar. Deshalb stellt er das Vorhergesagte in Frage.

Nun wartet die Menschheit auf die Wiederkehr Christi und nimmt an, daß er oder sie von der Menschheit einhellig und leicht erkannt werden kann. Nichts hat sich verändert. So wie die Menschen Jesus, den Christus, abgelehnt haben, so werden sie auch den neuen Messias ablehnen. Die Gründe dafür werden wieder Selbstverleugnung und Angst sein. Aus der falschen Hoffnung, sich schützen zu können, verhält sich der Mensch zerstörerisch und verhindert damit Veränderungen.

Der Messias kommt auf die Erde, um positiven, passiven Wandel anzuregen, und wird immer zurückgewiesen. Auch der Antichrist kommt, um Wandel hervorzubringen, indem er negative Aktivität erzeugt, die immer angenommen wird. Daraus entsteht die Polarität zwischen Gut und Böse, in der sich das karmische Gesetz manifestiert, nach dem Gleiches Gleiches anzieht, um die Schlacht zwischen Dunkel und Licht zu enthüllen. Daraus ergibt sich im Laufe der Zeit der Mittelweg, nämlich alle erschaffenen Dinge zu akzeptieren.

Da der Mensch aus der Negativität lernt, inkarniert der Antichrist stets vor dem Christus. Indem der Antichrist die Dinge durcheinanderwirft, bereitet er das Feld, auf dem der Christus ihnen eine neue Gestalt geben kann. Der Antichrist ist der negative Pol der Seele, während der Christus den positiven Pol darstellt. Von beiden Polen gehen Anregungen aus, deren Widerhall durch den ganzen Kosmos zu spüren ist und deren Wirkungen dauerhaft sind. Für den Schöpfer sind beide gleich und Teile des Ganzen, da sich beide auf das Wachstum des Schöpfers beziehen.

Der Antichrist verwöhnt die individuellen Bedürfnisse nach Anerkennung und Macht, während der Christus kommt, um persönliche Macht und Konditionierungen abzubauen. Da der Mensch gemäß seinen persönlichen Bedürfnissen beiden folgt, erlebt er entweder Versklavung oder Freiheit. Dadurch kommt der Mensch zum Gruppenbewußtsein und akzeptiert den Schöpfer und sein Selbst als Teil des Ganzen, das er Gott nennt.

Die Aufgabe des Antichristen besteht darin, das gefühllose, getrennte, egoistische Selbst des Menschen zu spiegeln, indem er alle Aspekte der Negativität verkörpert, wie grausam oder beschränkt sie auch sein mögen. Die Aufgabe des Christus dagegen ist es, die wahren Gefühle und das Selbst in der Einheit zu spiegeln, indem er alle positiven Aspekte des Menschen repräsentiert. Beide werden als machtvolle Wesenheiten anerkannt und nur vom Menschen verkündigt, denn weder der Antichrist noch der Christus verkündigen sich selbst.

Der Mensch teilt alles innerhalb und außerhalb von sich in eine gute und eine böse Hälfte und sucht nach einem Führer, der ihm den Weg zum Erfolg zeigen wird. Will der Mensch Kontrolle über materielle Dinge ausüben, so folgt er dem Antichristen. Möchte er am Ganzen teilhaben und seine Kontrolle hingeben, so folgt er dem Christus. Indem er den einen oder den anderen proklamiert, setzt der Mensch das Rad des Wandels in Bewegung und bringt die Ernte seiner Handlungen für die nächsten Jahrhunderte auf negative oder positive Weise ein.

Antichrist oder Christus können inkarnieren, ohne als solche erkannt zu werden. Sie werden gewöhnlich als große Führer betrachtet und gelangen in geachtete und einflußreiche Positionen. Man verehrt sie wegen ihrer Führungsqualitäten und ihrer Macht. Erst wenn sich ihre Macht ganz manifestiert, beginnen die Menschen, sie zu fürchten. Mit großen Reden über die Macht zugunsten einer besseren Welt regt der Antichrist die negativen Bedürfnisse des Menschen an, der darauf hört und sich mit seinem egoistischen Bewußtsein der Vision anschließt. Der Mensch erweitert den Traum und übernimmt die volle Kontrolle, um diejenigen zu manipulieren, die er der Teilnahme an seinem Traum für unwürdig hält. Als Kind und junger Mann soll Hitler zum Beispiel sanft, liebevoll, offen und nicht besonders auffällig gewesen sein. Seine Sanftheit verlor sich, als er älter wurde; und er begab sich auf den negativen Weg der Macht. Als junger Mann sprach er von einem friedlichen Land, in dem eine reine Rasse leben und eine Gemeinschaft bilden sollte. Politiker seiner Zeit sahen in dieser Idee die Aufforderung, die Juden vom Angesicht der Erde auszulöschen. Da ihnen diese Vorstellungen vorteilhaft erschienen, brachten sie Hitler an die Macht. Hitler lehnte diese Stellung natürlich nicht ab und führte die Ereignisse herbei, die dann zum Zweiten Weltkrieg und zur Vernichtung vieler Menschen führten.

Als der negative Verlauf der Dinge einmal in Gang gesetzt war, hatte Hitler als Antichrist getan, was er tun wollte. Es war nur eine Frage der Zeit, bevor er in physischer und geistiger Selbstzerstörung sein Ende fand. In dieser Selbstzerstörung manifestierte sein Geist die Schuld als Wahnsinn, in dem seine Seele die absolute Vollendung der Negativität erblicken konnte. Während dieser Zeit war Hitler völlig allein und abgeschnitten von allen weltlichen Dingen, so auch von der Liebe seiner Frau Eva. Er vertraute niemandem, nicht einmal sich selbst, und empfand so die volle Auswirkung der Isoliertheit.

Diese Isolation spürten auch alle anderen Fragmente seiner Seele, ob sie inkarniert waren oder nicht. Aufgrund dieses Gefühls gelobten alle Fragmente, in der Suche nach dem Licht aufzusteigen und sich später mit anderen Fragmenten zu einem gesicherten Aufstieg zu verbinden, um den Weg für das Kommen eines Messias zu bereiten. Alle isolierten Fragmente der Seele, die sich nach dem Licht sehnten, strahlten gleichzeitig das Gefühl des Verlorenseins in die Schöpfung aus. Es widerhallte bis hinab zu allen anderen Seelen und regte sie zu weiterem Aufstieg an. All die Fragmente, die während Hitlers Regierungszeit inkarniert waren und gelitten hatten, sendeten gleichzeitig die Sehnsucht nach

Hilfe aus der Einheit aus. Dadurch öffnete sich die Tür, um Emanationen des Christus auf die Erde kommen zu lassen. Nun erwartet die Menschheit seine Wiederkunft.

Da der Mensch nur sehr schwer lernt, kann es verschiedene Phasen der Zerstörung geben. Der Antichrist kann sich mehrere Male in kurzen Abständen manifestieren. Deshalb gab es mehrere politische Führer, die Zerstörung verursacht haben.

Der Messias ist in unserem Zeitalter noch nicht manifestiert. Deshalb können wir die Manifestation des Christus nur am Beispiel des Lebens Jesu darstellen.

Als Kind war Jesus wie jedes andere Kind. Er hatte ein natürliches Bedürfnis zu lernen und den Willen zu herrschen und zu führen. Er verlor oft seine Beherrschung und wurde wütend auf seine Eltern. Im Laufe der Zeit lernte er, die Negativität seines niederen Selbst zu überwinden und sich auf das höhere Selbst und die Einheit einzustimmen. So meisterte er die positive persönliche Kraft, die ihn über seine Mitmenschen erhob, und wurde ein Führer des Weges, der Wahrheit und des Lebens. Er war das Licht und hatte die Aufgabe zu sein, was die Menschen von ihm wollten – ein Messias. Er praktizierte, was er predigte, und lehrte die Suche nach dem Licht. Er selbst suchte die Einheit mit dem Schöpfer, indem er die ganze Schöpfung in bedingungsloser Liebe annahm. Daraus ergab sich der Verlauf seiner Geschichte, die schließlich zu seinem Tod führte.

Als sich die Zeit seiner Himmelfahrt näherte, hatte er mit sich zu kämpfen. Er hätte sich leicht verteidigen können, denn er war ein sehr geschickter Redner. Es war jedoch seine persönliche Aufgabe, während all der letzten Ereignisse, die zu seinem Tod führten, stillzubleiben. Indem er sich vor den Menschen verletzlich machte, überließ er sich dem Willen des Schöpfers. Der Wille des Schöpfers war, die Hingabe an die Einheit zu lehren, indem er zuließ, was sein sollte. Dieser Wille manifestierte sich in den Herzen der verkörperten Menschen, weshalb alle Jesu Tod aus verschiedenen politischen, religiösen und praktischen Gründen als notwendig angesehen haben.

Für Jesus bedeutete sein Tod den vollkommenen Aufstieg der Seele auf allen Ebenen und die Verbindung mit der Einheit. Während er in Schmerzen starb, konnten seine Liebe und seine persönliche Ausstrahlung im ganzen Kosmos auf allen Ebenen gefühlt werden. Das rüttelte jedes Fragment auf, das Licht der Einheit zu suchen und sich nach dem Verständnis der Himmelfahrt zu sehnen. Dadurch kam der Mensch auf den Weg, im Bewußtsein bedingungsloser Liebe Gemeinschaft und Einheit zu lernen.

Da der Mensch gute Dinge sehr zu schätzen weiß, wenn sie auf viele schlechte Dinge folgen, mußte sich der Christus nur einmal manifestieren. Es gibt jedoch immer wieder christusähnliche Fragmente, die sich als Vorbereitung auf sein Kommen inkarnieren. In unserer Zeit war etwa Gandhi eine solche Inkarnation.

Die Gestalten von Antichrist und Christus können männlich oder weiblich sein. In der jüngeren Vergangenheit hatte der Mann die Oberhand, so daß die großen Führer meistens männlich waren. In der Zukunft wird die Reihe an die Frauen kommen, und sie werden als große und wirkungsvolle Führerinnen anerkannt werden. Durch die ganze Geschichte hindurch wechselt dieser Zyklus. Der Christus, auf dessen Wiederkunft wir alle so begierig warten, wird weiblich sein.

Die Zukunft wird starke Veränderungen im Bewußtsein mit sich bringen. Das Verständnis der Einheit wird sich in der Familie manifestieren. Die Mutter ist die Säule und das Zentrum der Familie. Sie nährt alle in bedingungsloser Liebe. So wird es die Lehre des neuen Messias sein. Auch der neue Messias wird von den Menschen verkündet und von vielen abgelehnt werden. Dieser Messias wird auf zeitgemäße Weise arbeiten und erst Jahre nach seinem Tod als Messias erkannt werden. Denn die Menschheit sucht allgemein nach einem männlichen Führer und wird eine Führerin ablehnen. Die Aufgabe des neuen Messias wird sein, in den Herzen der Menschen eine tiefe Sehnsucht nach dem Weltfrieden zu erzeugen, die sich auf politische und spirituelle Strukturen richtet, in denen eine Weltgemeinschaft möglich wird.

In all den Jahren nach Jesu Tod haben die Menschen ständig von seiner Wiederkunft gesprochen. Doch wird Jesus nur im Herzen der Menschen als die göttliche, schöpferische Kraft wiederkehren. Es ist Zeit, daß ein neues Fragment als Bote Gottes auf die Erde herabsteigt.

Die Menschen haben den Antichristen und den Christus stets gefürchtet. Diese Furcht ist aus Unwissenheit und praktischen Erfahrungen erwachsen. Die Ereignisse dieses und des nächsten Jahrhunderts sind dazu angelegt, diese Furcht auszulöschen. Nach und nach hat der Mensch sich selbst erkennen gelernt, indem er seine Begrenzungen überwunden und seine Erwartungen beiseite geworfen hat. Das Erscheinen des neuen Messias wird zeigen, daß dem Menschen alle Dinge möglich sind, wenn er seine Furcht ablegt und voller Freude und in Freiheit in Gottes Liebe lebt. Dann werden den Menschen neue Gesetze gegeben, die einfach und leicht zu befolgen sein werden. Sie werden den Menschen dazu anleiten, ein einfaches Leben ohne Einschränkungen zu leben. Der Mensch wird lernen, die männlichen und weiblichen Charakterzüge in sich ins Gleichgewicht zu bringen. Der neue Messias wird ein lebendiges Beispiel dieser Einheit sein, indem sie männliche und weibliche Eigenschaften zugleich ausdrückt. Die Zeit der Wiederkunft ist nahe, obwohl kein irdischer Mann und keine Frau genau weiß wann.

Für den Schöpfer stellt die Wiederkunft eine Prüfung dar. Während dieses Ereignisses wird sich die göttliche Kraft auf allen Ebenen bewußt, so daß sie sich und ihre Werke beurteilen kann. Was nicht mehr angemessen erscheint, wird hinausgeworfen werden, um neuen Formen der Schöpfung Platz zu machen, die aufgrund der alten Erfahrungen geboren werden können. Das bedeutet, daß die Erde selbst sich verändern wird und natürlich auch alles Leben auf ihr. Neue Meere werden entstehen, und neues Land wird auftauchen. In Anpassung an diese Veränderungen wird der Mensch neue Lebensweisen entwickeln. Ist der Schöpfer zufrieden, so wird eine Stille in einem neuen Zeitalter des Bewußtseins einbrechen, wie es bislang nicht bekannt war. Dieses neue Zeitalter wird dem Schöpfer im Bewußtsein näher sein, so daß sich der Wille des Schöpfers vollständiger manifestieren kann. Indem jedes verkörperte Fragment den Willen des Schöpfers ausdrückt, wird der Schöpfer persönlich stärker einbezogen. Dann wird es so sein, als lebte der Schöpfer selbst in völliger Einheit und Harmonie auf der Erde und würde von allen Geschöpfen geachtet. Jedes Fragment wird dann eine Inkarnation Gottes sein. Das liegt natürlich noch in ferner Zukunft. Dann wird vieles vergessen sein, was dem Menschen heute bekannt ist, denn neue Emanationen der Einheit werden Gestalt annehmen.

Wenn die Fragmente der Seelen sich vereinen und zur Einheit verbinden, wird die Bevölkerung auf der Erde abnehmen, bis der Mensch im wahren Bewußtsein der Erleuchteten auf der Erde wandelt. Einst werden alle Fragmente auf der Erde in völliger Einheit mit dem Schöpfer leben, wie die Erzengel, Cherubim und Seraphim und alle Fragmente auf den höheren Ebenen. Dann wird die Erde nicht mehr gebraucht werden. Auch jenes Paradies auf Erden wird verschwinden, wenn die verkörperten Fragmente in die Einheit aufsteigen. Mit ihrer Ankunft in der Einheit und der darauf folgenden Absorption erfüllt sich der Plan des Schöpfers, der in seiner Selbstentwicklung liegt. Gott, der Schöpfer, ist wahrhaft eins.

Alle negativen und positiven Emanationen werden zu einem neuen Daseinszustand neutralisiert. Der Schöpfer ist und wird immer *der Weg zur Einheit* sein.

Einführende Literatur

Bach, Edward: *Blumen, die durch die Seele heilen.* Hugendubel Verlag München, 1988 (10. Auflage)

Bach, Edward: *Gesammelte Werke. Von der Homöopathie zur Bach-Blütentherapie.* Aquamarin Verlag Grafing, 1988

Blome, Götz: *Mit Blumen heilen.* Verlag Hermann Bauer Freiburg, 1989 (4. Auflage)

Chia, Mantak: *Tao Yoga des Heilens.* Ansata Verlag Interlaken, 1987

Dahlke, Rüdiger: *Bewußt fasten.* Urania Verlag Sauerlach, 1988 (3. Auflage)

Eberhard, Lilli: *Heilkräfte der Farben.* Drei Eichen Verlag München, 1990 (8. Auflage)

Ebner, Wolf C.: *Akupressur wirkt sofort.* Ariston Verlag Genf, 1989

Eckert, Achim: *Das heilende Tao.* Verlag Hermann Bauer Freiburg, 1989

Hertzka, G., und Strehlow, W.: *Die Edelsteinmedizin der heiligen Hildegard.* Verlag Hermann Bauer Freiburg, 1989 (5. Auflage)

Hertzka, G., und Strehlow, W.: *Handbuch der Hildegard-Medizin.* Verlag Hermann Bauer Freiburg, 1989 (4. Auflage)

Horan, Paula: *Die Reiki-Kraft.* Windpferd Verlag Durach, 1989

Johanson, Tom: *Heilkraft, die von innen kommt.* Verlag Hermann Bauer Freiburg, 1988 (2. Auflage)

Krämer, Dietmar: *Neue Therapien mit Bach-Blüten 1.* Ansata Verlag Interlaken, 1990 (2. Auflage)

Krämer, D., und Wild, H.: *Neue Therapien mit Bach-Blüten 2.* Ansata Verlag Interlaken, 1989

Kunz, K. und B.: *Das große Buch der Reflexzonenmassage.* Ariston Verlag Genf, 1987

Kushi, Michio: *Der makrobiotische Weg.* Verlag Hermann Bauer Freiburg, 1986

Laurich, Evi: *Pfeile des Lichts. Das Wissen über Mineralwesen, Heilsteine und ihre Kräfte.* Ansata Verlag Interlaken, 1989

Meyer, Eric (Hrsg.): *Das große Handbuch der Homöopathie.* Ariston Verlag Genf, 1989

Ohashi, Wataru: *Shiatsu – die japanische Fingerdrucktherapie.* Verlag Hermann Bauer Freiburg, 1989 (8. Auflage)

Raphaell, Katrina: *Wissende Kristalle*. Ansata Verlag Interlaken, 1988

Schiegl, Heinz: *Color-Therapie. Heilung durch Farbenkraft*. Verlag Hermann Bauer Freiburg, 1988 (4. Auflage)

Schleip, Robert: *Der aufrechte Mensch*. Sphinx Verlag Basel, 1989

Schwarz, Aljoscha A., Schweppe, Ronald P., Pfau, Wolfgang M.: *Wyda – die Kraft der Druiden*. Verlag Hermann Bauer Freiburg, 1989

Sherwood, Keith: *Die Kunst des spirituellen Heilens*. Verlag Hermann Bauer Freiburg, 1988 (3. Auflage)

Sui, Choa Kok: *Durch kosmische Energie heilen*. Verlag Hermann Bauer Freiburg, 1989

Strehlow, Wighard: *Die Ernährungstherapie der heiligen Hildegard*. Verlag Hermann Bauer Freiburg, 1990

Taniguchi, Masaharu: *Die geistige Heilkraft in uns*. Verlag Hermann Bauer Freiburg, 1985 (16. Auflage), 1990 (esotera-Taschenbuch)

Tisserand, Robert B.: *Aroma-Therapie*. Verlag Hermann Bauer Freiburg, 1989 (4. Auflage)

Ullman, Dana: *Homöopathie – die sanfte Heilkunst*. Scherz Verlag München, 1989